어쨌든
노르웨이로 가자

THE RIBBONS ARE FOR FEARLESSNESS

Copyright ⓒ Catrina Davies, 2014

Illustrations by Kirstan Gorvin All rights reserved.
Published by arrangement with Summersdale Publishers Ltd.
Korean translation copyright ⓒ 2015 by Purun Communication

이 책의 한국어판 저작권은 PubHub 에이전시를 통한 저작권자와의 독점 계약으로 푸른커뮤니케이션에 있습니다.
저작권법에 의해 한국 내에서 보호를 받는 저작물이므로 무단 전재와 무단 복제를 금합니다.

어쨌든
노르웨이로 가자

카트리나 데이비스 지음 | 서민아 옮김

P 필로소픽

【일러두기】
본문 중 괄호 안 설명은 모두 옮긴이 주이며, 원문의 괄호는 각괄호(〔 〕)로 표기했습니다.

|목차|

작가 노트 • 6

인트로 • 8

1장 사랑과 죽음 • 15

2장 한밤중의 태양 • 101

3장 자유의 길 • 175

4장 용기를 주는 리본 • 245

아우트로 • 288

감사의 인사 • 300

···작가 노트

　우리의 여행을 시작하기 전에 먼저 몇 가지 사실을 말씀드리고 싶습니다. 2005년 여름, 편도 티켓 한 장과 첼로 하나만 달랑 들고서 노란색 고물 승합차를 끌고 노르웨이행 페리로 향한 건 사실입니다. 노르카프Nordkapp(노르웨이에 있는 유럽 최북단의 곳)로 가는 길에 버스킹을 하고 한밤중의 태양을 보려고 말이지요. 바로 전 해에 제 인생의 많은 시간을 함께한 친구가 세상을 떠났고, 그 일을 계기로 이 정신 나간 여정을 시작하게 된 것도 사실입니다. 제가 크게 상심했다는 것, 어떤 사람을 사랑했고 그 사랑을 잃었다는 것 역시 사실입니다. 1년 동안 시간을 견뎠고, 내 노란색 승합차를 끌고 혼자 여행을 한 것도 사실이에요. 노르웨이에서 포르투갈까지 수많은 길 위에서 첼로를 켜면서 말이지요. 그 길에서 저를 빛으로 감싼 한 아가씨를 만났고, 그녀가 저에게 용기를 주는 리본 두 개를 준 것도 사실입니다. 지금도 간직하고 있어요. 그래요, 모두 사실이에요. 처음 이 책을 쓰려고 했을 땐 사실과 이야기의 관계를 이해하지 못했습니다. 그러다 보니《율리시스》만큼 길고 도무지 쉽게 읽히지 않는 글이, 마치 인생에서처럼 혼돈과 권태라는 끝없는 막다른 길들 위에서 진실이 길을 잃는 글이 만들어지고 말았어요. 그래서 다시 썼어요. 그리고 깨달았습니다. 이야기에서 사실과 진실의 관계가 언제나 명확한 건 아니라는 것을. 이야기에는 진실을 드러나게 하는 나름의 내적인 논리가 있으며, 이 진실을 발견하려면 마치 조각가가 그 속에 숨어 있는 형상을 드러내기 위해 돌 한 덩어리를 깎아내듯, 사실을 깎고 조각해야 한다는 것을. 이렇게 저는 제 여행의 진실, 길 위에서 경험한 진실을 아주 명확하게 드러냈고, 그런 다음 이야기를 위해 필요한 요소들을 만들었습니다. 여섯 개의 거푸집에서 각각 하나의 인물을 빚었습니다. 중요한 만남들을 한 장소에서 다른 장소로 이동시켰습니다. 이름도 바꾸었습니다. 미래로부터 결론을 끌어들였습니다. 제 생각에 사실에 관한 이 같은 시적 사용은 사실을 더욱 밝게 빛나게 하기에, 정당할 뿐 아니라 필요한 것 같습니다.

| 인트로 |

여행에서 돌아와 그동안 있었던 일들을 이야기하고 나면 모두 똑같은 질문을 한다. 여정이 그토록 힘들 줄 알았더라면, 그렇게 많은 산을 올라야 할 줄 알았더라면, 그렇게 많은 쓸쓸한 길을 혼자 운전해야 할 줄 알았더라면, 그토록 오랜 시간을 젖 먹던 힘까지 짜내 용기를 내 연주해야 할 줄 미리 알았더라면 그래도 갔겠느냐고.

미리 알았다면 가지 않았겠지.

그땐 굉장히 벅차게 다가왔다. 한밤의 태양을 보러 가는 여행길에 거리에서 음악을 연주하다니. 첼로만 한 대 달랑 들고. 한 번도 거리에서 연주해본 적 없으면서. 거리는커녕 내 방 외에 어디에서도 연주해본 적이 없는데. 그렇지만 두 달이면 될 줄 알았다. 어차피 앤드루를 위해 하려고 했던 일이었고, 여행을 다녀와서 다시 원래대로 생활하면 될 줄 알았다. 물론 더 이상 앤드루는 없을 테지만 크게 달라질 건 없을 줄 알았다. 내가 생각만큼 한심하지 않다는 걸 잭에게 보여주면 잭이 다시 돌아올지 모른다는 계산도 했다.

하지만 그렇지가 않았다. 모든 것이 달라졌다. 한나를 만났기 때문이다.

여행에서 돌아와 마침내 모두가 다시 브로드샌즈에 모였을 때, 나는 친구들에게 한나에 대해 말해주려고 했다. 브로드샌즈는 콘월Cornwall(잉글랜드 남서부에 있는 주)에 위치한 랜즈엔드 부근의 배낭족 호스텔로, 내가 이 굉장한 모험을 떠나기 전까지 몇 년 동안 일과 생활을 함께 꾸려갔던 곳이다. 그때가 까마득히 먼 옛날처럼 느껴졌다. 친구들은 놀리며 말했다.

"그 여자가 무슨 본드걸이냐."

"내가 한번 자줄게."

"한나하고 자면 너희도 리본을 얻을지도 모르지."

자주 그때 일을 생각한다. 하마터면 한나를 만나지 못했을지도 모른다. 내가 한 시간 늦게 도착했거나 한 시간 일찍 도착했다면. 안개가 걷히지 않았다면. 트롬쇠Tromso(노르웨이 북부의 항구도시)의 공중전화 부스에서 벤에게 전화를 걸지 않았다면. 헨리크를 만나지 않았다면. 무엇보다 여행을 떠나지 않았다면.

나는 운명은 믿지 않는다. 그렇지만 요즘 용기를 믿는다.

확실히 많은 사람들이 일생 동안 자주 드나들어 잘 다져진 길이 있는 것 같다. 습관이라든지 선조들, 혹은 텔레비전에 의해 익숙해진 길들, 우리가 이미 잘 알고 있는 사물과 사람들을 접하게 해주는 길들.

술집, 소파, 슈퍼마켓으로 이어지는 길들, 지겹지만 차마 그만둘 배짱은 없는 직장과 지긋지긋한 가정, 그리고 우리에게 도움이 되지 않는 정치로 이어지는 길들 말이다.

그렇지만 이제 나는 다른 길도 있다는 걸 안다. 무모하고 비현실적이며 허황된 길들. 익숙하지도 안전하지도 않으며, 유명인이든 친구든 어느 누구도 걸어본 적이 없는 길들. 이런 길들은 무시하고 지나치기가 아주 쉽다. 그 길을 따라가려면 굳건한 믿음, 손으로 귀를 막고 눈을 질끈 감으며 애써 결과를 보지 않으려는 용기가 필요하니까.

하지만 겉에서는 아무리 정신 나간 짓으로 보일지라도 그 길을 죽 따라간다면, 용기를 내어 걸음을 옮긴다면, 그때 비로소 자신을 변화시킬 사람을 만나게 된다. 가령 한나처럼.

나는 용감하다는 말의 의미를 이해해본 적이 없었다. 잭처럼 운이 좋은 소수의 사람들은 태어날 때부터 두려움을 모르는 줄 알았다. 그들이 거대한 파도를 넘거나, 불쑥 튀어나온 거대한 절벽을 로프 없이 오르는 건 두려움을 모르기 때문이라고 생각했다. 그러나 진정한 용기는 두려움이 없는 것과 관계가 없었다. 용감하다는 건 어쨌든 해나가는 것, 계속하는 것, 두렵든 두렵지 않든 살아가는 것이다. 용감하다는 건 로프 없이 거대한 절벽을 오르는 것이 아니다. 용감하다는 건 진심으로 자신의 이야기를 말하는 것, 온 마음을 다해 나 자신이 되는 것이다.

그래서 나는 친구들에게 한나에 대해 이야기를 하려다 그만두고 대신 내 승합차로 가서, 프랑스 살라구에서 프랑시스 필리프가 나에게 준 아주 옛날 기타를 꺼냈다. 기타를 들고 다시 바에 돌아와 자리에 앉아 〈브루카 마니과Bruca Maniguá〉의 코드를 연주하기 시작했다. 이 곡은 언제까지나 나에게 한나를, 그리고 우리가 함께 황무지를 운전하며 달리던 그 밤을 떠올리게 해줄 것이다. 〈브루카 마니과〉 연주를 마친 뒤, 여행을 끝내고 집으로 돌아오는 먼 길에 마침내 가사를 완성시킨 노래를 부르기 시작했다. 이런 내 행동에 확실히 두 친구는 입을 다물었다. 그들은 무슨 외계인 쳐다보듯 나를 뚫어져라 쳐다보았다. 하긴 그 친구들을 탓할 수는 없다. 옛날의 나였다면, 친구들 중 누군

인트로 · 11

가가 어쩌다 집 안의 두꺼운 벽 사이로 내 첼로 연주 소리를 듣기라도 하면 부끄러워 죽을 지경이었을 테지만, 지금은 사람들이 다 보는 앞에서 이렇게 태연하게 노래를 부르고 있으니까.

그날 넌 빛으로 나를 감쌌다고 말했지,
내게 나의 길을 찾는 법을 알려주겠다고 말했지,
이 모든 순간이 너무나 소중하다고 말했지,
그리고 이 리본이 용기를 준다고 말했지…….

쉽지는 않았다. 나는 노래를 멈추고 래틀러Rattler(잉글랜드 콘월 주의 대표적인 사과주 브랜드)를 벌컥벌컥 들이켜야 했다. 그때 친구들이 더 이상 나를 놀리지 않는다는 걸 알았다.
"무슨 노래야?" 벤이 물었다. "어디서 많이 들어본 것 같아."
"옛날 쿠바 노래야. 이브라힘 페레르가 리메이크했지. 이 노래를 거리에서 수도 없이 연주했어. 아까 너희한테 말하려고 했던 그 아가씨가 나를 바꾸어놓았어. 사실 이 노래는 그녀에 대한 거야."

"어떻게 옛날 쿠바 노래에다 노르웨이에서 만난 아가씨에 대한 가사를 쓰게 된 거야?"

"노래에 나와 있어."

잭과 벤은 서로를 쳐다보았다.

"처음부터 다시 불러봐." 잭이 말했다.

1장

**사랑과
죽음**

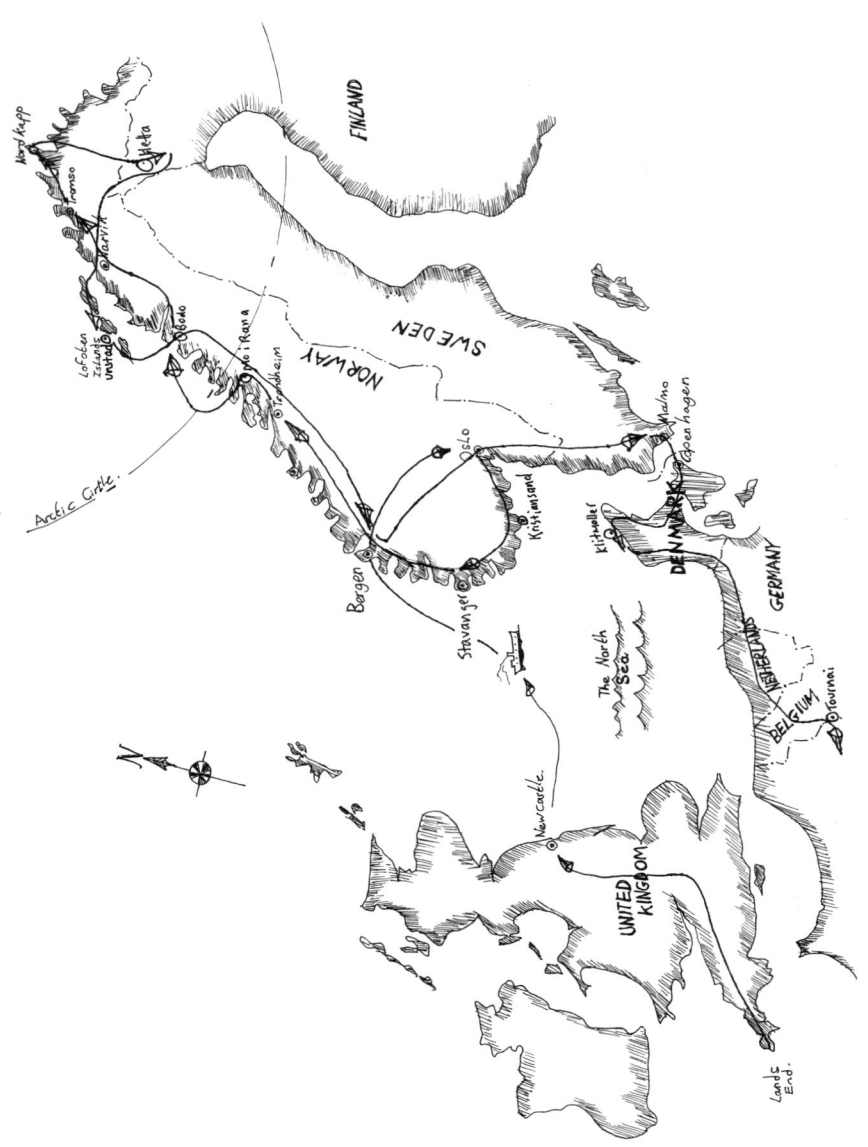

1

시작이 언제인지 정확하게 말하기란 힘든 일이다. 시작은 언제나 끝과 겹치니까. 하지만 이 특별한 이야기는 이야기가 끝난 곳, 브로드 샌즈에서 시작한다는 걸 다들 짐작할 것이다. 한여름 새벽이 막 걷히고 아침이 열리고 있었다. 벤은 어마어마한 유산을 상속받은 주인이 세계를 여행하는 동안 이곳을 맡아 운영했다. 나는 벤에게 작별 인사를 하고 뉴캐슬로 이어지는 해안까지 내 샛노란 승합차를 운전했다. 적어도 녹이 슬어 갈색으로 변하지 않은 부분은 샛노랬다. 그렇다고 공장에서 막 나온 새 차의 샛노란색은 아니고. 그보다는 훔친 차를 급히 위장하고 싶은데, 마침 친구에게 남은 스프레이 페인트 통이 있어 칠한 듯한 노란색에 더 가까웠다.

아니나 다를까, 경찰이 갓길에 차를 세우게 했다. 경찰은 이 사이로 공기를 빨아들이더니 타이어를 여기저기 발로 툭툭 찼다. 나는 양손에 얼굴을 묻고는 어떻게 해야 평범한 사람처럼 보일 수 있을지 신경을 곤두세웠다. 이럴 때 내가 다른 사람이라면 얼마나 좋을까. 이를테면, 누가 내 한쪽 팔을 자르고 왼쪽 다리를 팔아먹는다고 해도 천하태평인 사람이라면 얼마나 좋을까. 하지만 나는 그런 사람이 못 된다. 나는 걱정을 달고 사는 사람이다. 이 덜덜거리는 낡은 승합차를 몰고 랜즈엔드에서 타인사이드 터널까지 열네 시간을 달린 뒤, 노르웨이행 페리를 타고 스물네 시간 동안 북해를 건넌 건, 내가 뭐 대단히 독립적이라거나 용감해서도 아니고 나란 사람은 원래 이런 여행이 일상이라서도 절대 아니었다. 내가 길을 나선 건 인간이 그것을 위해 수천 년 동안 안 해본 짓이 없는 두 가지 이유, 즉 사랑과 죽음 때문이었다.

2주일 동안 승합차 안에서만 지냈다. 그러고 싶었다. 할 수 있는 게 그것뿐인데다, 차가 워낙 구식이라 카세트테이프 플레이어가 장착되어 있어서, 잭의 존재를 말해주는 유일한 증거인 여섯 개의 먼지 쌓인 카세트테이프를 들을 수 있었기 때문이다. 차종은 미디엄 휠베이스에 타이어 여섯 개, 상당한 마력을 갖춘 3.5톤 이베코 데일리였지만, 솔직히 40톤 트럭을 모는 기분이었다. 벤이 모토크로스 동호회의 한 친구에게 싼값에 사들였는데, 기름 냄새와 오래된 모터바이크 냄새가 났다.

많은 사람들이 이 차가 계속 더 달리는 건 고사하고 지금까지 굴러온 것만도 용하다고 생각했다. 사람들은 눈썹을 치켜뜨고 고개를 절레절레 저으면서도, 내가 정신 나갔다고 생각하지는 않는 것처럼 보이려 했지만, 썩 성공적이지는 않았다. 솔직히 내 차가 그 정도로 엉망은 아니었다. 녹이 좀 슬어 스프레이 페인트를 뿌린 클러치에서는 모두가 잠든 한밤중에 흡혈귀가 관 열 때 나는 소리가 났고, 옆으로 미는 문이 위험천만하게 떨어져 나가는 바람에 머리를 벌써 아홉 바늘이나 꿰매야 했던 데다, 타이어 두 개가 요철이 닳아 반들반들해진 것만 빼면. 뒷바퀴 타이어가 그랬으니 망정이지 다른 타이어가 그랬으면 더 큰일이 날 뻔했다. 벤은 바퀴 두 개짜리 트레일러인 셈 치라고 했고, 나는 바퀴 수는 많을수록 안전하다고 했다. 경찰이 갓길에 차를 세우라고 하기 전까지 우리는 이러고 투닥거리고 있었다.

나는 간신히 미소를 지으며 경찰관 얼굴 앞에 페리 티켓을 흔들어 보이면서 내가 곧 이 나라를 뜰 사람이라는 걸 알리려고 했다.

"정기 안전점검 하겠습니다."

심장이 덜컥 내려앉았다.

이럴 때 잭이 있다면 얼마나 좋을까. 금발 머리, 암벽 등반으로 떡 벌어진 어깨, 매력적이고 제멋대로인 데다, 개종했다는 자부심으로 자기중심적이었던 잭이 있었다면 얼마나 좋을까. 잭은 경찰차를 봐도 절대 불안해하지 않았다. 자기가 뭘 잘못했는지 알지도 못할뿐더러, 곧 유치장 신세를 지게 된다 해도 손에 땀 한 방울 흘리지 않고 은전대를 잡았다. 경찰에게 가운뎃손가락을 들어 보이며 면전에서 돼지 새끼들이라고 욕을 퍼부었다. 하지만 잭은 이곳에 없었다. 잭은 사실 이 우주에 존재한다고 할 수도 없을 만큼 아주 먼 곳으로 가버렸다.

경찰이 승합차 뒷문을 열라고 요구했다.

나는 운전석에 앉아 있었다. 뒷문은 고장이 나서 밖에서는 열리지 않았다. 옆문은 케이블 선으로 친친 감아 고정한 상태였다. 내가 내 차를 만지다 지쳐 떨어지는 것과, 경찰이 정기 안전점검을 하다가 진이 빠지는 것과는 천지 차이다. 이럴 때 방법은 딱 하나, 운전석과 뒷좌석을 분리하는 금속 칸막이의 작은 구멍으로 비집고 들어가는 것이다. 그런데 어째 상황이 더 심각해졌다. 구멍에 몸이 꽉 끼어 들어가지도 나오지도 못하는 채로 끔찍한 몇 초가 지났다. 아무래도 경찰이 소방대원에게 전화해야겠구나, 싶은 바로 그때, 머리가 먼저 바닥으로 떨어지면서 쿵 하고 큰 소리가 났다.

경찰이 자동차 안을 들여다보았다. 경찰은 나를 한번 쳐다보고 다시 자동차 안을 들여다보았다. 과연 범상치 않은 광경이었다. 노출된 금속면과 녹슨 바닥은 폐차장에서 주워온 쪼개진 은촉붙임 패널에 대충 덮여 있어, 단열재와 난방이 없다는 걸 제외하면 거의 문 닫은 지 오래된 폐사우나 저리 가랄 정도였다. 천장의 유리 섬유는 피복을 하지 않아 시커멓게 곰팡이가 슬었다. 청바지 두 개, 티셔츠 네 장, 보온 점퍼 두 개, 민망한 속바지 몇 벌이 벤이 해변에서 주어온 낡은 낚시 그물 속에 쑤셔 박혀 있었다. 설거지통만 한 크기의 구멍을 낸, 균형이 맞지 않은 합판 자투리와 그 위에 놓인 중고 가스레인지가 주방이었다. 침대를 겸한 벽장도 있었다. 경찰은 자동차 문을 열어달라고 했다. 그러더니 머리를 긁적거렸다. 벽장 속 낡디 낡은 케이스 안에는 첼로가 들어 있었다.

침대 밑에 첼로를 보관하는 폐사우나 저리 가랄 수준의 승합차를 모는 게 조금 희한해 보일 수는 있어도 어디까지나 불법은 아니다. 경찰은 타이어에 대해 뭐라고 주의를 준 다음 그만 가도 좋다고 했다. 간신히 시간에 맞추어 페리에 도착하니, 형광 작업복 차림의 남자가 승합차 크기를 자로 잰 다음 배에 오르라는 신호를 보냈다. 승용차, 대형트럭, 반짝반짝 빛나는 흰색 캠핑카들이 엔진을 끈 채 내 뒤로 줄지어 섰다. 나는 지금 100만 마일 떨어진 곳에 가 있다면 얼마나 좋을까 생각하며 운전석에 꼼짝 않고 앉아 있었다. 기왕이면 인생이 옛날 녹음기처럼 돌아가는 다른 행성에 가 있다면 더 좋겠고. 마음에 안 들면 다시 녹음할 수도 있고, 실수하면 지우고 처음으로 다시 돌아가 아까는 하지 않았던 말과 행동을 하는. 괴물 입처럼 생긴 거대한 금속 문이 쾅 하고 요란한 소리를 내며 닫혔다. 문득 몸이 무거운 기분이 들었다. 눈에서는 눈물이 핑 돌았다. 인생은 옛날 녹음기 같지가 않기 대문에. 잠시 멈춤 버튼도 되감기 버튼도 없으니까. 되돌아갈 수도 없고.

2

잭을 만난 건 어느 겨울 해변에서였다.

나는 그 무렵 자주 그랬던 것처럼 모래언덕 사이에 꼼짝 않고 앉아 파도를 바라보고 있었다. 파도가 바위에 부딪쳐 모래 위에 갖가지 모양을 만들어내는 걸 보는 게 좋았다. 파도가 어디에서 왔을까, 얼마나 멀리 가야 할까 생각하는 게 좋았다. 카리브 해에서 왔을까, 아니면 알래스카, 아니면 이름 없는 바다 한가운데 어디쯤에서 왔을까. 부슬부슬 비가 내리고 있었다. 나는 낡은 방수 파카를 입고 있었다. 잭은 파카를 입지 않았다. 잭은 비 따위 신경 쓰지 않았다. 잭은 등산용 로프가 잔뜩 들어 있는 배낭을 메고 한쪽 겨드랑이에 서프보드 하나를 낀 채 안개 밖으로 서서히 걸어 나왔다.

브로드샌즈에는 이층 침대가 놓인 객실들이 있었고, 벤은 여행 중인 서퍼들에게 이따금 객실을 임대했다. 앤드루와 나도 이 객실에서 생활했다. 대신 바가 바쁠 땐 우리가 몇 시간 일을 해주기로 했는데 한 번도 바쁜 적이 없었다. 브로드샌즈는 해변에서 내륙으로 1마일 거리, 앤드루와 내가 자란 작은 마을 바로 외곽에 있다. 그 마을에서 자란 대부분의 사람은 기차표를 살 정도의 나이가 되면 바로 마을을 떠났다. 앤드루와 나도 떠나려고 했지만 우리는 둘 다 되돌아왔다. 앤드루는 서핑에 푹 빠져서, 나는 뭘 하고 싶은지 몰라서, 그리고 바다란 것이 한번 혈관 속에 들어오면 그것 없이는 살기 힘들기 때문에.

벤은 잭에게 방을 제공했지만, 잭은 쥐와 거미가 우글거리는 정원 한구석의 한 평짜리 오두막을 청소해 쓰겠다고 고집했다. 잭은 여러 장의 비치 매트로 낡고 썩은 바닥을 덮고 그 위에 써머레스트 침낭을 깐 다음 부유목으로 만든 선반을 두었다. 그리고 이 선반에 올더스 헉슬리와 잭 커루악의 소설들, 일본의 절명시絶命詩 시집들, 그리고 이젠 도대체 카세트테이프 플레이어를 가진 사람이 없어서 더는 들을 수 없는 오래된 테이프 대여섯 개를 보관했다.

잭은 아주 오래된 트란지아 버너 위에 비알레티 에스프레소 커피 메이커를 넘어지지 않도록 잘 올려놓고 매일 아침 신선한 커피를 내렸다. 이 알코올버너는 높은 고도에서 사용할 용도로 만들어진 것인데 점화가 되면 사방에 휘발유 냄새가 진동했다. 잭은 자선 가게에서 산 꽃무늬 셔츠를 입었다. 그의 서프보드는 자신도 무슨 뜻인지 모르는 일본 글자가 스텐실 프린팅되어 있었다. 그는 자칭 방랑자였는데, 해병대의 높은 자리에 있던 아빠를 따라 전 세계를 끌려다니던 두 살 이후부터 경험한 온갖 굉장한 모험담이 차고 넘쳤다.

우리 아빠는 해병대 높은 자리 같은 데 있어 본 적이 없었다. 우리 아빠는 재미있고 매력적이며 사랑스럽고 울적했으며, 생각보다 훨씬 고달픈 인생 때문에 상처를 받았다. 아빠는 80년대에 무일푼으로 사업을 시작했다가 90년대에 몽땅 망했다. 아빠는 교묘하게 쉴 새 없이 술을 마셨지만, 그건 아빠를 행복하게 해주지 못했다. 한동안은 우리 집도 부모님의 결혼생활도 평온한 상태를 유지했고 엄마의 정신도 온전했다. 엄마는 우리에게 사랑에 대한 모든 것을 알려주었고 우리도 엄마를 무척 사랑했다. 여자 형제들과 나는 함께 힘을 합하여, 절벽 끝에 위태롭게 서 있는 엄마를 끌어내리려고 최선을 다했다. 하지만 엄마는 가끔 우리의 이름을 기억하지 못했다. 스쿨버스를 타고 집으로 돌아오는 길은 두려움이 짙게 깔렸다. 자살의 공포는 끊임없이 우리를 괴롭혔다. 나는 얼른 자라서 빨리 독립했다. 부모님은 자기들끼리 싸우느라 내 생존을 책임질 수가 없었다. 더구나 집을 날려 먹은 바람에, 나는 엄마의 작은 아파트 정원에 텐트를 치고 침실로 썼다. 나는 종종 엄마를 보러갔지만 이제는 브로드샌즈가 내 집이 되었고, 벤과 앤드루 같은 그곳의 친한 친구들이 내 가족이 되었다.

 스쿨버스의 공포는 성인이 되어서도 사라지지 않았다. 어쩌면 내가 잭에게 그토록 깊이 빠져든 이유도 그래서였는지 모른다. 잭은 두려움이 없었다. 그는 절벽을 향해 몸을 던져—어릴 때 보았던, 창문에 몸을 날리는 스파이더맨처럼—로프도 없이 절벽 위를 올랐다. 그는 아무도 감히 서핑을 하겠다고 덤벼들지 못하는, 면도날처럼 날카로운 암초까지 겁 없이 노를 저어갔고, 사람을 죽일 수도 있는 환각선인장을 키우기도 했다. 대부분의 남자들이 잭에게 분명히 뭔가 미심쩍은 부분이 있을 거라고 생각했지만, 내가 아는 젊은 여자들은 모두 그에게 반했다. 사정이 그랬으니 잭이 나를 선택했을 때 내가 완전 황당하고 어이없었던 것도 당연했다. 평범하고 촌스러운 데다 푸석푸석한 곱슬머리에 예민하고 소심하기까지 한 나를 선택하다니. 내 행운을 믿을 수가 없었다. 나는 드디어 안전하다는 느낌이 들었다.

 헉, 안전은 개뿔.

 어느 날, 그러니까 정확히 1년 뒤에, 잭은 벌떡 일어서더니 느닷없이 파타고니아로 가겠다고 선언했다.

"잠시 시간이 필요해."

잭은 모든 걸 가지고 갔다. 그의 책과 셔츠와 써머레스트 침낭을. 그의 파타고니아 오리털 재킷을. 그의 등산용 로프를. 그의 비알레티 에스프레소 메이커와 트란지아 버너를. 그의 서프보드들과 산산이 부서진 내 마음의 조각들까지. 우리가 함께했던 시간의 흔적이라고는, 자신은 더 이상 필요하지 않으니 내가 갖는 게 낫겠다며 나에게 준 낡은 카세트테이프 여섯 개와 그의 냄새가 배어 내가 몰래 감춰 놓은 그의 셔츠 한 장이 전부였다.

그런 걸 생각하면 너무 괴로웠다. 다른 여자의 몸을 더듬는 잭의 크고 노련한 손길을 생각하면 죽을 것처럼 힘들었다.

그렇지만 앤드루를 생각하는 것이 훨씬 괴로웠다.

멍청한 농담과 별별 희한한 꿈을 꾸는 앤드루를, 직접 재배하는 어마어마한 양의 무성한 마리화나와 아무리 시시한 일도 재미있게 만드는 그의 재능을.

앤드루는 아주 멀리 가버렸고 그 바람에 내 인생이 완전히 바뀌었다. 하지만 그 당시엔 앤드루에 대해 생각하는 것이 몹시 힘들었다. 비록 모든 일이 전적으로 그의 책임이라 할지라도.

나는 운전석에 꼼짝 않고 앉아 있었다.

형광 작업복을 입은 다른 남자가 재촉하듯 창문을 두드렸다. 나는 여벌로 챙긴 점퍼를 들고 소리가 울리는 철제 계단을 몇 칸 올라가 갑판에 다다랐다. 갑판에는 나 말고 아무도 없었다. 나는 난간에 기대어 잉글랜드가 잿빛 우울 속으로 점점 작아지다 사라지는 모습을 지켜보았다. 부글부글 거품이 이는 잿빛의 바닷물을 내려다보며 내 첼로를 떠올렸다. 이 커다란 페리 지하에서 녹슨 노란색 케이스 안에 정어리처럼 보관되어 있는 건 어떤 기분일까.

첼로는 내가 일곱 살 때 할아버지가 돌아가신 뒤로 내 것이 되었다. 이따금 첼로가 실제로 내 몸의 일부인 것처럼, 그러니까 다리나 팔처럼 느껴지곤 했다. 잭이 떠난 후, 나는 케이스에서 첼로를 꺼내 공기를 주입해 부풀린 매트리스 옆 바닥에 내려놓았다. 아침에 눈을 뜨자마자 바로 볼 수 있도록. 어쩐지 이 첼로를 보고 있으면 어린 시절로 돌아가는 것만 같아 마음이 편안해졌다. 우리 집이 힘들었을 때, 첼로는 나에게 가장 좋은 친구이자 피난처였다. 나는 첼로에게 모든 걸 털어놓았다. 혼자서 연습을 하면서 차츰 우울한 곡을 연주하게 되었고, 이 곡들은 험난한 폭풍을 헤쳐 갈 수 있도록 도와준 구명보트 같았다. 아마도 내가 기억하는 것 이상으로 그랬을 것이다. 물론 비유적으로 말해 그렇다는 거다. 아직까지는.

비가 내리고 있었다. 안으로 들어가 나에게 배정된 안락의자가 놓인 방을 찾았다. 이 큰 배에서 침대가 딸린 객실을 구할 형편이 안 되는 승객은 나뿐인 것 같았다. 대신 150개의 안락의자와 150개의 보라색 나일론 담요가 전부 내 거였다. 나는 담요 몇 장을 바닥에 깔고 비스듬한 모양의 커다란 창문 아래에 누웠다. 그리고 유리 위로 엄청나게 비를 쏟아 붓는 성난 잿빛 구름을 바라보았다. 나는 다시 일어나 안락의자 가운데 하나를 골라 앉아 벽을 응시하며 내 첼로에 대해 조금 더 생각했다.

잭이 떠난 뒤 몇 개월을 버틴 건 첼로 덕분이었다. 나는 눈을 반쯤 감고 남몰래 첼로를 연주하곤 했다. 연주하는 동안 눈에서 눈물이 뚝뚝 떨어져 매끈한 첼로 표면에 칙칙한 자국이 생겼다. 눈을 반쯤 감고 눈물을 뚝뚝 떨어뜨리며 남몰래 첼로를 연주하지 않을 땐, 허름하고 어수선한 벤의 사무실 전화기 옆에 앉아 있거나, 멍하니 허공을 응시하거나, 모든 상황을 더욱 악화시킬 뿐인 잭의 유일한 문자메시지를—내 옆에 누운 벌거벗은 네 몸을 느끼고 싶어—읽고 또 읽었다. 아니면 잭의 오두막에 가서 공기가 빠진 채 널브러진, 내가 구입한 싸구려 에어 매트리스에 누워, 이미 잭의 냄새보다는 눅눅한 냄새가 더 많이 밴 그의 셔츠에 머리를 묻었다. 아니면 카세트테이프 플레이어를 사려고 펜잔스의 중고 상점을 샅샅이 뒤지면서, 잭이 햇볕에 그을린 완벽하고 탄탄한 몸매를 뽐내며 아름답고 자신감에 넘치는 아르헨티나 여자들과 어울리는 장면을 상상하지 않으려 애썼다. 한때는 브로드샌즈를 사랑했었다. 과거에 이곳은 안식처 같았다. 그러나 잭이 떠난 후로 감옥이 되어버렸다.

모든 것이 완전히 달라진 그날까지는.

3

잭이 떠난 지 석 달째 됐을 때였다.

나는 바 안을 서성거렸다. 벤은 낱말 맞추기를 하면서 마리화나를 피우고 있었다.

앤드루는 마리화나를 하나 더 말고 있었고, 그의 옆 테이블에는 반쯤 마시다 남은 기네스 한 잔이 놓여 있었다. 나는 의자 위에 털썩 주저앉았다. 벤이 자기가 피우던 마리화나를 나에게 건넸다. 나는 그것을 가만히 바라보았다. 우리는 늘 마시고 피워댔다. 전 세계의 잭 같은 사람들은 웃고 사랑하고 파도를 타고 등산을 하고 별이 빛나는 밤하늘 아래서 잠을 자겠지만, 우리는 마시고 피워대는 것 말고는 할 일이 없었다.

"브랜디 한잔할래?" 벤이 물었다.

"아니." 나는 고개를 저였다. "이 쓰레기장에서 탈출해야겠어."

"잭의 셔츠에 머리를 파묻는 시간만 줄여도 탈출하는 데 도움이 될걸."

벤이 내 쪽으로 몸을 기울이며 둠바 맥주 한 잔을 따랐다. "이제 잊어버릴 때도 되지 않았어?"

"그렇지." 나는 이를 악물고 말했다. 가끔 벤은 정떨어질 때가 있다. "아까도 말했다시피 난 여기에서 나가야겠어."

"누가 말리냐?"

"젠장, 네가 우리한테 돈을 안 주니까 내가 못 나가는 거 아냐. 너한테 아직 한 푼도 못 받았거든."

"젠장, 손님이 개미 새끼 한 마리 없잖아."

앤드루가 나에게 다른 마리화나 담배를 건넸다. 나는 아까 벤에게 받은 담배를 그에게 주었다.

"요전번에 텔레비전에서 봤는데." 앤드루가 입을 열어 서뜩한 긴장을 깼다. "두 남자가 미국 전역을 여행하면서 버스킹을 하는 프로그램이었어. 낡은 승합차 한 대를 끌고 기타 두 대를 가지고 말이지. 완전 엉망진창인데도 해내더라. 캐나다에서 멕시코까지 죽."

벤과 내가 서로를 쳐다보았다. 우리는 뭔가를 기대하고 있었다.

"그래서 이제 우리가 정확히 뭘 해야 할지 생각해봤지. 여길 떠나서 음유시인이 되는 거야."

"음유시인이 뭐야?" 벤이 말했다.

"버스커 말이야, 이 돌대가리야. 여행하는 거리의 악사. 그 남자들처럼 우리도 낡은 승합차를 한 대 얻어서 프랑스까지 운전해가며 연주를 하는 거야."

나는 앤드루를 바라보았다.

"진심이야?"

"당연히 진심이 아니지." 벤이 말했다. "쟤는 연주할 줄 아는 악기도 없잖아."

"리코더 연주할 수 있어." 앤드루가 자랑스럽게 가슴을 쫙 펴고 말했다. "어쨌든 그래서 우린 카트리나가 필요하다 이 말씀."

앤드루는 벤을 돌아보며 말을 이었다. "그리고 넌 모자 하나 들고 돈 걷으러 다니면 되겠다."

"그런 건 원래 팔다리 없는 작은 어린애들이 하는 거 아니야?"

"네가 그렇게 변장하면 되겠네." 앤드루가 말했다.

"닥치셔." 벤이 북부식 말투로 말했다. "나는 버스커 싫어. 프랑스도 싫어."

"프랑스에 가본 적도 없잖아."

"가봤거든."

그때 앤드루에게 한 가지 묘안이 떠올랐다.

"우리 노르카프에 가자!"

나는 그를 빤히 쳐다보며 말했다. "그걸 말이라고 해!"

"노르카프에 가서 잭의 그 빌어먹을 한밤중의 태양을 보고 오는 거야." 앤드루가 말했다. "비용이 꽤 들겠지만 문제 될 건 없어. 가는 동안 경비를 벌면 되니까."

잭은 노르웨이를 엄청 좋아했다. 잭의 말에 따르면, 노르웨이는 배낭 여행객만 제외하면 뉴질랜드하고 똑같은 데다, 잉글랜드에서 차로 갈 수 있을 만큼 가까웠다. 언젠가 잭은 내게 승합차 한 대를 얻어 식품 통조림을 잔뜩 싣고 같이 노르카프에 가자고 말했다. 나는 그의 어깨에 머리를 얹고서, 그가 전부 알아서 하는 동안 나는 조수석에서 안전벨트를 매고 가만히 앉아 있는 상상을 하곤 했다. 별이 총총한 밤하늘 주변으로 한밤중의 태양이 불쑥 솟아오르고, 순록들은 절벽 주위를 돌아다니겠지. 햇살이 비치는 동안 뭘 하면 좋을지 궁리하는 광경도 상상했다.

"그놈에 노르카프인지 뭔지, 어디에 있는 건데?" 벤이 물었다. 잭이 한창 이야기할 때 귀담아듣지 않더라니.

"거의 유럽 끄트머리에 있지." 앤드루와 내가 동시에 말했다.

"그럼 북극데?"

"북극이 유럽에 있냐?" 앤드루가 나를 보고 물었다. 나는 어깨를 으쓱해 보였다.

"어쨌든 중요한 건 그게 아니고." 앤드루가 말했다. "중요한 건 거기에 곰도 있고 순록도 있고 없는 게 없다는 거야. 쯔 북극에 있는 것 같다니까."

"돌았구나."

"맞다." 앤드루가 흥분해서 거의 팔짝팔짝 뛰며 말했다. "노르카프에서 카보상비센테까지 가는 거야."

"거긴 어딘데?"

"포르투갈이 있는 등대."

"포르투갈에 있는 등대라." 벤이 고개를 가로저으며 말했다. "그 탄대편에는 이탈리아가 있겠네. 북쪽의 반대는 남쪽이니까."

"이탈리아 과도 별론데." 앤드루가 말했다.

"난 이탈리아 좋아." 내가 말했다. 한 번도 가본 적은 없지만.

"난 노르웨이 싫어." 벤이 말했다.

앤드루는 듣는 둥 마는 둥 했다.

"우리는 혼자 알래스카를 배회하고 낡은 대형트럭에서 생활하면서 산딸기 같은 걸 먹고사는 영화 주인공처럼 시스템에서 벗어나 자유로워지겠어."

"그러다 굶어 죽겠네." 벤이 말했다.

"우린 어차피 죽어가고 있는 걸. 매일 조금씩 줄어들고 있잖아."

"뭐가? 네 거기가?"

"이거 말이야!" 앤드루는 손짓으로 바 주변을 막연하게 가리켰다.

"인생."

벤이 코웃음을 쳤다.

"그래서 유럽 온 천지 골목 구석탱이마다 오줌을 싸지르고, 그 한가운데에 자리를 잡고 앉아 팩에 든 와인을 벌컥벌컥 들이켜면서 리코더로 〈이매진〉을 연주하고, 동네 개들을 발로 걷어차고 싶으시다?"

"버스킹은 구걸하고 달라." 앤드루가 말했다. "버스킹은 일종의 공공 서비스 같은 거라고. 정부는 버스커들에게 대가를 지불해야 해. 사람들이 테스코에서 쇼핑한 뒤에 자살하는 걸 막아주잖아."

"그렇지만 나는 카트리나의 첼로 소리를 들으면 죽고 싶어지는걸."

"벤 말이 맞아." 나는 당황해서 얼굴을 붉히며 말했다. "첼로로는 버스킹을 못 하지. 첼로는 너무 크고 소리도 슬프니까."

"냉장고를 갖고 차를 얻어 탈 수 있다면 첼로로도 버스킹을 할 수 있어." 토니 호크스Tony Hawks(냉장고를 갖고 도로에서 차를 얻어 타며 아일랜드를 일주하는 실험을 책을 써서 유명해진 사람)는 앤드루의 우상이었다.

"원, 세상에." 벤이 말했다. "그놈의 냉장고 얘기 좀 그만해라. 이젠 재미없거든. 전에도 재미있지 않았지만."

"신나지 않냐. 냉장고를 가지고 차를 얻어 타다니, 듣기만 해도 신나잖아."

"어째서?"

"그만하자."

"너나 그만하시지."

잠시 침묵이 흘렀다. 나는 마리화나 담배를 다시 앤드루에게 건넸다. "너희가 같이 가지 않겠다면……." 앤드루가 연기 한 모금을 내뿜으며 말했다. "나 혼자라도 갈 거야. 여행하다 죽는 한이 있어도, 죽기 전에 노르웨이에서 포르투갈까지 버스킹을 해볼 거야."

나는 벤과 눈이 마주쳤다. 우리 둘 다 웃음이 나오려는 걸 꾹 참았다. 앤드루의 죽기 전에 할 일 목록은 아르고스Argos(카탈로그를 통한 주문 판매만 하는 마트) 카탈로그보다 길었다. 하지만 우리처럼 앤드루드 실은 그 기다란 목록 가운데 아무것도 한 게 없었다.

아니지, 뭔가 해내긴 했다.

앤드루는 죽었다.

4

안락의자는 여전히 전부 비어 있는 채였고, 성난 잿빛 구름은 비스듬한 창문 위로 여전히 한바탕 비를 뿌리고 있었다. 문이 열렸고, 키가 작고 희끗희끗한 머리에 험상궂게 생긴 남자가 여행 가방을 들고 성큼성큼 안으로 걸어 들어왔다. 남자는 바닥에 여행 가방을 내려놓고 손을 내밀어 나에게 악수를 청했다.

"스탠입니다. 런던에서 펍을 운영하지요. 아랍인들과 함께 차로 왔습니다."

스탠은 한잔하러 가겠다고 했다. 나는 아무래도 혼자 있다가는 울음이 터져 그치지 않을 것 같아서, 그를 따라 휴게실로 갔다. 휴게실은 시끄러운 슬롯머신 소리와 잔뜩 들뜬 십 대 아이들의 소리로 가득했다. 나는 의자에 털썩 앉아 턱을 괴고 앉았고, 스탠은 인스턴트커피를 몇 잔 마신 뒤 생전 처음 보는 담배를 연신 피워대며 대답하고 싶지 않은 질문만 잔뜩 물었다.

"그나저나 아가씨가 어쩌려고 승합차에서 혼자 잠을 자겠다는 건가요? 허, 참."

나는 고개를 가로저으며 울지 않으려고 애썼다.

"글쎄요. 잘 만해요." 스탠은 폭소를 터뜨리더니 커피 한 잔을 더 시킨 후 담배에 불을 붙였다. 담배 연기와 주크박스 사이에서 스탠은 마치 원래 자기의 서식지에 사는 동물처럼 위풍당당한 태도를 보였다.

"돈이 많나 봐요? 그쪽 나라는 물가가 싸지 않은데."

"없어요."

"없다고요?"

"첼로가 하나 있어요." 내 목소리가 조금 흔들렸다. "한밤중의 태양까지 버스킹을 하며 갈 거예요."

스탠이 폭소를 터뜨렸다. 작은 플라스틱 포크로 저 눈깔을 찍어버리고 싶었다.

스탠은 커피를 다 마시자 작은 플라스틱병에 담긴 따뜻한 화이트 와인 두 개를 주문했다. 나는 한결 열광적인 반응을 보였다. 스탠은 내가 화이트 와인을 단숨에 마시는 모습을 만족스러운 듯 바라보았다. 그는 윙크하더니 하이파이브를 하려고 작고 통통한 손을 들어 올렸다.

"그런데 행선지는 어디예요? 남쪽? 동쪽? 노르웨이에 머물 건 아니지요? 편한 장소는 늙을 때를 대비해서 남겨두세요, 헤헤."

문득 그가 무척 나이 들어 보였다.

"먼저 헬싱키에 갔다가 모스크바를 지나 베이징으로 돌아도 좋고, 2주 동안 중국에 있다가 프라하에 가는 것도 생각해보세요. 체코, 아테네, 이런 데 좋잖아요, 헤헤. 농담 하나 할게요. 어떤 숙녀가 웨이터한테 치킨을 어떤 식으로 요리하느냐고 물었어요. 웨이터는 특별한 방법은 없다고 말했지요. 그냥 닭들한테 너희들은 이제 다 죽었다고 솔직하게 말할 뿐이라고요."

휴게실 문이 닫혀 우리는 안락의자가 가득 놓인 객실로 비틀거리며 걸어 돌아왔다. 안락의자는 여전히 비어 있었다.

나는 담요를 잔뜩 깔고 누워서 1988년에 출간된 《저렴하게 즐기는 유럽 여행Europe on a Shoestring》이라는 책을 읽어보려 했다. 내가 떠나기 전에, 친절하게도 벤이 준 책이었다. 스탠은 여전히 수다를 떨고 있었는데 아마 혼잣말을 하는 것 같았다.

"얼른 나가서 샌드위치를 사야겠어, 헤헤, 스톡홀름이랑 헬싱키에 가서 러시아 사람들하고 놀아야지."

《저렴하게 즐기는 유럽 여행》은 무서운 경고들을 잔뜩 늘어놓았다. 노르웨이 부분에서는 이동주택을 밤새 고속도로 갓길에 세워두는 것이 허용되지 않는다고 경고했다. 나는 정신이 똑바로 박힌 사람이라면 녹슨 양동이 같은 내 샛노란 승합차를 이동주택으로 착각할 사람은 아무도 없을 거라고 속으로 단호하게 말했다. 그렇지만, 한밤중에 내가 차 안에서 세상모르고 자는 사이에 차가 견인돼서 박살이 날 걸 생각하니 온몸이 덜덜 떨렸다. 아니면 금발의 우람한 스칸디나비아 경찰들이 휘두르는 곤봉에 자다가 깨게 되면 어쩐다? 설마 그 정도로 최악의 상황이 벌어지기야 하겠어? 책이 늘 그랬잖아. 나는 만성 염려증에 상상력이 지나치다고 말이야. 아니야, 잭도 생각하지 말아야지. 잭이 나를 안은 채로 파타고니아 오리털 재킷을 입고 지퍼를 잠그곤 했던 것도, 그 안에서 내가 얼마나 편안했는지도 생각하지 말아야지. 하지만 생각하지 않으려고 애를 쓰면 쓸수록 기억은 더욱 또렷해졌다. 나는 보라색 나일론 담요 몇 장을 끌어당기고 그 속에서 몸을 움츠렸다. 스탠이 구석에서 코를 골기 시작했고 씩씩 소리를 내며 몸을 움찔거렸다.

잭이 노르웨이를 마음에 들어 했던 이유는 인적이 드물기 때문이었다.

"노르웨이는 유럽 전체에서 인구 밀도가 가장 낮아." 잭은 근육이 단단한 팔로 그의 아름다운 머리를 받치고 맑고 푸른 눈으로 나를 바라보며 말했다.

"크기는 잉글랜드의 세 배지만 인구는 10분의 1도 안 돼. 그게 무슨 의미인지 알겠어?"

나는 무슨 의미인지 몰랐다.

"여기서는 1제곱킬로미터당 약 400명이 살고 있어. 그럼 저쪽엔 몇 사람이 살까?"

"몰라. 한 200명?"

"열한 명."

책을 들어 운전 부분을 펼쳤다.

"북쪽의 광대한 지역들은 인구 밀도가 희박해 주유소가 수백 킬로미터 떨어져 있으므로, 항상 여분의 연료통을 준비해야 한다."

책을 내려놓았다. 나는 스페어타이어조차 준비해놓지 않았다.

5

    6월 7일 한낮. 페리는 뉴캐슬Newcastle(잉글랜드 북부의 항구 도시)을 출발한 지 약 스물네 시간 만에 베르겐Bergen(노르웨이 서남부의 항구 도시)에 도착했다. 베르겐은 해안 도시이기도 하다. 웨일스에서 시간을 보낸 적이 있다면 그게 무슨 의미인지 알게 될 거다. 평년에 베르겐은 연중 294일 비가 온다. 내가 도착한 날에도 그렇게 비가 내렸다. 그것도 보통 비가 아니었다. 하느님은 저 위에서 압력 호스를 들고 인간 세상을 없애려고 필사적이었고, 사람들은 모두 비옷 차림으로 고개를 푹 숙인 채 폭우를 뚫고 나가려고 안간힘을 썼다.

    무엇보다 먼저 경유를 사야 했다. 하지만 그러려면 벤에게 작별 선물로 받은 50파운드짜리 지폐부터 바꿔야 했다. 브로드샌즈에서 벤은 바가 붐비는 몇 안 되는 날을 잡아 친구들에게 돈을 걸었다. 나는 승합차를 세우고 사람들로 바글거리는 어시장 한가운데로 곧장 걸어갔다. 수십 개의 휴대용 라디오마다 음악 소리가 요란하게 울렸다. 금발의 우람한 남자들이 싱글싱글 웃고 고함치며 끄트머리에 날 생선을 꽂은 꼬챙이를 들고 있었다. 도저히 그럴 수 있는 환경이 아닌데도 모두 인내심도 좋게 아이스크림을 먹고 있었다. 나는 상점들을 뚫고 반대편에 있는 토르갈메닝겐이라는 큰 광장으로 향했다. 드디어 거기서 은행을 발견했다. 문이 닫혀 있었다. 건너편에 은행이 하나 더 있었다.

이 은행도 닫혔다. 용기를 내어 슈퍼모델을 닮은 키가 큰 금발의 아가씨에게 왜 은행들이 전부 문을 닫았는지 아느냐고 물었다. 그녀는 오늘은 토요일이라고 완벽한 영어로 친절하게 대답했다. 내가 바그살메닝겐에 있는 관광 안내소에 가야 한다고 하자, 아가씨는 시계를 보더니 서둘러야 한다고 말했다. 관광 안내소도 곧 문을 닫을 거라면서.

30분 뒤에 땀과 비에 흠뻑 젖은 채 시장을 빠져나와, 찢어지고 색이 바랜 청바지 뒷주머니에 쓸모없는 전단지 한 움큼과 482노르웨이 크로네를 쑤셔 넣었다. 그제야 승합차를 어디에 세워뒀는지 전혀 생각나지 않는다는 걸 깨달았다.

하필이면 버스 정류장에 차를 두고 나왔다. 제복을 입은 경찰들이 잔뜩 눈살을 찌푸리고 타이어를 노려보면서 노트에 무언가를 끼적이는 동안 버스 한 대가 정류장에 정차하려고 기다리고 있었다. 버스 뒤로 차들이 길게 늘어섰다. 나는 금방이라도 울음이 터질 것처럼 보이려고 했다. 그거야 뭐 별로 어려운 일도 아니었다. 경찰들은 나를 노려보면서 노르웨이 말로 어서 꺼지라고 했다. 아니, 그러니까, 그렇게 말했을 것 같다.

첫 번째 주유소는 문을 닫았다. 두 번째 주유소는 공중에 매달린 낮은 천장들 가운데 하나에 전등들이 걸려 있었다. 어떤 뚱뚱한 남자가 주먹을 휘두르며 내 쪽으로 돌진하는 걸 보고서야 내가 3.5톤 버스에 앉아 있다는 걸 알아차렸다. 그 사람이 그렇게 해서 얼마나 다행이었는지. 안 그랬으면 나는 몇 초 뒤에 지붕 없는 3.5톤 버스를 운전하고 있었을 거다. 세 번째 주유소는 현금을 받지 않았다. 네 번째 주유소인 밝은 오렌지색 스타토일Statoil(노르웨이 석유회사 이름)에 도착할 무렵

1장 사랑과 죽음 • 39

엔 술기운 떨어진 알코올 중독자처럼 두 손이 덜덜 떨리고 있었다. 약 40파운드에 해당하는 400크로네를 건넸다. 주유 탱크에 딱 반이 찼다. 비가 계속해서 창문을 때렸다.

"오슬로는 30도예요." 오렌지색 작업복을 입은 남자가 말했다.

"오슬로까지 얼마나 가야 하나요?" 나는 잠긴 목소리로 물었다. 소매 밖으로 작은 물줄기가 흘러 바닥에 떨어졌다.

"오슬로까지는 500킬로미터 더 가야죠." 남자가 말했다.

승합차 안으로 팔을 집어넣고, 비가 유리 섬유 지붕 위를 신경질적으로 때리는 소리를 들으며, 경우 딱 반 탱크로 500킬로미터를 갈 수 있을지 계산해보았다. 어쨌든 시동을 걸었다. 갈 수 있는지 없는지 알 방법은 한 가지뿐이니까.

노르웨이는 잉글랜드보다 운전하기가 훨씬 어렵다. 오슬로와 베르겐은 이 나라에서 가장 큰 도시지만, 두 도시를 연결하는 도로는 제한 속도가 시속 80킬로미터인 잉글랜드의 A30 도로보다 좁다. 그러나 도로 폭이 좁은 단점은 기술로 충분히 보상되고도 남는다. 도버 해협 터널만큼 길고 적막한 동굴들이 산을 뚫고 지나가고, 으스스한 형광 녹색 불빛이 터널을 비춘다. 다리들은 짠맛이 나는 거대한 강을 가로지르는데, 다니는 차가 거의 없어서, 혹시나 노르웨이에 곧 대규모 지진이 일어날 예정이라 모두 집에 꼼짝 않고 틀어박혀 있어야 한다든지 하는 중요한 정보를 놓치고 있는 건 아닌지 걱정이 될 지경이었다. 어쨌든 내비게이션에는 문제가 없었다. 가끔 동쪽 아니면 서쪽을 선택하면서 북쪽 아니면 남쪽으로 가면 된다. 그게 다였다. 한참 동안 북쪽으로 향하다가 동쪽으로 방향을 돌렸다. 그때 마침 비가 그쳐 갓길에 차를 세울 만한 곳이 멈춰서 시동을 껐다. 그리고 바닥에 물을 줄줄 흘리며 제리 캔에 담겨 있던 물을 주전자에 붓고, 중고 가스난로에 불을 켠 다음, 승합차의 옆문을 열고 눈 덮인 산을 멍하니 바라보며 앉았다.

대체 이게 무슨 꼴인지.

내가 노르카프까지 버스킹을 하며 가서 한밤중의 태양을 보겠노라고 말했을 때, 대부분은 내가 농담하는 줄로 알았다. 이건 앤드루의 아이디어고 앤드루를 위해 하는 거라고 말했을 땐 특히 더 그랬다. 하지만 그건 잭의 아이디어이기도 하며, 잭을 위해 하는 거라는 말은 어쩐지 하지 않는 게 좋을 것 같았다. 잭이 다시 나하고 사랑에 빠져 우리가 영원히 행복하게 살기를 바라는 간절한 소망을 안고, 뭔가를 보여주기 위한 것이라는 말은 그래서 하지 않았다. 앤드루가 죽은 마당에 영원한 행복을 믿기도 어려워졌지만.

간혹 누군가가 피오르가 어쩌고저쩌고 신이 나서 떠들었지만, 정말로 피오르가 뭔지는 아무도 알지 못했다. 어쨌든 모두가 늘 피오르를 보고 싶어 했지만, 비용이 어마어마했기 때문에 아무도 엄두를 내지 못했다. 한마디로 나는 노르웨이에 대해 아무것도 몰랐고, 이곳에는 내가 아는 사람이 아무도 없었다. 아, 한 명 있긴 있구나, 오세 예르드럼이라는 한 권도 만난 적도 이야기를 나눈 적도 없는 친구의 친구의 친구. 오세는 오슬로에 살았고 노르웨이의 어느 출판사에서 일했다. 자기 전화번호가 내 자동차 계기판에 스카치테이프로 떡하니 붙어 있고, 내가 자기를 수호천사 비슷하게 생각하고 있으며, 자기 말고는 다무 데도 의지할 데가 없다는 걸 알면 그녀의 기분이 어떨까. 나는 신용카드도, AA 멤버십 카드(긴급 차량 서비스 카드)도, 돈을 부쳐줄 엄마 아빠도 없었다. 다시 말해, 내가 기댈 수 있는 유일한 안전망은 오세예르드럼뿐이었다.

주전자의 물이 끓었다. 깊숙이 넣어둔 요크셔 홍차 티백을 꺼내 차 한 잔을 만들어 밖으로 가지고 나왔다. 그리고 승합차 옆에 기대서서 자신을 질책했다. 보통의 다른 사람들처럼 떠나기 전에 실제로 버스킹을 해보았다면 좋았을걸. 대신 나는 벤이 마리화나에 잔뜩 취해서 위키피디아에 기록된 내용을 큰소리로 읽는 걸 들어야 했다. 고대 로마인들이 플리플롭 샌들을 신은 것 말고 정확히 뭘 했는지는 분명하지 않지만, 아무튼 버스킹은 고대 로마에서 시작된 것 같았다. 벤의 말에 따르면 '버스커busker'는 원래 '플리플롭 샌들을 신은 사람'이라는 의미였다고 한다. 나는 내 플리플롭 샌들을 내려다보았다. 많지도 않은 신발 가운데 그나마 남은 것이었다. 'busker'는 나중에 '구하다 혹은 거닐다'라는 의미의 스페인어 동사 'buscar'가 되었다. 벤은 눈동자를 굴렸지만 나는 그 의미가 마음에 들었다. 잭도 좋아했을 것이다. 반면에 프랑스어로 'busquer'는 '창녀'라는 의미다. 내 경험상 버스킹은 대개 리코더 하나, 개 한 마리, 스페셜 브루 맥주 한 캔을 옆에 두고, 비 내리는 도로변에 녹초가 되어 앉아 있는 걸 의미했다.

어렴풋이나마 나를 알아볼 사람을 만날 가능성이 절대 없는 외국에 서라면 버스킹이 한결 수월할 거라고 확신했다. 그런데 인적 없이 쓸쓸한 피오르에서 승합차에 기대선 지금, 그럴 리가 없다는 걸 알았다. 잉글랜드에 있든 노르웨이에 있든 저 멀리 팀북투에 있든, 그런 게 문제가 아니었다. 나는 버스커가 되기에는 세상에서 가장 형편없는 후보였다. 내 연주 실력이 형편없었다는 뜻이 아니다. 물론 지루해 죽을 지경인 교사들 앞에서 같은 음계를 끝도 없이 반복하느라 이럴 바엔 차라리 활로 내 눈을 긁고 말지 싶었던 때도 있었다. 음악 시험 트라우마로 병이 났던 때도 있었다. 이놈에 걸 스쿨버스까지 질질 끌고 가 앞자리에 나란히 앉아야 한다는 굴욕감 때문에 차라리 그냥 확 쓰러져 죽고 싶었던 학생 시절도 있었다. 하지만 그때를 제외하면, 나는 사람들이 자기 형제자매를 사랑하는 것과 같은 깊고도 지속적인 사랑으로 언제나 내 첼로를 사랑했다. 그렇지만 첼로와 나와의 관계는 어디까지나 개인적인 것이었고, 첼로 연주는 듣는 사람이 아무도 없다는 걸 확인하고 또 확인한 뒤에 어두운 방에서 눈을 감고 오로지 나 혼자 하는 행위였다. 게다가 내가 연주한 곡들은 비가悲歌나 레퀴엠들이었다. 다시 말해, 나를 펑펑 울게 하는 곡들, 장례식 같은 데서 아주 잘 먹혔을 법한, 하지만 쇼핑센터 같은 곳에는 전혀 어울리지 않는 곡들이었다. 다른 곡은 연주할 수가 없었다. 다른 곡은 완전히 외우지도 못할뿐더러 악보도 없었다. 벤은 악보를 보면서 버스킹을 하는 건 스타일 구기는 짓이라고 말했다. 컵에 남은 차를 땅에 버리고 다시 운전석에 올랐다. 그리고 잭의 카세트테이프 하나를 집어 플레이어에 넣었다. 그러나 플레이어는 작동되지 않았고, 테이프를 몇 번 씹더니 뱉어버렸다.

6

연료 경고등이 켜지고 50킬로미터쯤 달렸을 때, 전 재산의 절반인 5파운드가량이 한 남자에 의해 사라졌다. 남자가 하는 일은 오슬로에 진입하려는 사람들에게 통행료를 징수하는 것인데, 나는 이런 일이 중세 시대에 벌써 사라진 줄 알았다. 어쨌거나 남자는 친절했다. 나는 하룻밤 주차할 만한 장소를 물었고, 남자는 마리달스반넷이라는 호수 근처를 알려주었다. 이주 노동자들을 위한 임시 야영지로도 사용되는 곳이라고 했다. 해 질 녘에 그곳에 도착하니, 사람들이 맥주 캔을 들고 둘씩 쌍으로 다가왔다. 내 승합차에 기대서는, 내가 문을 닫고 임시로 만든 침대 위에 침낭을 펼쳐 그 안에 몸을 누일 때까지 나를 빤히 쳐다보았다.

오렌지색 작업복을 입은 남자가 했던 날씨 이야기가 맞았다. 잠을 깨서 나는 이 나라가 내가 살던 곳보다 훨씬 덥다는 걸 알았다. 일단 도심 쪽으로 차를 몰아 지독하게 비싸지는 않은 주차 공간을 찾아다니며 얼마간 시간을 보냈다. 마침내 무슨 표시인지 알 수 없는 표지판 앞 골목에 차를 세우고 별일 없길 바랐다. 이 일이 아니어도 훨씬 심각한 걱정거리가 천지였다. 너무 무서우니까 속이 다 울렁거려 아무것도 먹을 수가 없었다. 빈속으로 벽장에서 간신히 첼로를 꺼내 등에 울러 맸다. 요즘이야 가볍고 반짝반짝한 탄소섬유로 첼로 케이스를 만들지만, 내 건 합판으로 만든 것이었다. 끈은 오래전에 끊어져서 대신 가죽 벨트를 매달았더니만 무슨 옛날 고문 도구처럼 양쪽 어깨를 파고들었다. 나무 의자도 챙겨 갔다. 의자 위에 구멍이 뚫려 있어서 한 손으로 대충 들 수 있었다. 다른 손에는 빨간 모직 베레 모자를 들었다. 막 나서려는 길에 오세 예르드룸의 전화번호를 뒷주머니에 찔러 넣었다.

비키니 차림의 아가씨들이 바글대는 걸 제외하면 오슬로는 정말 한산했다. 상상도 할 수 없을 만큼 길고 우울한 겨울이 지나자, 상점들은 죄다 문을 닫고 모두들 미친 듯이 일광욕을 즐기며 비타민 D를 축적하고 있었다. 노르웨이는 이런 걸 하라고 공휴일이라도 정한 걸까 궁금해졌다. 가는 곳마다 사람들이 일광욕을 하고 있었다. 인도에도, 주요 로터리의 잔디 깔린 중앙에도, 평평한 지붕 위에도, 심지어 석상에도 기대 누웠다. 내가 바리바리 짐을 들고 느릿느릿 사람들 곁을 지나가자, 사람들은 몸을 반쯤 일으켜 세우며 신기한 듯 나를 쳐다보았다. 아, 정말이지 첼로 대신 바이올린이나 커주kazoo(피리처럼 생긴 관악기) 같은 숨기기 좋은 작은 악기를 배웠더라면 얼마나 좋았을까.

마침내 오슬로 국립극장 지하철역 입구의 커다란 분수 근처에서 걸음을 멈추었다. 그런 다음 그늘진 구석을 찾아 의자를 놓고 앉았다. 많은 사람들이 주변을 서성거리고 있었다. 나는 연주는 고사하고, 이 사람들 앞에서 첼로를 꺼낼 엄두조차 낼 수 없을 것 같았다. 하지만 남은 날들 동안 오슬로에서 서서히 굶어 죽고 싶지 않으면 첼로를 꺼내는 수밖에 도리가 없었다. 활을 조이고 스파이크를 뽑았다. 몇몇 사람이 서성거리던 걸음을 멈추고 나를 보고 있었다. 설마 노르웨이에서 버스킹이 불법은 아니겠지. 첼로를 꺼낸 다음 바닥에 모자를 내려놓고 애써 미소를 지어 보였다. 아무도 웃어주지 않았다. 귀에서는 바닷소리처럼 쏴쏴 하는 소리가 울리는 것 같았다.

바흐의 〈무반주 첼로 조곡 1번 G장조 미뉴에트〉를 연주하기로 했다. 이 곡은 쉬우니까. 그리고 유명하니까. 게다가 장조 가운데 내가 외울 수 있는 유일한 곡이니까. 장조는 애절한 느낌의 단조와 달리 경쾌한 느낌을 준다. 내가 외울 줄 아는 거의 모든 곡은 말할 것도 없이 단조로 이루어진 곡이었다.

연주는 잘되지 않았다. 첼로에는 프렛이 없어서 아드레날린 분비로 손에 땀이 나고 떨리면 현 위에 손가락으로 정확한 지점을 짚기가 거의 불가능했다. 그래서 연주하기 전에 잊지 말고 조율을 해야 하는데 이번엔 깜빡했다. 그럭저럭 연주를 끝까지 해내고는 활을 떨어뜨렸는데, 활을 주우려고 몸을 아래로 수그리다가 하마터면 바닥에 토할 뻔했다. 그때 분수 반대편에서 공중전화 박스를 발견했다. 벤에게 전화를 걸어 집으로 돌아가는 페리 티켓을 사게 돈을 빌려달라고 부탁해볼까.

어린아이 두 명이 다가와 내 앞에 서더니 서로를 꼬집으면서 낄낄대고 웃었다. 아이들 엄마가 와서 애들을 찰싹 때리고는 모자에 동전 두 개를 넣고 갔다. 나는 고맙다고 말하려고 했지만 분명히 입이 벌어졌는데도 말이 나오지 않았다. 순간, 혹시 내가 임상적으로 미친 상태가 아닐까 의심이 들었다. 의자에서 일어나 케이스에 첼로를 넣고, 총 12크로네, 그러니까 약 1파운드 20펜스의 동전 두 개를 뒷주머니에 넣은 다음, 의자와 모자를 들고 공중전화를 향해 걸어갔다. 벤에게 전화를 걸어 집으로 돌아가는 페리 티켓을 사게 돈을 빌려달라고 부탁하기에 12크로네로는 충분하지 않았다. 일단 턱을 벌리기 위해 있는 힘을 다해 집중했다. 그동안 어찌나 꽉 다물고 있었던지 이가 다 아프려고 했다.

주변을 의식하지 못한 채 걷고 또 걸었다. 한참을 걷다 보니 어딘가의 가장자리에 와 있었다. 그곳이 오슬로 피오르라는 걸 나중에 알았다. 뭉크의 〈절규〉가 그려진 대형 그림 아래에 앉았다. 요트들은 계류용 밧줄을 끌어당기고, 커다란 유람선들은 둥둥 뜬 아파트 건물처럼 정박한 채 바다 위에 떠 있고, 색색의 파라솔이 비치된 카페에서 어떤 사람들은 아이스크림을 먹고 어떤 사람들은 시원한 맥주를 마시는 동안, 나는 생각을 정리하려고 애쓰고 있었다. 그리고 지금 배가 고프다는 걸 깨달았다. 피부가 거무스름하고 이가 여러 개 빠진 남자애가 자기 전화번호가 적힌 종이쪽지를 나에게 내밀었다. 12크로네로 술이나 한 잔 할 수 있을까.

12크로네는 술 한 잔 마실 돈은 안 되지만, 오세 예르드룸에게 전화를 걸기에는 충분한 돈이었다. 내가 아주 알맞은 때 전화를 걸었다고 그녀가 말했을 때 나는 하마터면 울음을 터뜨릴 뻔했다. 마침 그날은 일요일이라(그래서 모든 상점이 문을 닫고 사람들이 일광욕을 즐겼던 거다) 오세는 일을 하지 않았다. 그래서 시간을 내서 나를 만나러 오슬로 피오르에 왔다. 우리는 색색의 파라솔이 비치된 여러 카페 가운데 한 곳에 들어갔다. 오세는 북극 맥주 두 병과 연어 샌드위치를 주문한 다음 테이블 위에 커다란 노르웨이 지도를 펼쳤다.

"이래야 자세히 볼 수 있으니까요." 그녀가 이렇게 말할 때 잘 생긴 그녀의 얼굴이 환하게 빛났다.

오세가 유명한 노르웨이 작가와 결혼했다는 건 알고 있었다. 그러나 그녀의 아들이 노르웨이의 유명한 탐험가, 엘링 카게Erling Kagge인 줄은 몰랐다. 역사상 최초로 북극, 남극, 에베레스트 정상 탐험에 성공한 인물 말이다.

"아들은 대서양을 가로질러 케이프 혼을 돌아서 남극과 갈라파고스 제도를 항해했어요." 오세가 환하게 미소를 지으며 말했다. "그 애는 남극에 갈 때 무전기도 안 가지고 갔답니다."

나는 연어 샌드위치에 얼굴을 파묻었다.

"방금 책도 한 권 끝냈어요. 제목이 《극지대 탐험가를 위한 철학 Philosophy for Polar Explorers》이에요."

나는 북극 맥주를 집었다.

"지금 어디에서 묵고 있나요?"

나는 마리달스반넷에 묵고 있다고 말했다. 어쩐지 이주 노동자들의 임시 야영지라고 말할 수가 없었다.

"야영하는 거예요?"

브로드샌즈를 떠나기 전에 오세에게 이메일을 보냈었다. 그래서 오세는 한밤중의 태양을 보기 위해 버스킹을 하려는 내 계획을 알고 있었다. 아마 그녀는 내가 호텔에서 묵을 거라고 생각했을 것이다.

"승합차를 가지고 있어요. 샛노란 색 승합차요."

"운전을 하는군요?" 그녀는 고개를 저으며 말했다. "부디 시간이 넉넉해야 할 텐데요. 북쪽은 도로가 썩 좋지 않거든요. 거리도 굉장히 멀고."

나는 북극 맥주를 죽 들이켰다.

"노르웨이에 대해 많이 알고 있나요?"

"사람이 거의 없다는 정도요."

"맞아요, 사실이에요. 그리고 노르웨이 사람들 절반 이상이 남동부에 살아요. 스타방에트와 베르겐도 주요 도시지요. 실제로 트론헤임을 지나 북쪽에는 아무도 살지 않아요."

생각해보면, 여기는 버스킹을 시작하기에는 이상적인 장소 같지 않았다.

오세는 테이블에 지도를 펼치고는 이런저런 정보들을 알려주었는데, 내가 도저히 불가능한 일을 하겠다고 덤벼든 집도 절도 없는 거지가 아니라, 돈 많은 관광객인 줄 아는 것 같았다.

"피오르는 당연히 꼭 가봐야 하고 국립공원들도 아름다워요. 나는 아직 폴라시르켈렌에 못 가봤어요. 너무 멀어서요."

나는 아무 말도 하지 않았다.

"뭐 좀 더 들겠어요?"

오세는 케이크 세 조각과 북극 맥주 두 병을 더 주문했다. 그녀는 카페에서 맥주를 살 수 있게 된 건 비교적 최근의 일이라며, 1950년대까지도 금주법이 시행되었다고 했다.

"그렇지만 우리는 어지간히도 술을 좋아하는 국민이지요." 그녀는 고무적이라는 듯 말했다. "다들 자기 집에다 불법 양조장을 만들었으니까요."

오세의 말에 따르면 북극 맥주는 세계 최북단에 위치한 대학 도시 가운데에서도 최북단에 있는 맥주 공장에서 양조되었다. 그 지역 이름이 트롬쇠였다.

"우리는 그 지역을 북극의 파리라고 불러요."

"왜요?"

"곧 알게 될 거예요!"

나는 침을 꿀꺽 삼켰다.

"트롬쇠는 여기에서 얼마나 먼가요?" 내가 말했다.

"약 2천 킬로미터."

나는 맥주를 벌컥벌컥 들이켰다.

"저기 있잖아요. 저, 실은 제가 ……."

내 목소리가 점점 기어들어갔다.

"엘링이 쓴 책의 다른 제목이 뭔지 아세요?"

"모르겠는데요." 내가 말했다.

"'그들이 학교에서 가르치지 않은 모든 것들'이랍니다!"

그녀가 내 손을 토닥이며 말했다.

"알다시피, 엘링이 그 분야의 최고는 아니었어요. 그렇다고 운동에서 최고도 아니었지요. 그 애는 그저 몽상가에 불과했답니다. 학교에서 가르치지 않는 게 바로 그거잖아요."

"몽상가가 되는 거요?"

"자신의 꿈을 믿는 것이요."

오세가 갔다. 나는 남은 케이크를 냅킨에 싸서 첼로 케이스에 넣었다. 그리고 북극 맥주를 마저 마신 다음 첼로를 들고 피오르를 따라 나무 데크가 깔린 산책로 한 곳으로 갔다. 그곳에 의자를 놓고 바다가 보이는 방향으로 앉았다. 빨간 모직 베레 모자도 꺼내놓았다. 산책로에는 개미 새끼 한 마리 얼씬거리지 않았고, 카페는 이곳에서 한참 멀리 떨어져 있어 카페의 손님들이 내 첼로 소리를 들을 수는 없을 터였다. 이곳으로 결정한 건 그래서였다. 당분간 내 첼로와 단둘이 있는 시간이 필요했다. 첼로를 조율한 다음 눈을 감고 〈미뉴에트〉를 다시 시작했다. 다음에 거리에 나갈 때 본격적으로 연주하기 위한 예행연습으로. 세 번쯤 연습하고 하니 제법 음악 소리처럼 들렸다. 네 번째 연주하고 있는데 기침 소리가 들렸다. 나는 눈을 떴다.

"돈 필요해?" 통통한 손가락 몇 개에 금반지를 낀 돼지같이 생긴 남자가 말했다.

그는 애프터셰이브 로션 냄새를 풍기며, 러시아어에서 들을 법한 억센 말투로 말했다. 나는 고개를 끄덕였다. 그리고 발가락으로 남자를 향해 베레모를 밀었다. 남자는 작은 분홍색 혓바닥과 금니 몇 개를 드러내 보이며 큰소리로 웃었다. 그리고 주머니에 손을 집어넣은 다음 동전을 크게 한 움큼 꺼내 베레모 안에 던졌다. 나는 그를 멍하니 쳐다보았다.

"나 부자야." 남자가 말했다.

나는 어떻게든 미소를 지어 보이려고 했다. 그가 바싹 몸을 기댔다. 아주 바싹.

"보트도 있는데. 나하고 보트에서 스물네 시간만 있다가 가면 1만 크로네 주지."

숨이 턱 막혔다. 1만 크로네면 천 파운드고, 천 파운드면 당장 노르카프에 충분히 갈 수 있었다. 아마 갔다 오고도 남을걸. 색색의 파라솔이 있는 카페에서 북극 맥주도 마실 수 있고 훈제 연어 샌드위치와 케이크도 먹을 수 있다. 다시 말해, 버스킹을 안 해도 된다. 두 번 다시.

남자는 손가락을 튕기며 딱딱 소리를 내고 있었다.

"그렇지만 저한테 바라시는 게 뭔지." 내가 물었다. 멍청하긴.

남자가 내 얼굴 옆으로 자기 얼굴을 바싹 갖다 댔다.

"전부 다." 남자가 속삭이며 말했다.

7

    한 움큼의 동전은 모두 300크로네, 그러니까 약 30파운드였다. 노르카프에 갔다가 돌아오기에는 턱없이 부족하지만, 고맙게도 오슬로를 벗어나기에는 충분했다. 오슬로를 빠져나가려고 어찌나 서둘렀던지 결국 길을 잘못 들어, 원래 계획했던 북쪽도 베르겐으로 돌아가는 서쪽도 아닌, 크리스티안산이라고 하는 어느 마을을 향해 남쪽으로 가고 있었다. 다시 말해, 오슬로를 벗어나기는커녕 노르카프에서 점점 멀어지고 있었고, 어디로 가고 있는지 알아차릴 때쯤엔 방향을 돌리기엔 너무 늦어버렸다.

    모래로 뒤덮인 작은 만에 차를 세우고 바닷가 근처에서 이틀째 밤을 보냈다. 늦은 시간에 도착했지만 아직 어둡지는 않았다. 그렇지만 파란 하늘은 검게 얼룩지고 있었고, 장미 향과 솔잎 향으로 공기는 무거웠다. 당장에라도 들어가 씻고 싶은 마음이 간절할 정도로 물은 무척 맑고 깨끗해 보였다. 지난 몇 주 하고도 며칠의 일들이 진드기처럼 찰싹 들러붙기라도 한 듯, 피부가 몹시 끈적거리그 불쾌했다. 플리플롭 샌들을 신고 오슬르 주변을 돌아다녔더니 발은 먼지로 새까매졌다. 떡진 머리카락은 사정없이 뻗쳐 있었다.

    물은 콘월보다 훨씬 차 살얼음까지 끼었지만, 나는 한참 동안 물가에 머물러 모래를 몇 움큼 쥐고서 연신 살갗을 문질렀다. 그런 다음 잉글랜드에서 가지고 온 토마토 통조림과 파스타를 먹고 침대에 앉아 하늘을 바라보니, 검게 얼룩져 있던 파란 하늘이 어느새 제법 어둑해졌다. 나는 이 작은 만이 꽤나 마음에 들어서 굳이 노르카프에 가지 않아도 되지 않을까 생각했다. 그냥 이대로 남쪽에 머물러 파스타나 먹으면서 지내면 안 될까. 베르겐으로 가는 길에 슬슬 버스킹을 해서 집으로 돌아갈 뱃삯을 구하지 뭐. 나한테는 그것만으로도 기적 같은 일인걸. 물론 한밤중의 태양을 향해 달리는 건 포기해야겠지만, 어쨌든 원하는 만큼 다녀오면 된 거잖아. 앤드루나 잭에 대해서는 생각하려 하지 않았다. 벤에게 오슬로까지만 갔다 왔다고 말해야 할 테지만 그런 상황 역시 생각하고 싶지 않았다.

하룻밤 머무르려던 것이 이레나 머물렀다. 작은 만의 이름은 갈게베르그탕엔이었다. 교수대가 있는 자리라는 의미다. 매일 아침마다 고무 수영모를 쓴 할머니들이 얼음 같이 차가운 물속을 물개 새끼처럼 첨벙대며 뛰어들었다. 나는 아침도 점심도 저녁도 파스타를 먹으며, 그해의 가장 긴 낮이 시작되고 저무는 모습을 지켜보았다. 사실 캄캄한 때는 두 시간도 채 되지 않았고, 그나마도 아주 캄캄하다고는 할 수 없는 그저 어스름한 정도여서, 그야말로 내 인생을 통틀어 가장 긴 낮이었다. 나는 가져온 책을 다 읽고, 하이든의 〈첼로 협주곡 C장조〉 1악장의 처음 열여섯 마디를 연습했다. 바흐의 〈미뉴에트〉와 마찬가지로 내가 외울 수 있는 데다 장조로 된 곡이었다. 이 악장의 나머지 부분은 기억이 나지 않았다. 2악장은 가슴 절절한 단조의 아다지오라서 끝까지 외우고 있었다. 거리에서 연주하기엔 너무 우울해서 그렇지.

셋째 날엔 약 1마일 떨어진 크리스티안산까지 억지로 운전을 해서

스트란드프로메나덴에 차를 세웠다. 지금쯤은 사정이 한결 나아졌다고 말하면 좋겠지만, 그럼 거짓말이겠지. 눈을 뜰 때마다 내 앞에 서 있는 사람들이 나를 빤히 쳐다보는 바람에, 아드레날린 분비로 여전히 손이 미끄러웠고 자꾸만 음을 놓치곤 했다. 어쨌든 사람들은 그런 사정을 전혀 알지 못했을 테지만. 사실 아무도 내 연주를 들을 수가 없었다. 나도 내 연주 소리가 들리지 않았다. 크리스티안산은 꽤나 시끄러운 마을이고, 첼로는 조용한 악기다. 나를 무척 딱하게 여긴 사람들 덕분에 하루에 약 100크로네, 영국 돈으로 약 10파운드를 벌었다.

버스킹을 하지 않을 땐 걱정을 했다. 잠시도 쉬지 않고 내내 걱정을 했다. 주로 든 걱정이었다. 그렇다고 언제 돈이 두둑한 적이 있었냐 하면 그런 것도 아니면서. 돈 없이 지낸 건 콘월에서도 마찬가지였다. 누구 하나 얼마라도 가진 사람이 없었다. 그렇지만 정말로 쫄쫄 굶고 있을 때 몇 푼이라도 빌려줄 친구들이 있는 내가 자란 동네에서 돈이 없는 것과, 바흐의 〈미뉴에트〉와 하이든의 〈첼로 협주곡 C장조〉 첫 열여섯 마디 외에는 아무것도 기댈 데 없는 낯선 노르웨이 마을에서 무일푼으로 혼자 있는 것과는 하늘과 땅 차이다. 이러다 굶어 죽는 건 아닐까 걱정하지 않을 땐 내 첼로가 망가지거나 부서질까 봐 걱정했다. 치명적인 교통사고로 크게 다칠까 봐 걱정했고, 버스킹 허가를 받지 못할까 봐 걱정했다. 노르웨이어를 잘 몰라서 버스킹에 허가가 필요한지 어떤지 확인조차 못할까 봐 걱정했다. 잭이 지구 반대편 어딘가에 있는 절벽에서 떨어질까 봐 걱정했고, 벤이 브로드샌즈에서 혼자 미쳐가고 있을까 봐 걱정했다. 걱정 때문에 심장마비가 올까 봐 걱정했다. 그런데 심장마비가 오기 바로 직전에 얀 에릭을 만났다.

8

오늘도 어쩌나 덥던지 도무지 북극 지역이라고 할 수 없는 날이었다. 하이든의 〈첼로 협주곡 C장조〉 첫 열여섯 마디를 한 번만 더 연주하면 그땐 너 죽고 나 죽자고 협박을 하던 어느 가게 주인의 신고로 경찰 두 명이 찾아와 크리스티안산을 떠나는 게 좋을 것 같다고 말했다. 그들은 호의적이었고, 허가증이 필요하다느니 하는 말은 하지 않았다. 대신 서부 해안으로 200킬로미터에 위치한 스타방에르로 가는 게 어떻겠냐고 제안했다. 스타방에르는 노르웨이에서 세 번째로 큰 도시라고 했다. 석유 산업의 중심지. 그래, 차라리 그곳이 더 나을지도 몰랐다. 그 도시는 모두가 부자였으니까.

그럭저럭 400크로네, 그러니까 약 40파운드를 모았다. 이 돈이면 까짓 200킬로미터를 이동하는 데 필요한 경유 비용은 충분히 대고도 남아야 했다. 최단 거리로 보이는 길을 선택했다. 그런데 이 나라 지형에 미처 대비하지 못한 게 문제였다. 노르웨이의 도로들이 도로라기보다 차라리 배들 사이에 배치된 일련의 다리에 가깝다는 사실에 아직 익숙하지 않았던 것이다. 도로는 세 차례나 커다란 수역 앞에서 끊겼는데, 모두 자기 차에 기대 햇볕을 쬐고 서 있으면 십 대쯤 되어 보이는 아이가 와서, 쨍그랑 금속이 부딪치는 소리와 함께 통통거리며 서서히 피오르를 가로지르는 흰색 페리의 티켓을 팔았다. 시간이 거꾸로 돌아간 것 같았다. 그런데 아무리 봐도 벗어날 길이 없었다.

두 개의 페리를 오르내릴 무렵엔 남은 돈이 다 떨어지고 없었다. 세 번째 페리를 타려고 줄을 섰을 땐 어디 떨어진 돈이라도 찾을 수 있을까 싶어 승합차 바닥을 샅샅이 뒤져야 했다. 승합차에서 나와 포장도로 위를 살피기 시작할 때, 앞차에서 키가 크고 비쩍 마른 남자가 모습을 드러냈다. 툭하면 '이런'이라는 단어를 내뱉는 이 남자는 얀 에릭이라고 자신을 소개했고, 내 페리 티켓을 지불하겠다고 했다. 다른 사람들처럼 그도 내가 왜 혼자서 여행을 하는지 궁금하게 여겼다.

"혼자 여행하는 거 좋아해요." 나는 용감하게 말했다.

"휴가 중인가 봐요?"

"네, 뭐. 일종의 워킹홀리데이지요." 내가 말했다.

"이런, 왜 그런 걸 해요?"

"돈이 없으니까요."

얀 에릭은 열심히 나를 말렸다.

"그러지 말고 비자를 받으세요! 노르웨이는 EU에 속하지 않아요. 불법 일자리 찾기가 쉽지 않다고요. 이런, 대체 뭘 할 계획이에요?"

"첼로를 갖고 있어요. 노르카프까지 버스킹을 해서 한밤중의 태양을 보려고요……."

내 목소리가 점점 작아졌다. 왜 그랬는지 불쑥 헛웃음이 튀어나왔다. 얀 에릭이 다시 눈웃음을 쳤다.

"그게 뭔가요, 버스킹이라는 거?"

"거리에서 음악을 연주하는 거예요."

얀 에릭이 고개를 저었다.

"음유 시인 같은 거지요."

"음유 시인이요?"

나는 태연하게 보이려 애썼다.

"왜 있잖아요. 모자 하나, 개 한 마리, 다섯 줄짜리 기타 하나를 가지고 다니는 사람이요. 저는 대신 첼로를 갖고 다닐 뿐이에요. 당신이 사는 마을에는 그런 사람들 없나요?"

"스타방에르에요? 이런, 없어요. 스타방에르에서 한 번도 음유시인을 본 적이 없어요."

그가 다시 눈웃음을 쳤다.

"그래서 당신은 노르카프까지 죽 운전을 하고, 승용차 안에서 잠을 자고, 거리에서 비올론첼로를 연주할 거예요?"

나는 이를 앙다물었다.

"사실은 승합차예요."

얀 에릭은 노골적으로 강한 호기심을 드러내며 나를 쳐다보았다.

"오슬로에서 트롬쇠까지 운전하는 길이 오슬로에서 로마까지 가는 거리만큼 멀다는 건 알고 있었어요?"

"트롬쇠에 가는 거 아니에요. 노르카프에 가는 거지."

"노르카프는 훨씬 멀어요! 노르카프까지 얼마나 먼지는 알아요?"

"2천 500킬로미터쯤이요."

그는 열심히 고개를 끄덕였다. 그를 주먹으로 한 대 탁 치고 싶었다.

"만땅 채우면 몇 킬로나 달려요?"

그러고 보니 지금까지 기름값으로 쓴 돈만 해도 엄청났다.

"10파운드어치 넣으면 100킬로미터 정도 갈 거예요……."

"…… 그거 100크로네쯤 되니까, 킬로미터 당 대략 1크로네에, 페리 삯에다가 통행료, 국립공원 입장료만 해도 그거보다 돈이 더 들 텐데, 그렇지, 더 들지 더 들어, 최소한……."

얀 에릭은 머릿속으로 암산했다. 그는 암산을 즐기는 부류의 사람 같았다.

"…… 최소한 6천 크로네는 들겠어요!"

"밥도 먹어야 하는데." 내가 힘없이 말했다.

얀 에릭은 어이가 없다는 표정을 지었다. 그는 가슴팍에 있는 주머니에서 펜 한 자루를 꺼내고 서류 가방에서 종이 한 장을 꺼내더니, 스타방에르의 자신이 사는 곳 약도를 그린 다음 그 옆에 전화번호를 적었다.

"전화해요." 그가 말했다. "이런, 밥은 줄 테니까."

그는 나에게 스테이크를 차려주었다. 우리는 스테이크와 함께 비싼 레드 와인 한 병을 다 마셨다. 원래 나는 낯선 남자 집에서 비싼 와인 한 병을 비우는 사람이 아니지만, 웬일인지 얀 에릭은 달랐다. 그는 눈웃음을 쳤다. 그가 그렇게 크고 비쩍 마르지만 않았어도, 그가 나에게 부드럽고 깨끗한 타월을 한 아름 건네며 우리 집 것보다 대가리가 큰 샤워기가 달린 아늑한 욕실에 나를 밀어 넣었을 때, 그에게 진하게 키스를 퍼부었을 거다. 커다란 종이에다 이 차는 자기 차니까 견인하지 말라고 노르웨이어로 써서 내 승합차 앞 유리에 붙이겠다고 고집을 부렸을 땐, 틀림없이 진한 키스를 했을 거다(주차장에 있는 다른 차들은 전부 메르세데스나 BMW이고 최소 2년 이하의 새 차였다). 얀 에릭은 내가 원하면 얼마든지 집 밖에서 자고 자기 집에서 샤워를 할 수 있다고 말했다. 그리고 원하면 집안 침대에서 자도 좋지만, 이런, 내가 음유 시인이니만큼 아마도 내 차에서 자고 싶을 거라고 말했다.

얀 에릭은 석유 굴착 장치를 위해 산업용 컴퓨터를 설계하는 회사에서 일했다. 실제로 그가 매일같이 하는 업무는 마케팅이었다.

"이런, 오늘날 모든 직업은 기본적으로 마케팅이에요."

"버스킹은 빼고요." 나는 입 안에 스테이크를 잔뜩 욱여넣으며 와인에 취해서 이렇게 말했다.

그가 와인 잔을 들어 보이며 말했다.

"버스킹은 빼고."

얀 에릭은 낮에는 정장을 입고 사무실에서 일하며 석유와 관련된 것들을 판매했다. 나머지 시간은 외근을 나갔다. 그의 아파트에는 곳곳에 스키 장비들이 흩어져 있었다. 잭과 마찬가지로 그도 옷걸이마다 등산 로프를 걸어두었다. 그러나 잭과는 달리 그런 것들에 대해 한 번도 언급하지 않았다. 얀 에릭은 피오르에 대해 알려주었다. 피오르는 마지막 빙하기가 끝날 무렵 빙하에 의해 침식된 거대한 하곡河谷이라고 했다. 내륙을 향해 수백 킬로미터가 구불구불 뻗어 있고 종종 바다보다 깊다. 그렇기 때문에 페리가 필요하다.

첫날 저녁에 얀 에릭은 내 승합차 문을 고쳐주었다. 두 쪽 문을 전부 고쳐준 덕분에, 이제 밖에서도 뒷문이 열렸고 슬라이드 도어는 스르륵 움직여 케이블 선으로 고정하지 않아도 되었다. 얀 에릭은 내 승합차를 좋아했다. 내 빨간색 주석 찻주전자와, 돈을 숨겨둘 용도로 준비한 갈색과 오렌지색 꽃무늬로 장식된 내 옛날 비스킷 통도 좋아했다.

"이런." 그가 말했다.

둘째 날 저녁에 그는 바다 카약 장비를 꺼내, 노를 떨어뜨리지 않고 젓는 방법을 나에게 알려준 다음(보기보다 쉽지 않았다), 스타방에르 피오르를 따라 어느 무인도까지 올라갔다. 그곳에서 우리는 그가 막대기 두 개를 비벼서 피운 불에 소시지를 구워 먹었다. 장난 아니었다.

셋째 날 저녁에는 감레스타방에르Gamle Stavanger(스타방에르 구시가지로 북유럽에서 목조 건물이 가장 잘 보존된 지역 가운데 하나다)에 갔다. 마치 박물관 주변을 걷는 것 같은 오래된 마을이었는데, 나무로 만든 통이며 뒤죽박죽 늘어선 나무로 지은 오두막이며 오래된 공동 물 펌프 안이 온통 꽃으로 가득했다. 그런 다음 우리는 그랜드슬램 비치발리볼 최종 결승전을 보러 갔다.

"노르웨이에서 그랜드슬램 비치발리볼을 보게 될 줄은 생각도 못 했을 걸요."

그의 말이 옳았다. 돌이켜보니, 노르웨이에서 그랜드슬램 비치발리볼을 본다는 건 꿈에도 생각하지 못했던 것 같다.

"모래를 특이하게 만들거든요." 그가 말했다.

아마 '특별하게'라는 뜻으로 말했을 것이다.

"진짜 모래는 별로 좋지 않으니까."

이 책을 읽는 독자들은 내가 낮에는 버스킹을 했을 거라고 생각하겠지. 얀 에릭도 그렇게 생각했던 것 같다. 내가 외출을 할 거라고 예상하고 나에게 열쇠를 준 걸 보면. 하지만 나는 누워서 햇볕을 쬐며 에베레스트를 오르는 사람들에 관한 그의 책들을 읽고 있었다. 그러면서 속으로 생각했다. 어차피 노르카프를 포기한 마당에 아무렴 어떻겠냐고.

넷째 날 저녁에 얀 에릭은 집에 전화하고 싶으면 자기 전화를 써도 좋다고 말했다. 그러고는 주방으로 건너가 거실에 나 혼자 있게 해주었다. 나는 브로드샌즈로 전화를 걸었다. 한참 동안 전화벨이 울렸다. 심장이 갈비뼈를 사정없이 두드렸다. 마침내 벤이 전화를 받았다.

"여보세요." 내가 잠긴 듯한 목소리로 말했다.

"그래, 버스킹은 잘하고 있냐?"

"어, 그게……."

"모두들 네가 엄청 용감하다고 생각하고 있어."

당황스러웠다. 벤이 이런 말을 하는 애가 아닌데.

"그래?"

"잭이 전화했더라."

무릎이 후들거려 그만 바닥에 주저앉았다.

"잘 있대?"

"무슨 유기농 농장에서 일한대. 아주 질색을 하더라."

벤이 말을 멈추었다.

"잭한테 앤드루 이야기를 했어. 돌아오겠대."

하마터면 전화기를 떨어뜨릴 뻔했다.

"네가 노르카프까지 버스킹을 하고 있다는 말도 했어."

벤은 더 이상 목소리에서 만족스러운 기색을 유지할 수 없었다.

"그랬더니 뭐래?"

"랜즈엔드에서 노르카프까지 차로 가는 건 랜즈엔드에서 바그다드까지 차로 가는 것만큼 멀대. 네가 절대로 성공하지 못할 거라는데."

주방에 있는 얀 에릭이 아무 소리도 안 들리는 척한다는 걸 알 수 있었다. 나는 정상적으로 호흡하려고 애썼다.

"다른 말은 없었고?"

"만일 네가 성공하면 엄청 감동 받을 거래."

9

얀 에릭은 플리머스에서 산 잘빠진 요트를 가지고 혼자 북해를 횡단했다. 다시 토요일이 돌아왔고 아직 그의 집에 머무르고 있는 나에게, 얀 에릭은 자신이 출전하는 요트 경기에 같이 참가하자고 권했다. 선착장은 사람들로 북적였다. 유선형의 요트가 워낙 날렵하게 빠져서 난간 삼아 설치한 가느다란 금속 줄 말고는 딱히 앉을 만한 데가 없었다. 게다가 이 금속 줄이 바닷물과 굉장히 밭아서 그 위에 기대거나 앉다간 물속에 빠져 프로펠러에 으깨질 것만 같았다.

얀 에릭은 두 눈을 거의 감다시피 눈웃음치며 다른 선원들에게 나를 소개했다. 여섯 명 모두 남자들이었는데, 가벼운 운동복에 까만 선글라스를 쓰고 여유롭게 앉아서 담배를 피우고 있었다. 얀 에릭은 선실로 사라져 복잡한 전기 장치를 만지작거렸다. 남자 한 명이 나에게 담배를 건네며 앉으라고 말했다. 나는 아슬아슬하게 균형을 잡으며 가느다란 금속 줄 위에 앉았다.

"요트 타본 적 있어요?"

"처음이에요."

모두가 점잖게 웃었다.

"그래서 오늘 굉장히 흥미진진할 것 같아요."

우리는 출발선에 늦었다. 남자들이 돛을 펴랴 매듭을 묶으랴 분주하게 움직이는 동안, 나는 방해가 되지 않게 비키려다 밧줄에 걸려 넘어졌다. 모두 출발 준비를 할 때, 얀 에릭은 나에게 구명 재킷을 건네면서 노르웨이 말로 '지금$_{na}$'과 '움직여$_{flytte}$'를 가르쳤다. Flytte na! 이 단어 가운데 하나가 들리면 몸을 수그려야 했다. 안 그랬다간 방향을 바꿀 때마다 갑판을 가로질러 재빨리 휙휙 움직이는 묵직한 금속 붐$_{boom}$(삼각형 모양의 돛 밑 부분에서 돛을 펴서 고정하고 좌우 각도를 조정하는 역할을 하는 요트의 한 부분)에 목이 베일지도 몰랐다.

출발 신호가 울리기가 무섭게 얀 에릭은 군부 독재자로 돌변했다. 그는 고함을 지르며 주변을 바쁘게 돌아다녔고, 나머지 사람들도 되받아 고함을 지르며 밧줄을 가지고 씨름을 하기 시작했다. 그들 가운데 한 사람이 붐에 맞아 비틀비틀 선실로 들어가 두 손으로 머리를 감싸고 누웠다. 모두들 그를 무시한 채 계속해서 소리를 질렀고, 좁은 공간에서 서로 부딪쳐가며 주변을 바삐 돌아다녔다. 모두가 모든 일을 굉장히 신중하게 받아들였고, 얀 에릭을 제외한 모두가 시종일관 담배를 피워댔다.

경기에 참여한 요트는 모두 65척으로 모양과 크기가 제각각이었다. 얀 에릭은 이 요트들이 저마다의 다양한 속도에 따라 다르게 판정을 받는다고 설명했다. 각각 여섯 명의 선수들이 불안한 각도로 기울어진 난간에 앉아 필사적으로 경기에 임하는 65척의 요트들 사이에서 우리는 망망대해 속으로 수 마일을 이동했다. 그때 난데없이 오렌지색 대형 유조선이 나타나 물살을 가르며 우리를 향해 돌진하자, 그에 비하면 장난감 배 같은 요트들이 무차별 학살을 피해 사방으로 길을 벗어났다. 석유에 비하면 아무짝에도 쓸모없는 인간에 관한 재난 영화의 한 장면처럼 일대 혼란이 일었다.

우리는 경기가 끝난 뒤에야 항로로 돌아와 이동했다. 참혹하게 패배했지만 얀 에릭은 샴페인 마개를 땄다. 남자들은 희고 깨끗한 손수건으로 땀이 맺힌 이마를 닦았다. 나는 그들에게 직업을 물어보았다. 투자 은행에서 일하는 한 사람을 제외하면 모두 석유 회사에서 일한다고 했다. 우리는 잔을 들어 석유를 위해 건배했다.

"석유를 위하여."

"석유가 고갈되면 무슨 일을 할 거예요?"

"사람들은 계속해서 더 많은 석유를 찾을 거예요." 투자 상담가가 말했다. "더구나 우리는 국가 투자기금을 통해 많은 수익을 내고 있어요. 우리는 전 세계 모든 국가 가운데 가장 큰 규모의 자본 준비금을 보유하고 있지요."

"어떻게요?"

나는 바닷물을 흘긋 바라보았다. 마치 이 물이 금으로 변하길 기대하는 것처럼.

"세계 도처의 주식이나 뭐 그런 형태로요."

"어떤 나라가 경제가 붕괴돼서 주식이 전부 손해가 나면 어떻게 되나요?"

그들은 폭소를 터뜨렸다.

"노르웨이가 증권거래소에서 돈을 몽땅 잃는다고요!"

"그럼 어떻게 되나요?"

투자 상담가는 상당히 즐거워 보였다.

"글쎄, 미국이 침략해 들어오려나!"

모두들 다시 폭소를 터뜨리며 샴페인 잔을 들어 올렸다.

"석유를 위하여."

"증권거래소를 위하여."

"당신은 어떤 일을 하나요?"

아까 붐에 머리를 부딪쳤던 남자가 상냥한 눈빛으로 물었다. 잠시 의미심장한 침묵이 흘렀다. 유감스럽게도 얀 에릭이 나 대신 대답했다.

"이쪽은 자기 차에서 지내면서 거리에서 첼로를 연주하며 노르카프까지 갈 거야."

한참 동안 침묵이 흘렀다.

"왜요?" 마침내 누군가가 물었다.

나는 멍하니 그들을 바라보았다. 페리에서 긴 밤을 보낸 그 날 이후로 그 이유를 까맣게 잊고 지냈다. 떠나느라 너무 바빴다. 버스킹을 걱정하는 데만 온통 매달렸고, 생계를 지속할 수 있을지, 도대체 노르카프에 도착은 할 수 있을지 궁리하는 데에만 너무 급급했다. 그런데 이 요트에서, 샴페인에 잔뜩 취한 상태에서 문득 깨달았다. 아무리 달아나 봤자 소용없다는 걸. 어차피 잭은 가버리고 없다는 걸. 어차피 앤드루는 죽고 없다는 걸.

얀 에릭의 날렵한 요트는 여전히 피오르에 떠 있었다.

"어쩌다 그렇게 됐어요?" 상냥한 눈빛의 남자가 마침내 물었다.

나는 소매로 코를 풀면서 대답했다.

"끔찍한 일이었어요 앤드루, 이 또라이 자식. 앤드루는 술에 취했다 하면 다른 사람한테 자기 차를 운전해서 마을을 돌게 하고 자기는 그

차 지붕 위에서 서핑을 했어요. 아니면 보트를 하나 빌려서 커다란 파도를 향해 노를 저어가 부서지는 파도 속에서 보트가 뒤집히는 걸 즐겼지요. 그러다가 한번은 해안가 난간에 걸려 넘어져 3, 4미터 높이의 바위 위에 떨어졌는데 아무렇지 않게 툭툭 털고 일어나서 가더라고요. 그러고도 멀쩡했던 자식이, 어느 날 세상 사람 모두가 매일같이 하는 행동을 하다가 죽은 거예요. 해안으로 걸어가다가 말이에요. 1마일도 안 되는 길이었어요. 과속방지턱도 몇 개나 있는 곳이었는데, 시속 20마일로 달리는 차에 부딪혀 죽었어요. 검시하던 사람들 말로는 운전자 과실이 아니래요. 캄캄한 시간에 벌어진 일이거든요. 정확한 사고 경위를 알기가 어렵지요."

아무도 말이 없었다.

"어쨌든 전 포르투갈까지 버스킹을 하지 않을래요." 내가 말했다.
"어휴, 말도 안 되는 계획이었어요."

여전히 아무도 말이 없었다.

"그렇지만 한밤중의 태양은 꼭 보고 싶어요."

나는 별이 가득한 밤하늘에서 다시 한 번 한밤중의 태양을 떠올리며 그곳에 갈 방법을 궁리했다. 한쪽 팔을 받치고 침대에 누워 맑고 푸른 눈으로 나를 바라보던 잭을 생각했고, 앤드루를, 그날 바에서 잔뜩 들떠 있던 그의 모습을 생각했다. 그가 세상을 떠나던 그 날의 모습을. 슬픔은 흡사 물리적인 것과 같아서, 누군가 주먹으로 내 배를 아주 세게 친 느낌이었다. 아무래도 이대로는 집에 갈 수 없을 것 같았다.

앤드루를 실망시킬 수가 없었고, 잭이 내가 너 그럴 줄 알았다며 흡족해하는 꼴을 볼 수가 없었다.

"한밤중의 태양을 꼭 보고 싶어요."

눈빛이 상냥한 남자가 나에게 자기 손수건을 건네주었다.

"어쩐지 앤드루를 위해 그래야 할 것 같아요. 바보 같지요? 앤드루는 죽었는데."

앤드루는 죽었는데.

나는 코를 풀었다. 얀 에릭이 선실 출입구에 서 있는 걸 어렴풋이 알아차렸다.

"그렇지만 지금은 너무 늦었죠."

"그렇게 늦은 건 아닐 거예요." 눈빛이 상냥한 남자가 말했다. "아직 6월 26일인걸요. 노르카프는 7월 29일까지 괜찮아요."

나는 고개를 가로저었다.

"솔직히 말할게요. 여러분은 모를 거예요. 100크로네 버는 데 10시간 걸렸어요. 이런 판국엔 불가능한 일이에요."

"그렇게 멀지 않고 시간도 덜 걸리는 다른 장소에서 보면 되지요."

나는 멍하니 피오르를 바라보던 눈길을 거두고 그를 바라보았다.

"다른 장소요?"

"보되Bodø(그는 부다라그 발음했다)에서는 7월 12일까지 볼 수 있어요."

"보되는 얼마나 가야 하나요?"

"150킬로미터요."

나는 한숨을 쉬었다.

"아니면 트롬쇠에 가면 돼요. 거긴 7월 20일까지니까요."

트롬쇠는 북극의 파리라고 했던 오세의 말이 기억났다.

"하지만 트롬쇠는 2천 킬로미터나 가야 하잖아요."

"2천 195킬로미터지요."

"이런 걸 어떻게 그렇게 잘 알아요?"

"언제나 차를 몰고 북극선까지 가고 싶었어요. 한밤중의 태양도 보고 싶었고."

"그래서 그렇게 했어요?"

"아니요."

10

얀 에릭의 집으로 들어와서야 겨우 정신을 수습하기 시작했다.

얀 에릭의 집에는 부드러운 재즈 클래식 앨범이 한 장 있어서(그는 그런 남자였다) 나는 〈서머 타임Summertime〉과 〈고엽Autumn Leaves〉을 외우기 시작했다. 어렴풋이 들어본 곡들이었다. 나는 이 곡들이 거리를 오가는 사람들에게도 친숙한 곡이길, 그래서 덕분에 돈 좀 벌어보길 기대했다. 제법 성공적이었다. 지금까지 한 번도 재즈를 연주한 적이 없었는데, 설사 음을 놓쳐도 어찌어찌 만들어서 연주하면 사람들은 내가 즉흥으로 연주를 하나보다 생각한다는 점이 마음에 들었다. 나는 즉흥 연주에는 영 소질이 없는 줄 알았는데 막상 해보니 별것도 아니었다. 사실 어린 시절 선생님들의 비난 가득한 독소리를 생생하게 떠올리며 바흐 〈미뉴에트〉의 모든 음을 정확하게 외워야 하는 거에 비하면 훨씬 쉬웠다. 죽기보다 싫었지만, 어쨌든 매일 아침 스타방에르 한복판으로 가는 버스를 타고 임시 발리볼 코트 옆에 자리를 마련했다. 몸 좋은 남자들이 네트 너머로 공을 넘기는 모습을 지켜보느라 수많은 관광객이 이곳에서 걸음을 멈추었다.

버스킹이 딱히 더 쉬워진 건 아니었지만, 그래도 하면 할수록 차츰 덜 초조해졌고 점점 여유가 생겼다. 그리고 긴장이 풀리니까 연주가 더 잘 됐다. 가끔 사람들이 일부러 걸음을 멈추어 실제로 귀 기울여 들어보려고 바싹 가까이 다가오기도 했는데, 그럴 땐 음을 완전히 망치기 일쑤였다. 하지만 나는 배우고 있었다. 일단 일을 시작하기 전에 모자 안에 동전 몇 푼을 넣어두는 것이 좋다는 걸 배웠고, 일이 너무 잘 풀리는 것 같다 싶을 땐 모자에서 동전을 덜어내는 것이 좋다는 것도 배웠다. 진짜로 미소를 짓는 것이 좋다는 것도 알게 됐다. 그래야 사람들도 진짜로 미소를 보내주었다. 음을 놓치지 않으면서도 고맙다고 인사하는 법도 배웠다. 일주일이 지나서 보니 비스킷 통 안에 모인 동전으로 베르겐으로 돌아갈 여비는 충분할 것 같았다.

얀 에릭의 안전한 주차장을 떠나려니 뉴캐슬에서 다시 페리를 타고 떠나는 기분이었다. 그는 빵과 치즈, 소시지로 도시락을 싸주었고, 내가 승합차 안에서 들을 수 있도록 카세트테이프에다 부드러운 재즈 클래식을 녹음해주었다. 나는 마지막으로 뜨거운 물에 샤워했다.

"이런." 그는 금방이라도 울음을 터뜨릴 것 같은 표정으로 이렇게 말했다.

"다시 올지도 몰라요." 나는 말을 더듬었다. "한밤중의 태양을 보고 나면."

얀 에릭은 고개를 저었다.

"당신은 새 같은 사람이에요." 그가 말했다. "잡을 수 없는 새."

나는 배를 잡고 웃는 잭의 모습을 상상하지 않으려 애썼다.

베르겐에는 여전히 비가 내리고 있었다. 물이 고이지 않은 자리를 찾기 위해 비에 젖은 거리를 철벅거리며 돌아다니면서 어렴풋이 드러나는 잿빛 하늘이 관 뚜껑 같다는 생각을 했고, 그때부터 앤드루에 대한 생각을 멈출 수가 없었다.

앤드루는 죽었다.

앤드루가 어떻게 죽을 수가 있지?

벤이 문을 열고 나에게 말했던 끔찍한 순간이 떠올랐다. 실제로 벤은 울고 있었다.

앤드루가 죽었다고?

그 일이 일어나고 바로 몇 주하고 며칠 동안은 내 인생에서 가장 이상한 시기였다. 벤은 우리가 쇼크 상태라고 말했다. 내 경우에는 쇼크보다는 현기증에 더 가까웠다. 마치 절벽을 올라가다가 꼼짝 못하게 된 기분이랄까. 잭이 나를 데리고 등산을 했을 때처럼. 그때 나는 만화책에서 방금 새총에 맞은 동물처럼 납작 엎드려서는, 잭이 와서 구해줄 때까지 아래를 내려다볼 수도 위를 올려다볼 수도 없이 눈앞의 바위만 쳐다봐야 했다. 그런데 이번엔 나를 구할 사람이 아무도 없었다. 잭은 없었다. 그리고 아무리 잭이라도 나를 죽음에서 구해줄 수는 없었다.

모든 것이 다르게 보였다. 마치 다른 렌즈로 세상을 보고 있는 것 같았는데, 이상하게도 세상이 더 환하게 빛나는 것 같았다. 하늘은 지금까지보다 더 크고 더 파래 보였다. 새들은 더 크게 노래했다. 그런데 잠을 제대로 잘 수가 없었다. 뜬 눈으로 침대에 몇 시간 누워 있는 게 전부였고, 그래서인지 어느 나라 말인지 모를 말들, 도무지 알아들을 수 없는 말들로 머리가 욱신거렸다. 멍하니 파도를 바라보며 해변에서 몇 시간을 보냈다. 앤드루는 어디에도 없다. 앤드루는 결코 돌아오지 않을 거다. 앤드루는 이 세상에 존재하지 않는다. 그리고 내가 뭘 하든 하지 않든, 언젠가는 나도 이 세상에 존재하지 않을 것이다. 어느 날 침대에서 벌떡 일어나 느닷없이 노르웨이행 편도 티켓 한 장을 산 건 아마 그래서였을 것이다. 벤의 모터크로스 동호회 사람이 소유하던 덜덜거리는 낡은 승합차를 사느라 진짜 얼마 안 되는 예금을 몽땅 털어 부은 것도 그래서였다.

비가 너무 많이 내려 공중 화장실에서 버스킹을 하기로 했다. 소변 냄새가 나서 그렇지 적어도 비는 맞지 않았다. 케이스에서 첼로를 꺼내 〈서머 타임〉을 아주 엉망으로 연주했다. 연주를 멈추고 눈을 떴다. 여자 셋이 나를 빤히 쳐다보고 있었다. 여자들이 화장실을 나설 때에야 내가 모자를 내놓는 걸 깜빡 잊어버렸다는 걸 깨달았다.

다음 날은 브뤼겐에 있는 고가의 공예품 상점 사이를 지나는 옛날 목제 터널들을 발견했다. 감레스타방에르에 대한 베르겐의 대응책으로, 어시장 근처에 있었다. 바로 맞은편의 버스 정류장이 첫날 승합차를 세워두고 갔다가 돌아왔을 때 제복 차림의 경찰들이 내 차를 둘러싸고 서 있던 바로 그곳이었다. 브뤼겐의 터널들은 굉장히 오래됐고 굉장히 구불거렸으며 지나다니는 사람이 거의 없었다. 하지만 지붕이 있었는데, 거의 30분마다 한 번씩 일본인 관광객이 그곳으로 머리를 쑥 내밀고는, 나를 방해했다고 생각했는지 고개를 숙여 사과하면서 모자 안에 10크로네나 20크로네를 던져주고 갔다. 솔직히 이런 일은 액땜했다 칠 수 있었다. 앞치마를 두른 뚱뚱한 여자가 나타나서 나를 쏘아보기 전까지는.

"여기서 나가요! 나가라고! 당신 러시아 사람이지?" 여자가 물었다.

"아닌데요."

"어쨌든 나가. 당신 때문에 아무도 물건을 안 사잖아."

여자는 손으로 자기 목을 긋는 시늉을 했다. "여기에서 안 나가면 경찰 부를 거야."

셋째 날은 운이 좋았다. 지하도를 발견했다. 기차역까지 이어진 긴 지하도였다. 비가 오지 않았고 사람도 많았다. 딱 한 가지 문제가 있었는데, 토미가 이미 자리를 잡고 앉아 기타를 치면서 밥 딜런의 노래를 부르고 있었다. 토미는 생긴 건 쉰 살쯤 되어 보이지만 실제 나이는 서른네 살이었다. 몇 가닥 남지 않은 머리카락이 반짝반짝 빛나는 빨간 두피 가장자리를 따라 자라고 있었다. 뉴캐슬 출신이며, 검은색 가죽옷에 카우보이 부츠를 신었고, 개 한 마리를 끈에 묶어 데리고 다녔다. 세상에 볼꼴 못 볼꼴 다 보고 살았지만, 첼로 하나로 버스킹을 하면서 혼자 여행을 하는 젊은 여자는 보다보다 처음 봤다고 했다. 그는 크게 너털웃음을 터뜨렸다.

"기타 한번 지랄 맞게 크구먼."

나는 고개를 끄덕이고는 철벅철벅 소리를 내며 가까이 다가갔다. 플리플롭 샌들을 제외하고 유일하게 갖고 있는 낡은 등산화가 아주 물에 푹 젖어버려 양쪽 발에 작은 어린이 풀장을 차려도 될 정도였다. 토미는 자기가 점심을 먹으러 가는 사이에 자기 자리에 앉아도 좋다고 했다.

지하도는 탄향실에 놓인 거대한 마이크 같았다. 이제는 제법 익숙해졌지만, 활로 아예 톱질하다시피 해야 겨우 내가 내 소리를 들을 수 있을 정도로 시끌벅적한 거리하고는 확연하게 대조적이었다. 이런 지하도라면 지나가는 모든 사람이 내 첼로 연주를 들을 수 있을 것 같았다. 나는 심호흡을 하고 〈고엽〉을 연주하기 시작했다. 전혀 뜻밖에도 소리가 정말 좋았다. 소리가 좋아서 눈을 감고 제대로 귀를 기울였고, 그러다 보니 소리가 더욱 좋아졌다. 가늘게 뜬 실눈으로 사람들이 지나가면서 활짝 웃는 모습이 보였다. 더 신나는 건, 모자에 동전 떨어지는 쨍그랑 소리가 지속적으로 들렸다는 거다.

토미가 인스턴트커피가 담긴 스티로폼 컵 두 개를 들고 돌아왔다. 그가 컵 하나를 나에게 건넸다.

"고맙습니다. 정말 친절하세요."

"이젠 같이 뭉쳐야 살아남는 시대야. 이놈에 사회가 빌어먹을 현금들을 가지고 다니질 않으니."

갈색 더플코트를 입은 잘 생긴 남자가 다가오더니 윙크를 하며 50크로네 지폐를 건넸다.

세상에, 50크로네 지폐라니!

"뭐라고요?" 나는 지폐를 빤히 쳐다보며 토미에게 물었다.

토미가 눈빛을 번득였다.

"사람들은 음악을 싫어해. 싫어한다고. 사실 울까 봐 무섭거든."

나는 절대로 잃어버리지 않도록 청바지 뒷주머니 맨 안쪽 깊숙이 50크로네 지폐를 밀어 넣었다. 오세 예르드름의 전화번호가 아직 그대로 있었다. 커피를 후루룩 들이켜다가 너무 달아서 다시 뱉었다. 토미는 자기 커피를 벌써 다 마셨다. 그는 컵을 구겨서 바닥에 내던졌다. 나는 모자 속 동전들을 한 움큼 움켜쥐고 다른 쪽 뒷주머니에 쑤셔 넣었다.

"재미가 괜찮나 봐?"

"그런 거 같아요."

도무지 웃음이 참아지지 않았다. 모자 안에는 아직도 동전이 가득 쌓여 있었는데, 아마 내 평생 이렇게 많은 돈은 처음인 것 같았다. 하나같이 단위가 큰 동전들이어서 표정 관리가 더 어려웠을지도 몰랐다. 하지만 이제 그만 진정해야 했다. 토미가 날 위아래로 훑어보고 있었으니까.

"연주도 참 별로더구먼."

나는 얼굴이 빨개졌다.

"뭐 하려고 버스킹을 하는 거야?"

나는 턱을 추어 올렸다.

"노르카프에 가서 한밤중의 태양을 볼 거예요."

토미는 가슴을 쥐어짜는 것 같은 소리로 다시 한 번 크게 껄껄대며 웃었다.

"나도 한 번 본 적 있지."

"정말요?"

"트롬쇠까지 갔어."

"북극의 파리라고 하던데요." 나는 여전히 50크로네 지폐에 취해서 말했다.

"리마Lima(페루의 수도)하고 더 비슷해. 팬파이프 연주하는 인간들이 어찌나 많던지, 절반이 점심을 먹으러 자리를 비워도 티도 안 날 정도였지. 연주 소리가 그치질 않았다니까. 오만 군데에서 연주를 해봤지만 땡전 한 푼 건지지 못한 덴 거기뿐이었어. 한 푼도 못 벌었다니까."

"그럼 어떻게 돈을 벌었어요?"

"헬륨 풍선을 팔았어."

나는 침을 꿀꺽 삼켰다.

"이만 가봐야겠어요."

"괜찮으면 이따가 다시 와. 다섯 시 지나서."

그는 손짓으로 가까이 오라고 불렀다.

"이런 말이 있지." 그가 내 귀에 침을 튀겨가며 속삭였다. "조지 번스 George Burns(미국의 코미디언)라는 친구 말인데 일리가 있어. 사람들은 어느 땐 모자에 돈을 넣고, 어느 땐 모자에서 돈을 빼가며, 어느 땐 모자를 가지고 간다."

11

　토미가 쉴 때마다 지하도에서 연주를 했다. 그렇게 베르겐에서 일주일을 보내고 나니 비스킷 통 안에는 북쪽으로 이동할 수 있을 정도의 꽤 많은 돈이 모였다. 대단한 성과가 아닐 수 없었다. 오세의 지도에 따르면 크기와 관계없이 베르겐의 옆 마을은 700킬로미터 떨어진 트론헤임이었다. 그곳으로 향하는 모든 페리를 알아봤지만, 트론헤임에 도착하기까지 적어도 사흘은 걸린다는 계산이 나왔다. 그러니까 사흘은 버스킹을 하지 않아도 되는 거다.

　나는 한껏 신이 났다. 도시를 둥글게 에워싼 일곱 개의 산을 뒤로할 무렵 비가 그쳤고, 여름의 태양이 가슴이 아프도록 아름다운 풍경을 드러내 보여주었다. 승합차는 일반 승용차보다 차체가 훨씬 높아서 주변 풍경이 한눈에 들어왔다. 피오르의 바닷물이 유유히 흐르는 마법 같은 땅, 미늘벽 판자로 지은 집들, 옹이가 박힌 사과나무들, 대나무를 이어 만든 건초 헛간들, 옛날 트랙터들, 딸기가 푸짐하게 쌓인 가대식 테이블들. 그날 밤은 신사르비크라는 마을에 있는 유럽 최대의 산악 고원인 하르당에르비다 기슭에서 보냈다. 이곳에서는 행복한 등산객들이 나무로 지은 술집 바깥에 앉아 시원한 맥주를 마시고 있었고, 밤 열한 시가 훌쩍 지난 시간까지도 해가 지지 않았다.

　다음 날도 거의 똑같이 시작되었다. 55번 고속도로를 타고 세계에서 가장 길고 가장 유명한 피오르인, 끝도 없이 이어지는 송네 피오르의 북쪽 제방을 따라갔다. 열을 식히기 위해 몇 번이나 차를 멈추고 물속에 뛰어들어야 했다. 지도를 자세히 들여다보았다. 55번 고속도로를 쭉 따라가면 곧 E6 도로에 다다를 것이다. E6 도로는 트론헤임으로 향했는데, 실제로 그 길을 따라 계속 가면 러시아까지 갈 수 있었다.

55번 고속도로가 송네 피오르의 북쪽 제방을 떠나 루스트라 피오르와 합쳐질 무렵, 얀 에릭이 준 테이프에서 빌리 홀리데이가 부르는 〈더 큰 사랑은 없다네There is No Greater Love〉를 듣고 있었다. 55번 고속도로가 끝나고 송네피엘 전망대로 이어질 즈음에는 주변에 크게 주의를 기울이지 않은 채 테이프를 되감아 다시 들으며 노래를 따라 불렀다. 나는 송네피엘 전망대가 눈 때문에 거의 1년 내내 폐쇄되어 있다는 사실을 몰랐다. 나하고 E6 도로 사이에 요툰헤이멘 국립공원이 있다는 건 알았지만, 1천 900미터가 넘는 250여 개의 봉우리가 있는 줄은 몰랐다. 이 가운데 두 개의 봉우리가 북유럽에서 가장 높은 두 개의 산으로도 유명한 갈회피겐 산과 글리테르틴덴 산인 줄도 몰랐다. 50도 경사의 도로를 따라 1.5킬로미터를 올라가면 공식적으로 북유럽에서 가장 높은 산악길이 나온다는 사실도 몰랐다.

송네피엘 전망대는 가도 가도 오르막이었다. 미늘벽 판잣집들도, 딸기가 푸짐하게 쌓인 가대식 탁자들도 눈에서 멀어진 지 오래였다. 송네 피오르도 보이지 않았다. 대신 고무 타는 냄새가 났다. 가까운 밭에서 누가 매트리스를 태우고 있길 바라며 창문을 열었다. 햇살은 축축한 안개에 자리를 내주었고, 바깥 기온은 10도 아래로 떨어져 있었다.

그런데도 계기판의 온도계는 거의 37도를 가리켰다. 가만, 그러고 보니 보닛 아래에서 스멀스멀 피어오르는 저 물질은 안개라기보다 연기에 가까웠다. 카세트테이프를 껐다. 길은 점점 좁아져 작은 샛길이 되었다. 얼마간 시간이 지나서야 차를 댈 만한 갓길을 발견했다. 줄곧 자욱하고 축축한 구름 뒤에 가려진 깊은 계곡이 내려다보이는 곳이었다.

운전석에서 내려 보닛을 열고 엔진을 살펴보았다. 벤 덕분에 어디에 물을 붓는지는 배웠지만, 불행히도 엔진에 대해서는 별로 아는 게 없었다. 라디에이터 컵을 열었더니 수증기가 뿜어져 나와 하마터면 눈 한쪽이 빠질 뻔했다. 엔진이 식을 때까지는 딱히 할 수 있는 일이 없는 것 같아서 보닛을 열어둔 채 침대에 앉았다.

너무 고요해서 귀가 먹먹해질 지경이었다.

가지고 온 책은 이미 다 읽었다. 뜨거운 목욕은커녕 샤워조차 할 수 없었다. 피울 담배도 없고 마실 술도 없었다. 볼 것도 없고 들을 것도 없었다(배터리가 방전될지 몰라서 운전하지 않을 땐 테이프를 틀 수 없었다). 하는 수 없이 벽장에서 첼로를 꺼냈다. 가스레인지를 마주 보고 옆으로 앉으면 활을 길게 빼지만 않으면 승합차 안에서도 간신히 연주할 공간이 만들어졌다.

아침에 눈을 뜨니 안개가 걷혔다. 라디에이터에 물을 붓고 엔진에 시동을 걸었다. 보닛을 열고 잠시 멍하니 쳐다보았다. 모든 것이 정상인 것 같았다. 고무 타는 냄새도 나지 않았다. 운전석으로 올라가 다시 오르막으로 향하는 작업을 재개했다.

드디어 정상에 다다랐다. 이 지점에서 마침내 송네피엘 전망대의 오르막이 끝나고 요툰헤이멘 국립공원으로 가로지를 준비를 하게 된다. 그런데 세상에, 믿어지지가 않았다. 12피트(약 3.5미터) 높이로 쌓인 눈을 헤치고 좁고 기다란 아스팔트 도로가 나 있는 것이었다. 도로를 제외한 사방이 온통 흰색이라 어디가 어딘지 도무지 분간할 수가 없었다. 동쪽에는 글리테르틴덴 산과 갈회피겐 산의 얼음에 뒤덮인 뾰족한 봉우리들이 눈을 뚫고 우뚝 솟아 있었다. 그 순간 지도와 등산화와 배낭을 준비하고 모여 있는 사람들처럼, 산속 깊숙이 들어가 하루 종일 등산을 한 뒤 햇볕 아래에서 맥주를 마시고 얼음처럼 차가운 강에서 피곤한 발을 씻고 싶은 열망이 강하게 밀려들었다. 하지만 한밤중의 태양은 나를 기다리지 않을 테고, 때마침 연료 경고등까지 켜졌다. 여기까지 올라오느라 연료 탱크가 비어버린 것이다. 오세의 지도를 찬찬히 들여다보았다. 요툰헤이멘 반대편에 롬이라고 하는 작은 마을이 있었다. 비스킷 통을 꺼내 돈을 세어보았다. 아직 200크로네가 남았다. 제발 롬에 주유소가 있길.

과연 롬에는 주유소가 있었다. 그런데 하필이면 내가 도착한 시간에 문이 닫혔다. 나는 계속 차를 몰기로 했다. 제발, 조만간 다른 마을이 나타나야 하는데.

그러나 마을은 없었다.

E6 고속도로를 타고 도브레피엘이라는 또 다른 국립공원을 향해 거의 절반가량 달리고 있는데, 승합차가 덜덜거리더니 털털털 소리를 내다가 엔진이 꺼져버렸다. 도로에서 벗어나 황량한 헛간 몇 채가 있는 땅 한구석에 간신히 차를 세웠다. 헛간은 국립공원에 속한 것 같았다. 문마다 사향소에 관한 주의사항이 적힌 커다란 표지판이 부착되었다. 무식하게 큰 양을 닮은 사향소는 늙은 록스타처럼 길고 텁수룩

한 털이 아무렇게나 헝클어지고 매머드처럼 커다란 송곳니가 달렸다. 표지판에 따르면 사향소는 초식동물이지만 무척 예민하다. 그래서 사람을 먹지는 않지만 우발적으로 뿔로 들이받아 죽일 수가 있다.

차 한 잔을 만들어 갓길에 가지고 갔다. 앉아서 기다렸다가 지나가는 차가 보이던 세울 참이었다. E6 도로 위에는 아직 한 대의 차도 지나가지 않았다. 첼로를 꺼내 〈더 큰 사랑은 없다네〉를 연습해보았다. 그런 다음 차 한 잔을 더 만들었다. 네 잔째 차를 마시고 〈더 큰 사랑은 없다네〉를 열두 번째 연주했을 때, 마침내 랜드로버 한 대가 나타났다. 차를 세울 필요는 없었다. 어쨌든 차가 알아서 갓길로 빠졌으니까. 밖으로 나온 남자는 카키색 반바지를 입고 있었다.

"여기 주차할 데 없는데요." 남자가 내 첼로를 보면서 말했다.

나는 목소리를 가다듬었다.

"사실은 경유가 바닥이 났어요."

남자는 랜드로버 뒷좌석에서 녹슨 오일 통 하나를 꺼냈다.

"운이 좋아요." 남자가 말했다. "어디로 가는 거여요?"

"트론헤임이요. 실은 노르카프요. 하지만 먼저 트론헤임으로 가려고요."

남자는 내 오일 탱크에 경유를 콸콸 쏟아 부었다.

"저, 200크로네밖에 없어요." 내가 걱정스럽게 말했다.

"노르카프까지 가려면 200크로네 가지고는 안 될 텐데요."

"그건 알아요."

나는 첼로를 집어 케이스 안에 넣기 시작했다.

"첼로는 왜 가지고 있는 거예요?"

"전 거리의 악사예요." 내가 말했다. "돈을 모으려고 거리에서 음악을 연주해요. 그렇게 해서 노르카프까지 가는 거죠."

"그럼 나한테 연주해주고 200크로네는 보관해둬요."

"아, 아니에요. 돈 드릴게요."

"돈을 받는 것보다 첼로 연주를 듣고 싶어서 그래요. E6 도로 한쪽에서 첼로 연주를 들을 일이 어디 그렇게 흔하겠어요. 난 바흐의 첼로 조곡을 좋아해요."

그래서 〈미뉴에트〉를 연주하려 했다. 그런데 그만 음을 잊어버렸고 중간쯤 연주하다가 잘못해서 〈더 큰 사랑은 없다네〉로 곡이 바뀐 바람에 완전히 엉망이 되고 말았다. 나는 연주를 중단했다. 얼굴이 달아오른 걸 느낄 수 있었다.

"너무 엉망이었지요." 내가 말했다.

남자는 아니라고 말하지 않았다. 그는 큰소리로 웃으면서 어차피 나에게 경유를 주었을 거라고 말했다. 내가 얻은 경유가 노르웨이 면세 경유에 해당하는 거라서 어쩌면 내가 체포될지도 모른다면서. 나는 벽장 안에 첼로를 넣었다.

"저기, 물을 좀 얻으려면 어디로 가야 하는지 모르시지요."

"저쪽에 강이 있어요." 남자가 말했다.

"저는 식수를 구하려고요."

"여기는 잉글랜드가 아니에요. 노르웨이에서는 강물도 마실 수 있어요."

트론헤임도 재앙 수준이었다.

버스커들이 어찌나 많던지, 내 눈이 잘못돼서 사물이 두 개로 보이는 건 아닌지 착각이 들 정도였다. 하나같이 유럽의 구석구석에서 찾아온 사람들이라 노르웨이 크로네를 얻어내기가 쉽지 않아 보였다. 험악하게 생긴 십 대 아이들이 낡은 기타를 매고서 나에게 야유를 퍼붓고 침을 뱉었다. 맨돈에 은색 페인트칠을 한 남자들은 동상으로 가장하고 서 있었다. 금색 페인트칠을 한 다른 남자들은 새로 가장했다. 아무리 봐도 열 살도 안 돼 보이는 여자아이가 울음을 꾹 참고 만돌린을 연주했다. 설상가상으로 열두 살가량 되어 보이는 소년이 중앙 광장인 토르베트 가장자리에 앉아 하이든의 〈첼로 협주곡 C장조〉를 연주하는 것이었다. 그뿐이 아니었다. 소년은 첼로에 픽업까지 장착해서 휴대용 앰프에 연결했다. 나는 소년의 주변으로 우르르 모여든 사람들을 밀쳐내고 앞으로 다가가, 요요마처럼 현을 위아래로 현란하게 움직이는 아이의 손가락을 보았다. 소년은 1악장을 마치자 중간의 구슬픈 아다지오를 건너뛰고 가장 어려운 3악장으로 곧장 들어갔다.

나는 승합차로 돌아와 벽장에 첼로를 넣고 문을 전부 닫은 다음 초를 켜 여행 안내서를 열심히 들여다보았다. 안내서에는 500킬로미터 떨어진 북극권 가장자리의 모이라나에 도착하기 전까지는 딱히 언급할 만한 마을이 없다고 기록되었다. 굳이 찾자면 트론헤임스 피오르 건너편 시끄러운 철도 교차로 주변에 발달한 작고 볼품없는 마을 정도랄까. 하필 이름도 '생지옥Hell'이라고 불리는.

그날 밤 나는 '생지옥'에서 잤다. 정확히 말하면 생지옥 바깥, 그러니까 잉글랜드를 떠난 이후 처음으로 발견한 가장 붐비고 쭉 뻗은 도로 바로 옆 좁은 공간에 차를 대놓고 잤다. 누가 승합차 옆문을 두드리는 소리가 들려 한밤중에 잠에서 깼다. 그들이 다시 문을 두드렸다. 나는 옷을 껴입고 칸막이벽에 뚫린 구멍으로 밖을 내다보았다. 경찰 두 명이 밖에 서서 내 타이어에 손전등을 비추고 있었다. 나는 면세 경유 같은 건 생각하지 않으려 애쓰며 문을 열었다.

"여기에서 뭐 하시는 거예요?"

경찰들이 손전등으로 승합차 안을 비추며 물었다.

"자고 있었는데요."

"여기에서 주무시면 안 됩니다."

그들은 나를 주차장으로 안내했고, 그때부터 나는 침대에 누워 길고도 환한 밤을 내내 뜬눈으로 지새웠다.

'생지옥'은 버스킹을 하기에는 세계 최악의 마을이 틀림없다. 광장 따위는 없다. 카페도 없다. 있는 거라고는 화물열차와 주차장, 손님 하나 없는 다 쓰러져 가는 상점들뿐. 결국 나는 화물철도역 바로 바깥에 자리를 잡았다. 누구라도 지나가는 장소는 거기뿐이었으니까. 〈서머타임〉과 〈고엽〉을 연주해보았다. 아무도 지나가지 않았다. 하이든과 바흐를 연주했다. 역시 개미 새끼 한 마리 지나가지 않았다. 〈더 큰 사랑은 없다네〉를 연주했다. 기름에 전 작업복 차림의 남자 둘이 화물철도역에서 걸어와 큰소리로 웃으면서 모자에 20크로네를 던지고 갔다. 이게 시작이었다. 잠시 후 밤에 보았던 경찰들이 다가왔다. 아무래도 '생지옥'에는 범죄가 별로 없는 게 분명했다.

"여기에서 연주하시면 안 됩니다."

나는 에라 모르겠다 싶었다.

"자선을 위한 건데도 안 되나요?"

"무슨 자선이요?"

"노숙자를 위해서요." 나는 경찰관의 눈을 똑바로 쳐다보며 말했다. "죽은 사람을 위해서도요."

경찰들은 나를 쇼핑센터로 데리고 갔는데, 두슨 쇼핑센터가 고층 주차장처럼 생긴 바람에 미처 알아보지 못했다. 그들은 내가 사흘 동안 건물 안에서 연주할 수 있도록 경비원을 설득했다. 그만하면 경유 탱크를 채우기에도, 화물철도역 사진이 찍힌 엽서에다 '생지옥, 신의 엑스페디숀Ekspedisjon'이라고 휘갈겨 써서 벤에게 보내기에도 충분한 기간이었다.

'생지옥'에서 모이라까지는 이틀 낮과 이틀 밤이 더 걸렸다. 그 정도야 뭐, 문제도 아니었다. 아니, 오히려 정반대였다. 마을에서 벗어나자 운전이 조금 편해졌다. 이제부터는 피오르 대신 트뢰닐라그라는 울창한 계곡이 이어졌고, 이 길을 죽 따라가면 마침내 거칠고 황량하고 삭막한 고원과 구불구불 끝없이 흐르는 강들이 지천인 노를란에 다다랐다. 이곳의 야영지에 머물 정도의 돈은 있었지만 자리가 없어 묵지 못했다. 그리고 굳이 여기에서 묵을 필요도 없었다. 트론헤임과 '생지옥'을 벗어나 100킬로미터를 달려 모이라나까지 500킬로미터를 남겨둔 지금, E6 도로를 벗어나 수백 미터의 곧은 숲을 가로질러서, 구불구불 끝없이 흐르는 강들 가운데 하나에 뒷문을 향하게 하고 차를 세운 샛노란 승합차에 관심을 두는 사람은 아무도 없었다. 내 승합차를 눈여겨볼 사람은 아무도 없었다.

실제로 이 강들과 함께 생활했다고 해도 과언이 아니었다. 나는 강물로 몸을 씻었다. 강물로 옷을 빨았다. 강물로 머리를 감았다. 강물로 설거지를 했다. 강물을 마셨다. 물살이 셀 땐 강한 폭포 줄기 아래에서 샤워를 했다. 물살이 느릴 땐 미지근한 욕조인 양 옷을 벗고 강물 속에 누웠다. 음악 소리와도 같은 강물 흐르는 소리를 들었다. 윙윙대는 냉장고도 쉭쉭거리는 전구도 콸콸 소리가 나는 배수관도 없었다. 멀리서 들려오는 웅웅거리는 차 소리도 없었다. 거리를 지나다니는 사람들 소리도 없었다. 거리도 없었다. 아무것도 없었다. 촛불이 타오르며 치직거리는 소리와, 머릿속을 맴도는 목소리들과, 도무지 나를 가만 내버려두지 않고 앵앵거리는 모기처럼 성가시게 구는 기억들뿐이었다.

　죽음.

　내 옆에 누운 벌거벗은 네 몸을 느끼고 싶어.

　죽음.

　존재하지 않는다는 것.

　우리 같이 여길 떠나서 음유 시인이 되는 거야.

　여느 때라면 이 목소리와 기억들로부터 달아나려 했을 거다. 어떻게든 다른 곳으로 신경을 돌리려 했을 거다. 누군가에게 전화라도 걸었을 테고, 술이라도 마셨을 테고, 텔레비전이라도 보았을 거다. 하지만 지금 내가 할 수 있는 일이란 목소리와 기억이 희미해지기를 바라며 기다리는 것뿐이었다. 녹슨 고물 승합차 뒤편 발판에 걸터앉아 산을, 강을, 밤의 배경이 되는 것들을 응시하고 있으니 목소리도 기억도 차츰 희미해졌다. 침묵은 도무지 지워지지 않던 지난 기억들을 다른 모든 것들과 함께 집어삼켰다. 이렇게 숲 속에 차를 세워두고 며칠을 보내는 일이 얼마나 외롭고 또 얼마나 드문 일인지 알았다면 생각만으로도 공포에 사로잡혔을 테지만, 날은 전혀 어두워지지 않았고, 나는 아무것도 두려워하지 않는다는 걸 서서히 깨달았다.

얀 에릭의 집에서 지낸 며칠을 제외하면, 우유를 넣은 커피, 따뜻한 시리얼, 파스타, 롤몹스roll mops(식초와 소금에 절인 청어를 양파나 오이에 싸서 먹는 음식), 갈린 당근으로 한 달을 버텼다. 경유를 주유할 경우에 대비해 단위가 큰 동전들만 모았기 때문에 슈퍼마켓에 가는 게 이만저만 곤혹스러운 일이 아니었다. 사람들은 내 뒤로 점점 길게 줄을 서는데, 계산대 앞에서 몇 움큼이나 되는 동전을 고생고생 세고 있어야 했으니 말이다. 그렇다고 달리 방법이 있는 것도 아니었다. 은행엔 도저히 갈 수가 없었다. 손안에 쥔 동전 무게로 대충 얼마쯤 되는지 알아내는 감은 점점 좋아지고 있었지만, 정확한 액수를 알 재주는 없었다. 그래서 몇 크로네가 모자라면 계산대의 여직원도 그 동전들을 처음부터 다시 셀 엄두가 나지 않는지 보통은 그냥 봐주곤 했다.

7월 14일에 모이라나에 도착했다. 모이라나는 옛날 산업도시로, 모든 산업이 오래전에 철수되었다. 이제는 거리마다 벤치가 즐비하게 놓여있고, 노년의 숙녀와 신사들이 내 첼로 소리를 듣기 위해 코업Co-op이라는 대형 마트 밖에 모여들었다. 그들이 가장 좋아하는 곡은 〈고엽〉이었다 연주를 마치고 짐을 챙기면, 내가 진짜 음악가인 줄 아는지 언제 또 오느냐고 묻곤 했다. 그들은 인심도 후했다. 나는 오전과 오후 각 한 차례씩 하루 두 번 버스킹을 했고, 찢어지고 바랜 청바지 주머니에서 동전을 꺼내 주방 조리대로 쓰는 합판 자투리에 쏟아 부은 뒤 돈의 액수를 세는 것이 행복한 일과가 되었다. 어느 날은 800크로네까지 세어봤다. 80파운드라니. 이건 거의 기적이나 다름없었다.

모이라나에 더 오래 머물 수도 있었지만 시간이 얼마 없었다. 북쪽으로 몇백 킬로미터 위에 있는 보되에서 한밤중의 태양을 보기엔 이미 너무 늦었다. 운이 좋으면 트롬쇠에서 겨우 볼 수 있을지도 몰랐다. 일요일에 모이라나를 떠나 스바르티센 빙하 부근을 지나는 연안 항로, 키스트릭스베인까지 서쪽으로 향했다. 앤드루는 늘 빙하를 보고 싶어 했다.

키스트릭스베인 한쪽에 페리 항구가 있다. 나는 킬보햄이라는 작은 항구에서 세 번째 줄에 차를 세우고 석조 부두 가장자리에 가서 섰다. 파도가 15피트(약 45미터)나 되는 거대한 트랙터 타이어에 철썩 부딪치며 이 지역에 엄청난 겨울 폭풍이 일 것을 예고했다. 차가운 바람이 불었다. 승합차로 돌아가 플리플롭 샌들을 벗고 양말과 부츠를 신은 다음 보온병에 차를 담았다. 차를 다 담을 무렵 페리가 도착했다.

갑판에는 나 혼자였다. 다른 여행객들은 현명하게도 바람을 피해 배 안쪽, 소금이 두껍게 쌓인 창문 뒤에 앉았다. 습한 공기는 짠 내가 났고, 갈매기는 쉴 새 없이 울어댔다. 머리 위로는 구름이 태양을 가로지르며 앞서거니 뒤서거니 경주를 했다. 물 위로 높이 솟은 얼음에 침식된 바위들은 희한한 모양의 그림자를 드리웠다. 몇 그루 안 되는 용감한 나무들이 민둥한 비탈에 매달렸다. 여기에서 보니 육지는 강철 수세미로 박박 문질러놓은 듯 맨들맨들한 대머리 같았다. 바람이 바다를 휩쓸며 거품이 이는 파도를 만들었다.

판자로 창문을 막은 두 채의 낚시 오두막이 해안에 바싹 붙어 있었다.

배는 외롭게 혼자 떠 있는 초록색 부표를 지났다. 그때 커다란 고동 소리가 들리더니 확성기에서 치직 하는 소리가 들렸다.

"신사 숙녀 여러분" 노르웨이어로, 곧이어 영어로 안내 방송이 나왔다.

"북극에 오신 것을 환영합니다."

12

보되에서 버스킹을 한 다음, 노르웨이 기준으로 유일한 도시인 산업 항구도시, 나르비크 동쪽으로 이동했다. 제2차 세계대전 동안 치열하게 으르렁거리던 현장이라 미적으로 아름다운 장소는 아니다. 대형마트 밖에서 경비원과 눈을 마주치지 않으려고 신경전을 벌이며 사흘을 보낸 뒤 다시 E6 도로를 달리니 어찌나 안심되던지. 이번엔 두 배로 더 마음이 놓였는데, 300킬로미터를 달리면 나오는 다음 행선지가 바로 트롬쇠였기 때문이다. 가로수가 늘어선 거리, 오래된 석조 건물들, 길가의 카페들, 재즈 연주자들을 상상했다. 이제 목표가 가까워지고 있었다. 긴 여행도 곧 끝이 날 것이다.

이틀 동안 평소보다 속력을 내어 달린 덕분에 7월 22일 저녁에 트롬쇠에 도착할 수 있었다. 하루라도 빨리 왔더라면 좋았을걸. 북극과 매우 흡사한 모양의 깊은 피오르가 크고 작은 수백 개의 섬을 둘러싸고 있으며, 이 군도 가운데 트롬쇠위아라고 하는 섬 한쪽에 트롬쇠가 쿡 처박혀서 길고 아름다운 다리와 연결되어 있다. 다리 옆에는 지금까지 보아온 건물 가운데 가장 희한한 모양의 건물 하나가 서 있었는데, 뭐랄까, 삼각형 모양의 희고 거대한 애벌레 같았다. 북극 성당이라는 별명으로 불리는 교회라는 걸 나중에 알았다. 그리고 대단히 아름답다는 걸 알게 되었다. 교회 뒤에는 트롬쇠에서 가장 높은 산인

트롬스달스틴덴 산이 있는데, 7월 22일인데도 눈이 얇게 쌓여 있었다. 교회, 산, 그리고 눈까지 모두 내 원대한 기대에 부합하는 것 같았다. 나는 의기양양해졌다. 제때에 한밤중의 태양을 볼 수 있게 된 것이다. 게다가 지금 브로드샌즈 정원의 오두막보다 북극과 더 가까이 있었다.

다리를 건너 인적이 드문 중심가를 향해 차를 몰았다. 오래된 석조 건물 같은 건 없었다. 욀할렌이라는 오래되어 보이는 술집이 있었는데 나이 지긋한 남자들 몇 명이 밖에 나와 있었다. 하지만 이 술집은 나무로 지어졌다. 아주 평범하게 생긴 나르베센Narvesen(노르웨이의 편의점 및 신문 판매점 체인)이라는 신문 판매점은 밖에 포장된 계단이 있어서 버스킹을 하기에 꽤 괜찮은 자리 같았다. 간판에 북극곰들이 그려진 폴라리아라는 곳은 박물관과 수족관이 합해진 것 같았다. 코업, 리미Rimi 같은 대형 마트 체인도 있었다. 조금 더 내려가면 공중전화 박스가 있었다. 이게 전부였다. 나는 피오르를 따라 차를 몰아, 밤에 차를 세워두고 한밤중의 태양을 볼 수 있는 장소를 찾아 관목 숲에서 한 시간가량을 헤맸다. 하지만 작은 섬에 너무나 많은 집이 오밀조밀 모여 있어서 토지에나 들야 주차가 가능할 것 같았다.

해안에서 가장 가까운 도로를 죽 따라 달렸다. 이 도로는 터널을 지나 섬의 북쪽 가장자리를 따라 이어졌다. 밤이 점점 깊어지고 있었다. 바다 저편으로 삐죽삐죽 솟은 산들이 길들여지지 않은 야생의 생물처럼 보였다. 내 상상 속에서 이 산들은 북극에 속해 있었다. 북쪽에서 매서운 바람이 불어, 날은 춥지 않았지만 피오르 위로 부는 바람이 차갑게 느껴졌다. 어쩐지 이곳은 인간이 무단으로 점유한 장소 같았다.

언제라도 도시 전체가 이곳을 둘러싼 황무지로 돌아가고, 집들은 산의 무게로 무너지며, 거리는 다시 꽁꽁 언 피오르가 되어버릴 것 같았다. 어디를 봐도 파리를 닮은 구석이라고는 눈을 씻고 찾아도 찾을 수가 없었다.

드디어 주차할 장소를 발견했다. 남쪽이 서쪽이 되는 섬의 모퉁이, 짧은 비포장도로 끄트머리에 위치하는 쉬드스피센이라는 곳이었다. 온통 낙서로 뒤덮인 다 쓰러져가는 노란색 건물을 제외하면 집 한 채 보이지 않았다. 해안 비슷한 것이 있었는데, 차가워 보이는 피오르 가장자리까지 어쨌든 바위가 죽 이어져 있었다. 나무로 만든 카누 한 척이 버려진 듯 한쪽에 놓여 있을 뿐 탈 것이라고는 아무것도 없었다.

내가 뭘 기대했는지 모르겠다. 나를 환대해줄 마을 위원들이라도 기대한 걸까. 누군가 내 등을 두드리며 수고했다고 말이라도 해줄 줄 알았나. 스스로에게 한 턱 내는 기분으로 레드 와인 한 잔을 마시며 모두에게 나의 위대한 업적을 자랑할 수 있는 파리 스타일의 술집 같은 거라도 기대한 걸까. 한밤중의 태양? 맞다, 이걸 보려고 이 먼 곳까지 왔지. 얀 에릭의 친구는 트롬쇠에서 틀림없이 한밤중의 태양을 볼 수 있다고 말했지만, 온 섬을 다 돌아다녀 봐도 탁 트인 하늘을 볼 수 있는 곳을 찾을 수가 없었다. 삐죽삐죽 솟은 수많은 산이 불쑥불쑥 하늘을 가리고 있었던 것이다.

승합차 뒷문이 산을 마주 보도록 주차했다. 그런 다음 차 한 잔을 만들어 해변에 가지고 갔다. 어깨에 담요를 두르고 바위 위에 앉았다. 그리고 자정이 오길 기다렸다. 마침내 자정이 되었다. 날은 어두워지지 않았지만 수평선 위로 해가 떠오르지도 않았다. 아니, 해가 떠올랐다

해도 볼 수 없었을 것이다.

다음 날 아침엔 승합차를 세워둔 채 첼로를 들고 스트란드베겐 거리를 따라 중심가까지 걸어갔다. 걷기에는 먼 거리여서 신문 판매점 바깥 계단에 도착할 무렵엔 허리가 아팠고, 플리플롭 샌들에 쓸린 오른쪽 발가락에는 물집이 잡혀 쓰라렸다. 첼로를 꺼내 기분을 밝게 가져보려 애썼다. 마침내 해낸 거다. 줄곧 버스킹을 해서 마침내 한밤중의 태양이 있는 곳에 도착한 거다. 물론 바란 대로 이루어지지는 않았지만 인생이란 본래 그런 것. 상황은 단 한 번도 내가 바란 대로 돌아간 적이 없었다. 한밤중의 태양은 그걸 말해주는 분명한 상징이었다. 그건 실제로 존재하는 게 아니었다. 결코 어두워지지 않는 밤을 그런 식으로 일컬었고, 실제로 한밤중인데도 전혀 어둡지 않았다. 어둠이 어땠는지조차 까맣게 잊어버릴 정도였다. 니가 누리고 있는 축복들을 생각해보았다. 우선 팬파이프를 연주하는 사람들이 없었고, 좋은 자리를 잡았으며, 돈을 충분히 벌고 나면 집으로 돌아갈 수 있었고, 이제 누구도 나에게, 너 그럴 줄 알았다, 고 함부로 말할 수 없을 터였다.

스트란드베겐 거리를 따라 승합차로 돌아가는 길에 국제 전화카드를 사려고 멈추었다가 피오르에서 수영을 했다. 바위와 해초로 가득했지만 아무것도 없는 것보다 나았다. 수영을 마치고 반바지를 벗어 찢어지고 색이 바랜 청바지로 갈아입었다. 청바지는 피오르에 씻겨 내려온 작은 해초 부스러기로 뒤덮였다. 리미 슈퍼마켓 부근 공중전화 박스에 도착할 때까지 피오르를 따라 걸어 돌아갔다. 물집이 너무 아파서 플리플롭 샌들을 벗고 맨발로 걸어야 했다.

벤이 전화를 받았다.

"나 해냈어. 지금 한밤중의 태양에 왔어."

"웬일. 네가 노르카프에 있을 리가 없잖아?"

"노르카프 아니야. 트롬쇠야. 하지만 여기에서도 한밤중의 태양을 볼 수 있어. 그러니까 밤이 죽 계속되는 거지." 어쨌든 이론상으로는 그랬다. "있지, 트롬쇠는 북극의 파리래."

"말도 안 돼."

"여기 꼭 펜잰스Penzance(잉글랜드 서남부에 있는 항구 도시) 같아." 나는 소리 내어 웃으려고 했지만 솔직히 울고 싶은 심정이었다. 수화기를 꼭 붙들고 말을 이었다. "아무튼 나 이제 집에 갈 거야. 빨리 집에 가고 싶어 죽겠어. 너하고 바에 앉아서 같이 래틀러 마시고 싶어. 승합차가 고장 나면 어쩌나, 다음 마을까지 경유가 얼마나 남았나, 그런 걱정 따위 더는 할 필요 없이 말이야. 한 지역에서 다음 지역까지 거리가 엄청나게 멀어. 넌 상상도 못할걸. 트론헤임을 떠날 때 표지판이 하나밖에 없는 거 있지. 도로 표지판이 딱 하나라니까. 내용도 이게 전부야. 나르비크, 900킬로미터……."

벤이 어째 평소와 달리 조용한 것 같았다. 심장이 갈비뼈를 격하게 두드려댔다. 아무래도 뭔가 문제가 생긴 것 같았다.

"너 괜찮아?"

끔찍한 침묵이 흘렀다.

"잭이 돌아왔어."

나는 공중전화 박스 유리 벽에 주르륵 미끄러져 내려와 차가운 콘크리트 바닥에 주저앉았다. 하느님 감사합니다. 하느님 감사합니다.

하느님 감사합니다.

"지금 잭하고 통화할 수 있어?" 나는 횡설수설 중얼거렸다.

침묵이 흘렀다.

"벤?"

"빌어먹을, 말하지 말걸 그랬나……." 벤이 말했다.

"뭘 말하지 말걸 그래?"

"젠장, 그 자식이 여자를 데리고 왔어."

바닥에 개미들이 있었다. 작고 빨간 개미들이 사무실 직원들처럼 주위를 부산하게 움직였다.

"내 말 듣고 있어?"

"여자라고?" 마침내 내가 거의 알아들을 수 없는 목소리로 말했다. "어떤 여잔데?"

"예쁜 것 같아. 자그마하고."

나는 팔을 쭉 뻗어서 금방이라도 터질 폭탄처럼 수화기를 멀찍이 떨어뜨렸다. 그런데도 벤의 목소리는 여전히 똑똑히 들렸다.

"서핑을 한대." 벤이 계속해서 말했다. "전문가들이 입는 서핑 바지를 입었더라. 너 괜찮아?"

괜찮긴, 숨쉬기도 힘들어 죽겠는데.

"그래서 둘이 지금 어디에 살아?" 나는 거의 꽉 막힌 듯한 목소리로 물었다.

하지만 이미 대답을 알고 있었다.

"그게, 오두막에서. 당분간만 지낼 거야. 괜찮은 집을 구할 때까지만."

"내 오두막에서?"

"뭔 소리야. 사실상 잭의 오두막이잖아. 잭이 그 집을……."
전화를 끊었다. 그리고 유리에 기댔다. 눈물도 나오지 않았다.

2장

한밤중의 태양

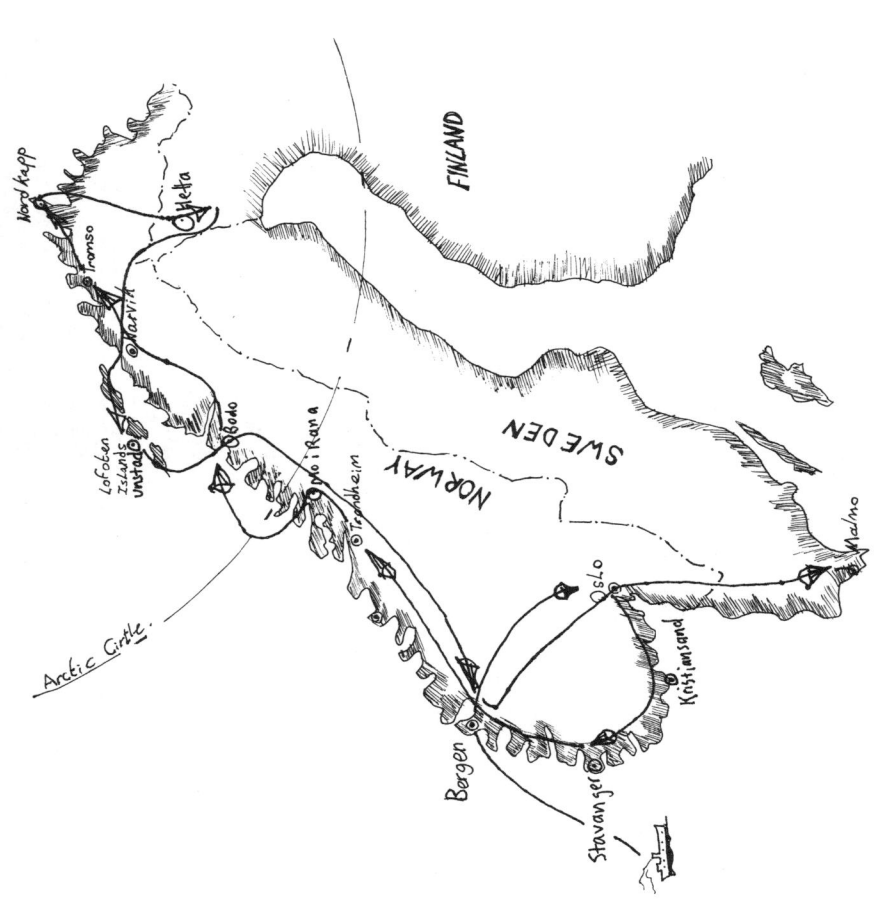

13

눈물이 나오지 않기는 개뿔. 마치 누가 내 심장에 코르크를 막아놓 았다가 코르크와 함께 심장까지 서서히 잡아당기는 것 같았다. 승합 차로 돌아가는 내내 울었다. 밤새도록 울었다. 다음 날 신문 판매점으 로 가는 길에도 내내 울었다. 버스킹을 하는 동안에도 울었다. 감은 눈 아래로 눈물이 왈칵왈칵 흘러내렸다. 눈물이 흐르거나 말거나 더 이 상 개의치 않았다. 〈서머 타임〉도 연주하지 않았다. 더 이상 쾌활해지 려고 애쓰지도 않았고, 내가 아는 세상에서 가장 비극적인 느낌의 곡 을 찾아냈다. 바로 라흐마니노프의 〈보칼리제〉. 정말 아름다운 곡이고 내가 진정 사랑하는 곡이지만, 북극의 화창한 여름 낮에 연주하기에 는 전혀 어울리지 않는다는 걸 너무나 잘 알고 있었다. 하지만 어쨌든 나는 이 곡을 줄창 반복해서 연주했는데, 천만뜻밖에도 사람들이 내 연주를 듣기 위해 주변으로 삼삼오오 모여들기 시작했다. 어느 땐 박 수도 쳐주었다. 모두가 나에게 돈을 던져 주었다. 나는 라흐마니노프 의 〈보칼리제〉 연주로, 내 평생 벌어본 돈 가운데 가장 많은 돈을 벌고 있었다. 이런 식이라면 2주 후에 집에 도착할 수 있을 것 같았다.

이제 더 이상 집은 없지만.

리미 슈퍼마켓에서 저렴한 맥주 몇 병을 사는 동안에도 계속 눈물 을 흘렸다. 둥근 바위들이 놓인 해변에서 실컷 마시다 뻗어버렸으면 싶었다. 하지만 도무지 취하질 않았다. 취하기는커녕 밤마다 몇 시간씩 침대 위를 뒤척이며, 전문가용 서핑복을 입은 예쁘고 자그마하다는 서핑하는 여자와 잭이 우리 침대에서 뒹굴며 섹스하는 장면을 머릿속으로 상상하다가, 다음 날 아침이면 깨질 것 같은 두통으로 눈을 떴다. 어둠이 그리웠다. 그러나 어둠은커녕 빌어먹을 한밤중의 태양은 무슨 고약한 농담처럼 밤낮없이 쉬지 않고 빛나고 있었다.

나흘이 지났는데도 울음은 여전히 그칠 줄 몰랐다. 그때 헨리크가 길을 건너와 내 모자에 노란색 선글라스를 던져 넣었다. 헨리크는 키가 컸고 갈색 눈동자에 눈웃음을 지었으며 정장 차림에 셔츠 깃을 풀어헤쳤다. 그는 내가 연주를 마칠 때까지 기다렸다. 나는 선글라스를 집어 들었다.

"한번 써봐요." 그가 말했다.

선글라스를 쓰자 거리는 뭐랄까, 늦은 오후 캘리포니아의 아지랑이라는 표현이 딱 적당하게 바뀌었다. 아, 뭐, 그렇다고 내가 캘리포니아에 가봤다는 건 아니고.

"고마워요." 내가 우물쭈물 말했다.

"뭘요."

헨리크는 그렇게 말하고 그 자리에 계속 서 있었다. 내가 길도 건너지 못하게.

"저, 이제 그만 움직여야 하는데요."

그래도 그는 꿈쩍하지 않았다. 오히려 그는 이렇게 말하는 것이었다. "20분에 500크로네면 괜찮겠어요?"

어머, 웬일.

"연주를 참 잘하시는 것 같아서요."

"저……."

"연주하시는 모습도 근사하고."

첼로를 연주하는 모습이 근사하긴 뭐가 근사하다는 거지? 남자들은 첼로 곡선에서 벌거벗은 여자라도 떠올리는 걸까? 아니면 다리를 벌리고 연주하는 자세가 근사하다는 거야?

"감사합니다.'

헨리크는 미소를 지었다.

"하지만 전 매춘부가 아니에요."

헨리크는 한 손을 들어 올리며 고개를 저었다.

"아니요, 그런 뜻이 아니에요. 윌할렌에서 제 친구를 위해 총각 파티를 열 거라서요."

"총각 파티요?"

헨리크는 손가락으로 몇 번 딱딱 소리를 냈다.

"곧 결혼하는 친구가 있어요."

"아, 총각 파티요."

"그래요! 총각 파티. 당신이 첼로를 연주해주면 아주 재미있을 거예요."

퍽도 재미있겠다. 이렇게 괴상망측하고 어처구니없고 황당한 말은 내 평생 처음 들어 봤다.

"그러죠, 뭐." 내가 말했다.

일이 어떻게 돌아갈지 신경 쓰고 싶지도 않았다.

월할렌은 북극에서 가장 오래된 펍이다. 몇 주 전 오세 예르드럼과 마셨던 북극 맥주 양조장, 맥 브루어리Mack brewery에서 운영한다. 내가 들어서자 펍은 쥐 죽은 듯 조용했다. 오래된 나무 바에 기대 한잔 하고 있는 할아버지 두 분과 판지로 만든 커다란 북극곰 말고는 아무도 없어서 그랬을 것이다. 그리고 추측건대, 아마도 내가 트롬쇠가 자치 헌장을 선포한 1794년 이후 이 문을 열고 들어온 최초의 여성이라서 그랬는지도 모른다.

하지만 오래지 않아 자리가 꽉 들어찼다. 내가 어두운 구석에 자리를 잡고 앉기가 무섭게, 노르웨이 남자 열다섯 명이 어디에서 이미 한잔 걸치고 떠들썩하게 몰려들어 내 옆에 놓인 두 개의 탁자에 바싹 좁혀 앉았다. 그리고 운 좋게도 5분이 채 안 되어 이 남자들 거의 전부가 나에게 북극 맥주 한 병씩을 사주었다.

나는 맥주 한 병을 죽 들이켠 다음 나머지 맥주들을 바닥에 한 줄로 세워놓았다. 그리고 숨을 쉬려고 해보았다. 이건 버스킹이 아니었다. 이곳은 지나는 길에 잠깐 연주를 듣고 마음에 들면 동전을 던져도 되고 아니면 그냥 지나쳐도 되는, 사람들로 가득 찬 분주한 거리가 아니었다. 여기는 나에게 미리 돈을 지불하고, 내가 연주를 시작하도록 조용히 앉아서 기다리는 남자들로 가득 찬 술집이었다. 한마디로 말해, 최악의 악몽들이 전부 달려들어 하나로 뭉쳐진 것과 다름없었다. 명색이 공연이었다. 나는 두 번째 북극 맥주를 단숨에 들이켜고 눈을 감았다.

"정말 근사했어요." 한 시간 뒤, 내가 첼로를 집어넣고 헨리크의 옆자리에 끼어 앉았을 때 그가 말했다.

"정말요?"

아드레날린에 취한 기분이었다. 안도감 때문인지도 몰랐다. 어쩌면 북극 맥주 때문일 수도 있고.

"네, 하지만 너무 오래 연주했어요. 한 시간이나 연주했잖아요. 전 20분만 해달라고 했는데."

"어머. 죄송해요."

"말씀드린 것보다 더 많이 드려야겠어요."

그는 탁자 위에 500크로네 지폐 두 장을 더 올려놓았다.

"이미 500크로네를 주셨잖아요!"

"20분에 500크로네잖아요. 그렇게 계약한 건데."

그는 지폐를 집어서 직접 내 청바지 주머니에 밀어 넣었다. 모두 150파운드에 해당하는 돈이었다. 나는 그의 손이 내 배 위를 슬쩍 스치는 걸 모르는 척했다. 내 맞은편 남자가 요구르트라고 자신의 이름을 소개했다.

"여름엔 생활하기가 쉬워요." 남자가 노래하듯 말했다. "겨울에 우린 길바닥에 난방 시설을 해요. 안 그러면 추워서 얼어 죽을 거예요."

"에이."

요구르트의 조상은 사미족Sami(노르웨이, 스웨덴, 핀란드, 러시아 등 북부지방을 아우르는 사프미 지방의 원주민) 유목민이었다.

"선글라스 마음에 들어요?" 헨리크가 물었다.

선글라스를 끼고 있는 걸 까맣게 잊고 있었다. 어쩐지 주위가 너무 어둡더라니. 선글라스를 머리 위로 밀어 올렸다. 주위의 모든 것이 다시 뭣 같아 보였다. 마지막 남은 북극 맥주를 향해 손을 뻗었다.

2장 한낮중의 태양 • 107

세상에는 두 가지 부류의 사람이 있다. 선천적으로 술이 센 부류와 그렇지 않은 부류. 나는 후자에 속한다. 아마 맥주 여섯 병이 내 최고 주량이었을 거다.

일곱 병째 맥주를 손에 쥐었다. 일곱 병째 맥주를 다 마시자 헨리크가 굉장히 잘생겨 보였다. 어깨가 상당히 좁은 게 흠이었지만. 그의 손이 내 무릎을 어루만지고 있었다.

"트롬쇠에는 왜 온 거예요?"

정신을 집중하려 해보았지만 눈앞이 자꾸만 흐려졌다.

"이야기하려면 길어요."

"어디에서 지내요?"

"저도 모르죠."

남자들이 크게 폭소를 터뜨렸다. 나는 토할 것 같은 기분이 들었다. 헨리크가 내 양어깨에 손을 얹고 부드럽게 마사지를 했다. 무거운 첼로 케이스를 메고 다니느라 아픈 부위들을 엄지손가락으로 꾹꾹 눌렀다.

"이따가 우리하고 같이 카오스에 가요." 헨리크가 마침내 마사지를 끝내면서 말했다.

카오스는 내가 일주일 내내 버스킹을 했던 신문 판매점 바로 뒤, 스토르가타 거리에 있는 나이트클럽이었다. 많은 커플이 둘씩 쌍으로 앉아 서로의 목구멍 깊숙이 혓바닥을 집어넣으며 키스를 하고 있었다. 총각 파티의 흔적은 어디에도 보이지 않았다. 나는 120크로네를 내고 럼앤코크 더블 한 잔을 주문해(세상에, 럼앤코크 더블 한 잔에 12파운드를 썼다) 밖으로 가지고 나가서 피오르 옆 담 위에 걸터앉았다. 여전히 선글라스를 쓴 채였다. 덕분에 분홍색 산들도 노랗게 보였고 푸른색 피오르도 노랗게 보였다. 이대로 절대로 선글라스를 벗지 않고 절대로 술도 깨지 않으면 세상의 모든 것이 노랗게 변하고 더 이상 그 무엇도 상처 받지 않는 평행우주 속으로 빨려 들어가게 되지 않을까.

집들과 상점들과 진한 키스를 나누는 연인들과 나를 둘러싼 삶들을 바라보았다. 그리고 럼앤코크를 마시다 사레가 들렸다. 모두들 어떻게 그러고 살았을까? 어떻게 아침에 일어나 직장에 가고, 아기를 낳고, 저녁 파티를 하고, 평면 텔레비전을 사고, 헬스클럽 회원권을 끊으면서 살았을까? 그 아래 모든 것이 얼마나 허무한데? 도무지 이해하기 힘들 만큼 끔찍하고도 완벽한 허무.

럼앤코크를 다 마시고 안으로 들어가 한 잔 더 주문할까 어쩔까 생각하고 있는데, 누군가 옆에 앉아 내 어깨에 팔을 둘렀다. 헨리크이었다. 그가 엄지손가락으로 내 뺨에 흐르는 눈물을 닦아주었다.

"왜 그렇게 항상 울어요?"

나는 복잡하고 엉망진창인 진실이 들키지 않도록 그럴듯한 대답을 생각해내려 했다.

"빌어먹을 한밤중의 태양 때문에요." 마침내 중얼거리며 말했다.

"한밤중의 태양이 싫어요?"

"완전 별로예요." 나는 서쪽이라고 짐작되는 방향으로 팔을 흔들면서 말했다. "평범하기 쯕이 없는 한낮을 쇠겠다고 이렇게 먼 곳까지 오다니, 어처구니가 없군요. 네, 뭐, 밤일지도 모르죠. 하지만 아주 평범한 그냥 한낮이던데요. 밤에 말이에요."

헨리크가 웃음을 꾹 참고 있다는 걸 알 수 있었다. 아, 정말 마음에 안 들어.

"완전 뭣 같던데요."

"아무래도 빌어먹을 트롬스달스틴덴 산에 가봐야겠는데요."

그는 흰색 성당의 배경이 되는 가장 높은 산을 가리켰다. 그리고 자신의 손목시계를 보았다.

"사실 지금은 너무 늦었지만요."

"알아요. 고마워요."

내 뒤에서 사람들이 고함지르는 소리가 들렸다.

"그런 한밤중의 태양을 보고 싶으면 빌어먹을 노르카프에 가야 한다고요."

"빌어먹을 노르카프요."

"네. 얼마나 아름다운데요. 바렌츠 해 너머로 빌어먹을 한밤중의 태양을 볼 수 있어요."

"당신 말대로 지금은 너무 늦었어요."

헨리크는 다시 한 번 시계를 보았다.

"아니에요. 노르카프에 가면 오늘 밤 지나고도 빌어먹을 한밤중의 태양을 이틀 밤 더 볼 수 있어요."

"빌어먹을 한밤중의 태양."

"사실 가려면 크니브셀로덴에 가야 해요. 노르카프에 가는 길에 위치하지만 실제로는 북쪽으로 더 가야 하지요. 이곳은 아는 사람이 많지 않아요. 맞아요, 크니브셀로덴 방향으로는 도로가 없어요. 네 시간 정도 걸어가야 해요."

"가봤어요?"

"그럼요. 그런데 안개가 짙었어요. 항상 안개가 자욱해요. 빌어먹을 안개."

"그런데 왜 자꾸 빌어먹을, 빌어먹을, 그래요?"

"영어로 욕을 배워보려고요."

나는 자리에서 일어섰다.

"엿같아. 젠장. 씨발. 조까라. 빌어먹을 재수탱이."

"엿같아. 젠장. 씨발. 조까라. 빌어먹을 재수탱이." 헨리크가 따라서 말했다.

그도 자리에서 일어섰다. 그리고 내 팔을 잡았다.

"빌어먹을 춤 출 시간이에요."

총각 파티에 온 남자들은 각성제 먹은 좀비들처럼 클럽 주변을 불안하게 휘청거리고 있었다. 헨리크는 나를 위해 럼앤코크 더블을 한 잔 더 주문하고 나를 무드장으로 끌고 갔다. 디제이는 아바를 틀었지만, 헨리크는 나를 자기 쪽으로 끌어당겨 블루스를 추었다. 나머지 사람들은 다들 잔뜩 흥분해서 뛰어다니느라 여기저기 부딪치고, 잔을 박살 내고, 걸려서 넘어지고 난리도 아니었다. 그 바람에 우리는 다행스럽게도 밖으로 쫓겨났다.

새벽 세시에 어둡고 땀 냄새나는 나이트클럽을 빠져나와, 영원히 계속될 것만 같은 북극 한낮의 밝은 햇살을 마주하는 건 정말 이상한 경험이었다. 우리는 거하게 취해서 내 승합차가 주차된 곳과 반대 방향으로 피오르를 따라 정신 나간 사람들처럼 걸었다. 헨리크는 잉글랜드의 향기가 나는 노란 장미를 꺾어 내 머리카락에 꽂아주었다. 내가 발을 헛디디자 그가 나를 붙잡고 왼팔로 내 어깨를 둘렀다.

우리는 다리 근처에 근사하게 생긴 아파트 건물 제일 위층, 펜트하

우스에 도착했다. 크누트라는 어떤 남자의 집이었다. 크누트는 곧장 주방으로 가서 200파운드를 주고 샀다는 위스키 한 병과 커피를 쟁반에 담아 가지고 왔다. 모두들 바이킹어로 크게 소리 질렀다.

"Takk takk. Tusen takk(감사 감사. 감사합니다)."

어쩌면 우리는 위스키 한 병을 다 마시기 전까지는 자기 자신에 대해 결코 제대로 알지 못할지도 모른다.

확실한 건, 그날 밤처럼 취한 적은 생전 처음이라는 거다. 우리는 한 병을 다 비우고 한 병을 더 마신 다음 또 한 병을 마시기 시작했다. 다들 인사불성이 돼서 크누트의 여러 침실에 들어가 뻗었고, 나와 헨리크만 거실에 남아 고급 가죽 소파에 나란히 앉았다. 그즈음엔 낯선 남자와 하룻밤 섹스를 즐겼는지 어쨌는지는 고사하고 내 이름조차 가물가물할 정도였다. 헨리크는 내 다리를 들어 그의 무릎에 가로 방향으로 올려놓았다. 그러고는 몸을 구부려 진한 키스를 하기 시작했고, 나 역시 내가 뭘 하고 있는지 알아차리기도 전에 그에게 키스를 퍼붓고 있었다. 그의 혀가 내 젖꼭지 쪽으로 움직이고 있을 때도 나는 그에게 하지 말라고 말하기보다 기쁨의 신음 소리를 냈고, 그가 내 청바지 지퍼를 내려 속옷하고 같이 벗긴 뒤 내 다리를 벌리고 신음 소리를 내면서 그곳에 혀를 집어넣을 때도 나는 등을 아치 모양으로 구부리며 그에게 내 몸을 밀착시켰다. 그의 몸이 다시 내 입을 향해 올라왔다. 나는 손으로 그의 청바지 버클을 더듬거렸고, 그는 내 동작을 멈추게 하고 직접 바지를 벗었다. 나는 그의 행동을 지켜보았다.

"당신은 크니브셀로덴에 가야 해." 마침내 그가 바닥에 누운 내 위로 올라오면서 말했다.

"뭐라고요?" 나는 숨을 헐떡이며 물었다.

"한밤중의 태양을 보자고 이렇게 먼 길을 여행할 수는 없어요. 그러니까 크니브셀로덴에 가지 마요."

그가 내 몸 안에 자기 몸을 밀어 넣는 바람에 나는 대꾸를 할 수가 없었다.

"빌어먹을 크니브셀르덴." 헨리크가 말했다.

14

 사람들이 깨기 전에 아파트를 나섰다. 도무지 좋은 기분이었다고는 말하기 어렵다. 하지만 더 이상 울지는 않았다. 마침내 승합차로 돌아왔을 땐 제법 술이 깬 상태라, 책을 찾아보고 오세의 지도도 들여다보며 헨리크의 말이 사실이라는 걸 확인할 수 있었다. 노르카프보다 더 위쪽에 크니브셀로덴이라는 지역이 눈에 확 띄게 표시되어 있었다. 두 지역 모두 마게뢰위아라는 섬의 끄트머리에 위치했다. 지도를 치우고 초저녁까지 눈을 붙인 뒤 일어나 피오르에서 수영을 했다. 돌아와 남은 돈을 세어보니 헨리크가 준 돈까지 합해 모두 약 3천 크로네, 그러니까 약 300파운드였다. 한참 동안 침대 위에 앉아서, 크니브셀로덴에 가는 걸 단념해야 하지 않을까 고민했다. 마침내 단념하기로 하고 진통제 몇 알을 삼킨 뒤 승합차에 시동을 걸었다. 그런 다음 노란 선글라스를 쓰고 문을 연 주유소를 찾아 주변을 돌아다녔다. 주유 탱크에 경유를 가득 채웠고, 연료통 두 개를 더 사서 그 안에도 경유를 가득 채웠다. 가는 길에 먹을 치즈 샌드위치와 큰 병으로 콜라도 샀다. 중간에 차를 세워서 눈을 붙일 시간도 없을 것 같았다. 움푹움푹 파인 구덩이가 수시로 나오는(크누트 말로는 그렇다고 했다) 1차선 도로를 이용해, 랜즈엔드에서 런던까지에 해당하는 거리를 부지런히 달려 스물네 시간 안에 도착해야 했다. 게다가 그 길에 지나치는 마을은 딱 하나뿐이었다. 과장을 보태지 않더라도 무척 불안했다.

트롬쇠의 동북쪽에 있는 핀마르크라는 지역은 크기는 덴마크보다 크지만 인구는 고작 7만 2천 명이다. 지구 상에서 가장 인구가 적은 나라들 가운데서도 면적은 제일 크고 인구는 제일 적은 지역이다. 남쪽에는 핀란드, 동쪽에는 러시아, 북쪽에는 북극해로 더 잘 알려진 바렌츠 해가 있다. 핀마르크에서 제일 동쪽에 있는 바르되라는 지역은 상트페테르부르크와 이스탄불보다 더 동쪽에 치우쳐 있다. 이곳은 위치는 유럽이지만 내 경험상 전혀 유럽 같지가 않았다. 무슨 유럽에 곰이 있고, 원주민 텐트가 있고, 커다란 뿔이 달린 순록 떼가 지나다니는지. 순록들은 길 한복판에 늠름하게 서서, 내가 슬금슬금 지나가려고 하자 나를 아주 경멸스럽다는 듯 쳐다보았다. 얀 데릭은 핀마르크에서 군 복무를 했다. 겨울엔 이곳 기온이 영하 50도까지 내려간다고 했다. 이 말을 할 때 그는 실제로 몸을 오들오들 떨었다. 트롬쇠처럼 핀마르크도 아북극 지역대의 일부로 북극권의 남쪽에 인접해 있다. 아북극 지역은 현지 기후에 따라 주로 북위 50도에서 70도 사이 지점으로 규정된다. 츠니브셀토덴은 71도에 위치했다.

조상이 사미족인 요구르트는 내가 페리에서 베르겐에 도착한 바로 그 날 통과된 법령에 대해 이야기해주었다. 핀마르크 법은 핀마르크 땅 약 95퍼센트에 해당하는 4만 6천 제곱킬로미터를 핀마르크 거주자이며 요구르트의 조상인 사미족에게 이양하고, 선출된 위원들이 관리하도록 했다. 요구르트의 말에 따르면(나처럼 그도 크누트의 비싼 위스키를 엄청나게 마셨었다) 핀가르크 법은 모든 유목민의 가슴에 살아 있어 성문화하지 않은, 국경과 권리에 대한 내용들을 공식화하기 위해 제

정되었다. 그렇지만 땅은 사람의 소유가 될 수 없다고, 요구르트는 눈을 흘기며 말했다. 사람이 땅에 속하는 거라면서.

승합차 앞 유리를 통해 밖을 응시했다. 도로는 점점 작아지고 주변 풍경은 점점 커져, 마치 어안렌즈를 통해 도로를 바라보는 기분이었다. 요구르트의 말이 무슨 뜻인지 이제 알 것 같았다. 벽이나 분계선이 아니라 단정하고 아담한 산울타리에 의해 구역이 나누어져 있었다. 이곳은 다른 형태의 땅이었다.

E6 고속도로는 트롬쇠로 향하는 도로와 연결되는 노르드쇠스보튼이라는 지역을 지나 북쪽의 피오르 해안 가장자리로 이어지다가 마침내 알타라는 마을에 다다른다. 아직 탱크에는 경유가 반도 더 남았지만 알타에서 잠시 멈추어 경유를 채웠다. 지도상으로는 이 마을이 러시아 방향에 있는 거의 유일한 마을 같았다.

도로는 알타를 지나 지대 전체가 수목한계선을 훌쩍 넘는 핀마르크 고원이라는 고원 너머 동쪽으로 향했다. 낮이 지나 밤이 되었다. 물론 아주 미세한 색채의 변화에 익숙하지 않으면 결코 알아차리지 못할 것이다. 나는 한 6천 년은 늙은 기분이었다. 어쩌면 아예 존재하지도 않았거나. 나와 비교할 만한 대상이 아무것도 없었다. 정착지도, 차량도, 사람도, 나무도 없었다. 나를 줄곧 앞으로 이동하게 하는 도로가 전부였다. 덜컹거리며 황무지를 지나가는 샛노란 승합차와 나만 지상에 존재하는 것 같았다.

아침이 되어서야 E6 도로를 빠져나와 E69 도로에 접어들었다. 작은 만들과 포르상게르 피오르의 유입구들을 따라 다시 북쪽을 향해 이동하기 시작했다. 중간에 잠시 멈추어 커피를 만들고 얼음처럼 차가운 물에 세수를 했다. 집집마다 유목으로 직접 만든 시렁 위에 베어놓은 풀들을 널어 말렸다. 알록달록한 옷을 입은 할머니들이 가대식 테이블에 순록 가죽을 놓고 팔았는데, 이따금 반대 차선에 사람을 가득 태운 하이머 캠핑카가 지나가면 가죽을 들고 길을 건너서 사람들에게 가죽을 보여주었다.

매표소 남자가 마게릭위아 섬으로 건너려면 300크로네를 내라고 했다. 남자는 이제는 낡은 페리로 이동하지 않고 허저 2킬로미터까지 내려가는 노르웨이에서 가장 깊은 터널을 지난다고 말했다.

"2킬로미터요?"

"네."

나는 바다 밑으로 고꾸라지듯 내려갔다가 한참을 걸려 다시 올라와 살아서 터널을 빠져나왔다. 터널은 회색이었고, 터널 끝에서는 아무런 빛도 보이지 않았다. 빛은커녕 마침내 섬 위로 나왔을 땐 안개가 어찌나 짙던지, 코앞에 손가락을 갖다 대도 보이지 않을 정도였다. 매표소 남자는 크니브셸로덴으로 가는 등산로 초입에 주차장이 있다고 말했다. 나는 시속 30마일로 거의 기다시피 섬을 돌았는데도 주차장을 찾지 못해, 결국 노르카프까지 왔다가 다른 매표소 직원을 피해 지그재그로 차를 돌려야 했다. 어쩐지 이 직원이 판매하는 티켓에 심란하게도 랜즈엔드형이라는 글자가 찍혀 있을 것만 같았다. 드디어 주차장을 찾았다. 세상에, 이곳이 주차장이라고 누가 상상이나 할 수 있을까. 우선 차가 한 대도 없었고, 공터 한 귀퉁이 손바닥만 한 자리에 자갈이 살짝 깔린 게 전부였는데, 그나마도 안개 때문에 거의 보이지 않았다. 설마 이런 곳이 주차장일 리가 없을 거라고 생각하며 희망을 걸어보았다. 일단 승합차 밖으로 나와 내 다리가 여전히 잘 움직이는지 점검한 다음 나무 스탠드 위에 세워진 작은 안내판까지 절름거리며 걸었다. 이곳이 주차장 맞았다.

안내판은 인간이 언제부터 마게뢰위아 섬에 살기 시작했는지 알려주었다. 바이킹 영웅 전설에 이 섬이 언급되어 있다고 하지만, 아무래도 이 섬은 사람보다는 큰부리바다오리나 그 밖에 바닷새들의 서식지로 훨씬 두드러진 특징을 이루는 것 같다. 해안 지대는 척박하고 바람이 강하게 분다. 내륙은 호수, 습지, 버드나무 관목으로 이루어진 툰드라 지대다. 학교 지리 시간에 툰드라 지역에 대해 배운 기억이 났다. 내 기억에 툰드라는 빙하와 황량함과 관련이 있었다. 주차장과 한밤중의 태양 사이에는 수많은 툰드라 지대가 있는 것 같았다.

길을 표시하기 위해 높이 쌓은 돌무더기들이 있었다. 그런데 안개가 너무 짙은 바람에 유감스럽게도 이미 다 올라와서야 돌무더기를 알아보았다. 약간의 먹을 것과 물, 여벌의 점퍼를 넣은 작은 배낭을 가지고 왔다. 신발이 전문 등산화가 아니어서, 습지에 서 있으니 금세 흠뻑 젖고 진흙이 줄줄 새어 나왔다.

노르카프로 가는 길은 여름에는 사람의 통행이 잦아 잘 다져져 있다. 크니브셀로덴으로 가는 길도 그럴 테지만, 8월이 되려면 아직 며칠 남았는데도 여름이 완전히 끝나버렸다. 철저히 혼자인 것 같았다. 내 장례식을 상상해봤다. 사망 원인은 3주간의 북극권 도보여행으로 인한 저체온증과 정신이상. 시체는 비행기에 실려 브로드샌즈로 돌아가겠지. 글쎄, 보험을 들어놓지 않아서 과연 그럴 수 있을지 확신할 순 없다. 아마 벤과 잭이 돈을 모으지 않을까. 서핑을 하는 예쁘고 자그마한 여자 혼자 투덜투덜 난리를 피울 테고, 그러면 잭은 내가 아무한테도 행선지를 말하지 않은 건 어쨌든 내 잘못이라고 말하겠지. 아 참, 종이에 행선지를 적어서 승합차 앞 유리에 붙여놓기라도 할걸. 그래야 2주가 지나도록 차가 여전히 그 자리에 있으면, 어디로 가야 나를 찾을 수 있을지 사람들이 짐작할 수 있을 테니까. 안개 때문에 점점 괴로웠다. 안개와, 내가 스물네 시간 동안 한숨도 못 잤다는 사실과, 이틀 전 크누트의 아파트에서 나온 후로 매표소 남자를 제외하면 아무하고도 말 한 마디 하지 않았다는 사실 때문에.

마침내 바다에 도착했다. 바다를 볼 수는 없었지만, 소리를 들을 수 있고 냄새를 맡을 수 있었다. 전봇대처럼 생긴 것으로 온통 뒤덮인 바위로 이루어진 해변에 와 있다는 걸 알고 나니 안심이 되었다. 해변은 약간 가파른 비탈의 기슭에 있었다. 아래로 내려가다가 넘어지는 바람에 기슭의 바위 위로 세게 굴러떨어졌다. 조심조심 몸을 일으켜 세웠다. 지금 다리나 부러질 때가 아니었다. 바위와 전봇대를 지나 해변 저쪽의 곶으로 신중하게 걸음을 옮겼다. 촘촘하게 자란 풀들을 한 움큼 붙잡아가며 그리로 몸을 이끌다가, 3미터 정도 떨어진 위치에 나무토막에 끼운 깃대 모양의 무언가가 있는 쪽으로 향했다. 나무토막에 못질을 해서 금색 명판을 고정했다.

명판에는 이렇게 표시되어 있었다. "크니브셸로덴, 북위 71도."

나는 이제 유럽 본토 최북단에 와 있었다.

15

곶의 맨 위로 올라갔다. 초현실적인 분위기가 느껴졌다. 커다란 뿔이 달린 순록이 아주 어린 새끼들을 데리고 안개 밖으로 서서히 모습을 드러냈다. 순록의 새끼들은 수세기 동안 크니브셀로덴으로 도보여행을 한 모든 사람들이 돌무더기로 자신의 존재를 표시하지 않으면 안 될 것처럼 신중하게 쌓아올린 셀 수 없이 많은 돌탑 사이로 조심조심 걸음을 옮기면서 눈을 휘둥그레 뜨고 나를 빤히 쳐다보았다. 나라고 예외는 아니었다. 나는 무릎을 꿇고 바닥에서 돌멩이 몇 개를 골라 조심스럽게 내 돌탑을 쌓았다. 어쩐지 그래야 할 것 같았다. 돌을 다 쌓고 자리에서 일어섰을 때 안개가 서서히 걷히기 시작했다. 수평선이 나타났다 사라졌다 하면서 윤곽을 드러냈다. 나는 그 자리에 서서 안개가 완전히 걷힐 때까지 수평선을 바라보았고 그리하여 드디어 해를 볼 수 있었다.

안개가 걷힌 이 모든 풍경을 생생하게 묘사할 수 있다면 좋으련만. 어디를 둘러보아도 진부한 구석은 없었지만, 아무리 머리를 짜내도 진부한 표현 외에는 도무지 떠오르는 말이 없었다. 바다는 지면에 바싹 밀착되어 숨을 죽인 듯 고요하고 평평했다. 수평선은 여느 수평선과 다름없이 황금색 띠 같았고, 바로 위에 펼쳐진 하늘은 여느 해 질 녘의 하늘과 다름없이 짙고 어두운 붉은 색이었다. 그러나 같은 하늘이지만 다른 쪽은 마치 동이 틀 무렵처럼 분홍색이 섞인 연한 푸른색을 띠었다. 오랫동안 꿈꾸어온 곳 노르카프는 내가 상상했던 모습과 조금도 비슷하지 않았다. 오히려 북극을 향해 힘차게 전진하는 거대하고 붉은 악어와 닮았다. 하늘에 무수한 별이 흩뿌려지지는 않았지만, 태양은 무대 위를 떠나고 싶지 않은 팬터마임 배우처럼 연신 고개를 까딱이며 수평선 주의에서 부지런히 흔들리고 있었다. 하지만 태양은 무대를 떠나지 않았다. 대신 실오라기처럼 가늘던 금색 띠가 다시 넓어졌고 태양이 내 눈앞에서 솟아오르기 시작했다. 새들은 내 뒤에서 열창을 불렀고 하늘은 다시 환하게 날을 밝혔다. 해가 지자마자 신선하고 새롭고 완벽한 낮이 짠하고 나타난 것이다.

젖은 풀 위에 누워 상상 속에서나 볼 수 있을 분홍색 솜털 구름을 바라보았다. 한순간, 생전 처음 느껴보는 어떤 감각에 사로잡혔다. 마치 긴 재즈 솔로가 끝나갈 무렵 같달까. 잠시 드럼 소리가 끊길 때, 사람들은 문득 소리가 다시 시작되리라는 걸 알고 있듯. 땅에 귀를 대고 순록이 우적우적 풀을 씹는 소리를 들었다. 잠시 후 일어나 앉아 잔잔한 바다의 나직한 속삭임을 들었다. 그리고 언젠가 한번 듣고는 무척이나 아름다워 머릿속에 간직해둔 카프카 소설의 한 구절을 나도 모르게 중얼거리고 있었다. 오랫동안 차분하고 고요히 홀로 있을 때 비로소 세상을 제대로 보게 되므로, 차분하고 고요히 홀로 있는 법을 배워야 한다는 내용이었다. '선택할 여지가 없다. 황홀경 속에서 세상이 그대 발아래로 굴러들어올 테니.'

그러고는 땅으로 얼굴을 돌리고 울었다. 마침내 해냈다. 한밤중의 태양은 과연 사람들 말처럼 굉장했다. 하지만 그렇다고 앤드루가 살아 돌아오는 건 아니었다. 앤드루는 영원히 돌아오지 못할 것이다. 내가 정말로 노르카프까지 버스킹을 했다는 걸 그는 결코 알지 못할 것이다. 얀 에릭과 헨리크에 대해서도, 도브레페르 산 한가운데에서 경유가 바닥나는 아찔한 경험에 대해서도 결코 알지 못할 것이다. 그리고 나는 집에 가고 싶어서 울었다. 잭이 내 오두막에서 서핑을 하는 예쁘고 자그마한 여자와 섹스를 해서 울었고, 삶이 아름다워서 울었다. 이 삶이 언젠가는 나를, 그리고 내가 사랑하는 모든 이들을 죽음으로 몰아가리라는 걸 알아서 울었고, 한번 움직이면 멈추지도 내려주지도 않는 무서운 롤러코스터 같아서 울었다. 그리고 사람이 한번 죽고 나면, 그들을 대신해 그들의 황당한 꿈을 골백번 실현한다 해도 결코 돌아오지 않기에 울었다.

결코.

다시는.

바로 내 옆에 있는 것처럼 그의 목소리를 똑똑히 들을 수 있다 해도.

"안녕?"

나는 크게 흐느꼈다.

"안녕?" 목소리가 또다시 들렸다.

나는 일어섰다.

"안녕?" 목소리가 다시 한 번 들렸다. 다만, 이번엔 더 이상 앤드루의 목소리 같지가 않았다. 아마도 2피트쯤 떨어진 곳에서 카메라를 들고 서 있는 저 아가씨가 목소리의 주인공일 듯싶었다.

"미안. 놀라게 하려는 건 아니었어. 나는 한나라고 해."

싸구려 일회용 면도기로 거울도 없이 혼자 밀어버린 것 같은 머리 모양만 아니면 한나는 제법 멀쩡해 보였다. 나만 한 키에 아마 나보다 약간 마른 듯했고, 예쁜 얼굴은 노란빛을 띤 갈색의 커다란 눈동자로 아름다워 보였다. 나처럼 한나도 청바지에 운동복 상의를 입고 작은 배낭을 멨다. 그러나 한나는 결코 평범하지 않았다. 한나는 일생에 한 번 만날까 말까 한 사람이었다. 보통 사람들과는 달라도 너무 달라서 혹시 내가 지어낸 인물이라고 생각할지도 모르겠다. 하지만 맹세코 그건 절대로 아니다.

한나를 특별하게 만드는 한 가지 요소는, 그녀가 보되 북쪽과 트롬쇠 남쪽에 있는 제도인 로포텐 출신이라는 사실이다. 나는 노르웨이에서는 물론이고 잉글랜드를 떠나기 전에도 로포텐에 관한 소문을 들은 적이 있었다. 이탈리아의 시칠리아 섬처럼, 로포텐 제도도 실제로 사람이 태어나리라 기대할 수 있는 곳이 아니었다.

"지금은 런던에서 살아."

한나는 한 손으로 카메라를 들어 보이며 말했다. 무겁고 꽤 비싸 보이는 카메라였다. 다른 한 손에는 접힌 삼각대를 들고 있었다.

"난 사진가야. 크니브셸로덴에 사진 찍으러 왔어. 한밤중의 태양을 찍으라는 의뢰를 받았거든."

한나를 특별하게 만드는 다른 요소들은 그녀에게 열두 명의 형제와 자매가 있다는 것과, 명상을 아주아주 열심히 해서 진짜로 득도Satori의 경지에 올랐다는 것이다(나는 '득도'라는 말을 잭에게 듣고 알았다. 잭은 득도하길 간절히 원했다). 그러니까 한나는 깨달음을 얻은 사람이라는 거다. 진짜로 깨달음을 얻은 존재. 그래서 그런지 모르겠지만, 한나의 주변에 있으면 환각제가 없어도 두려움이 싹 사라지면서 어쩐지 환각제에 취한 것 같은 기분이 들었다.

아, 물론 내가 좀 과장해서 말하는 거긴 하다.

아무튼 반경 수 마일 내로 사람이라고는 우리 둘뿐이라, 우리는 함께 툰드라 지대로 되돌아갔다. 이번에는 제대로 볼 수 있었다. 맑고 푸른 호수, 황새풀, 가늘고 긴 나뭇가지에 필사적으로 매달려 바람에 마구 흔들리는 작고 흰 깃털 같은 꽃들을. 이 모든 근사한 풍경을.

한나는 무거운 카메라를 뒷주머니에 밀어 넣고, 삼각대는 어깨에 걸쳐 가느다란 한 손으로 대충 잡고서 빠른 걸음으로 걸었다. 처음엔 한나도 나도 별로 말이 없었다. 우리는 두 시간쯤 걸은 뒤, 물도 마실 겸 잠시 쉬기 위해 돌탑들이 늘어선 곳에서 멈추었다. 한나는 나에게 왜 울고 있었느냐고 물었다. 헨리크도 똑같이 물었지만 그에게는 솔직하게 대답하지 않았다. 아마 그가 나를 이해하지 못할 거라고 생각했던 것 같다. 아니면 그를 믿지 못했거나. 한나를 특별하게 만드는 또 다른 요소는 내가 그녀를 전적으로 신뢰했다는 사실이다. 그래 봐야 한나를 안 지 고작 두 시간밖에 안 되었는데 말이다. 아니, 어쩌면 몇 주일 내내 입 한번 뻥긋하지 못하고 지냈기 때문에, 누구와 말을 한다는 것만으로도 위안이 되었는지 모른다.

어떤 이유에서든, 일단 입을 열기 시작하자 도무지 멈출 수가 없을 것 같았다.

한나에게 앤드루와 그의 어이없는 죽음에 대해 이야기했다. 그의 죽음에 대해 생각하고 있자니 현기증이 났다, 그래서 앤드루 대신 한밤중의 태양을 보기 위해 버스킹을 하면 좀 나아질까 싶었지만 그렇지도 않더라, 나아지기는커녕 오히려 상황만 더 꼬였다고 이야기했다. 잭에 대해서도 이야기했다. 잭이 자주 오르던 절벽이 있는데, 나도 같이 로프를 매고 산을 오르려고 해보았지만 너무 무서워서 번번이 그만두었다, 그를 따라 허변에 가서 그가 서핑하는 모습을 몇 시간이고 바라보며 앉아 있었다, 그러면서도 서핑을 해봐야겠다는 생각은 한 번도 한 적이 없었는데, 서핑을 하는 예쁘고 자그마한 애인이 생겼다는 말을 들으니 생각이 달라졌다, 하지만 그래 봐야 무슨 소용이 있느냐, 어차피 파도고 뭐고 전부 너무 무서운데. 트롬쇠 북쪽에서 몇 주일 동안 버스킹을 했는데 처음엔 아주 끔찍했다는 이야기도 했다. 헨리크와 술에 취해 같이 자버린 이야기도 했고, 그 바람에 여기까지 와서 이렇게 한나와 툰드라를 하이킹하게 됐다고 말했다. 하이킹이 끝나면 함께 주차장으로 가자, 평생 이렇게 피곤한 적은 처음이라 내 승합차에 좀 기대고 싶다, 얼마나 걸었는지 다리에 힘이 완전히 풀려버렸다고 말했다. 이제 한밤중의 태양도 봤겠다 할 일이 모두 끝나버려, 남은 평생을 도대체 뭘 하면서 지내야 할지 모르겠다는 말도 했다. 한나는 그저 어깨에서 배낭을 내려놓고 미소를 지으며 말했다. "아마 이제 정신 좀 차리겠지."

16

    우리가 함께 보낸 짧은 시간 동안 한나가 하게 될 이야기는 별별 희한한 일들 가운데 첫 번째였다. 나는 그 이야기들을 완벽하게 기억할 수 있고 지금도 종종 곱씹어본다. 재미있는 사실은 그 모든 이야기가 시간이 지날수록 더욱 의미를 지니는 것 같다는 점이다. 그 이야기들이 한나가 내 머리에 심은 씨앗이라면, 그 씨앗은 지금도 계속해서 자라고 있다. 어쩌면 그녀가 의도한 바가 아니었을까.

    한나는 알타에서 만난 어느 덴마크 교장 선생님의 오토바이 뒷좌석을 얻어 타고 노르카프까지 왔다. 그런 다음 나를 만나 내 차로 핀란드까지 갔다. 나는 상관없었다. 알타에서 서쪽으로 간 다음 남쪽으로 가는 대신 남쪽으로 간 다음 서쪽으로 가면 되니까. 한나는 팔라스-윌래스툰투리라고 하는 장소로 갈 계획이었다. 이곳은 핀란드 라플란드 Lapland(노르웨이 북부, 스웨덴 북부, 핀란드 북부와 러시아 콜라 반도에 걸친 지역으로 북극권에 속한다)에서 세 번째로 큰 국립공원이라고 알려주었다. 한나의 말에 따르면 핀란드 라플란드는 스코틀랜드와 웨일스를 합친 것보다 컸다. 그녀는 이곳을 마지막 남은 유럽 최고의 황무지라고 불렀다.

    차를 운전해가기는 쉬웠다. 도로는 한산했고 한나가 길을 알았다. 갈림길도 많지 않았다. 주로 북쪽 아니면 남쪽, 이따금 동쪽 아니면 서쪽으로 길이 났다.

"나침반이 있어야 해." 한나가 말했다. "스칸디나비아에서는 지도가 필요 없어. 나침반만 있으면 돼."

한나는 카세트테이프 플레이어에서 마음대로 음악을 선곡했다. 취향이 꽤나 까다로워서, 쿠드러운 재즈 클래식 테이프를 꺼낸 뒤 테이프 세 개를 되감기를 한 끝에 마침내 자기가 좋아하는 곡을 발견했다. 쉰 듯한 목소리로 스페인어로 부르는 옛날 느낌의 노래였다. 처음에 근사한 바이올린 솔로로 시작하다가 중독성 있는 라틴 리듬이 이어졌다. 한나가 〈트루카 마니과〉라는 제목의 옛날 쿠바 노래라고 알려주었다. 한나는 가사를 전부 외우는지 노래를 따라 불렀다. 나도 따라서 불러보았지만 내 스페인어 발음은 엉망이었고 가사가 무슨 뜻인지 전혀 알지 못했다. 한나는 나에게 가사를 설명해주려고 했다. 산으로 들어가 해답을 찾겠다는 내용이라고 했다. 우리는 자유로워지는 법을 알려달라고 산에게 청하는 노래를 부르며 산으로 향했다.

산들이여, 자유로 가는 길을 찾게 해주오.

내맡김에 대한 내용이었다.

한나는 우리가 듣고 있는 버전은 부에나 비스타 소셜 클럽의 이브라힘 페레르가 부르는 것이지만, 사실 이 노래는 그보다 훨씬 오래되었다고 말했다. 아르세니오 로드리게스라는 맹인이 1930년대에 만든 곡이었다. 아마도 잭이 가지고 있을 만한 앨범은 아니었다.

"좋다."

"첼로로 연주하는 법을 익혀 봐."

나는 이만 운전을 멈추고 자야 했고 한나도 잠을 잤다. 한나는 승합차 밑에 자신의 침낭을 깔고 그 안에 들어가 잤다. 내 침대에서 같이 자자고 말했지만 거절을 해서 더는 이 일로 옥신각신하지 않았다.

"난 밖이 더 편해."

나는 한나는 늘 밖에 있는 걸 더 좋아하는 게 아닐까 하는 생각이 들었다.

우리는 지도에 에논테키외라고 표시된 마을로 향했다. 국립공원 한가운데에 위치하는데 한나는 이곳을 헤타라고 불렀다. 이곳에 한나가 원하는 하이킹 코스가 있었다. 길은 팔라스라는 또 다른 마을에서 시작했다. 팔라스는 60킬로미터 떨어져 있었고 헤타보다 훨씬 작았다. 산 하나를 가로질러 오우나스야르비라는 거대한 호수 반대편에서 끝났다. 한나가 펠-라플란드 자연센터라는 어떤 건물 주차장에서 잠시 차를 세우고 쉬자고 말했다. 나무 사이로 반짝이는 호수를 볼 수 있었다. 마치 소름이 돋은 것처럼 숲 위로 불쑥불쑥 튀어 오른 헐벗은 자주색 언덕 꼭대기도 보았다. 한나는 이 숲이 원시림이라고 했다. 그녀는 주차장에 무릎을 꿇고 앉아 방금 헤타의 딱 하나뿐인 상점에서 사 온 음식을 넣으며 배낭을 다시 꾸리고 있었다. 그러고는 일어나서 말했다.

"같이 가지 않을래?"

"하이킹을?"

"응. 사흘이면 돼. 라플란드의 나무 오두막에서 잘 수 있어. 얼마나 근사한데."

별로 근사할 것 같지 않았다. 근사하기는커녕 정신 나간 짓 같기도 했고 심지어 위험하다는 생각도 들었다. 한나가 남자였다면 같이 갈 일은 절대로 없었을 거다. 하지만 그녀는 남자가 아니었고 무엇보다 한나였다.

"남은 평생을 이제 뭘 하면서 보낼지 모르겠다며. 이렇게 시작해보는 건 어때?"

도무지 싫다는 말을 할 수가 없었다.

나는 우리가 하이킹을 마치고 마침내 헤타에 무사히 돌아올 때, 내 승합차가 이 자리에서 우리를 기다리고 있길 원했다. 그래서 자연센터에 승합차를 주차해 놓고 그 마을 어부 몇 명과 함께 팔라스까지 차를 얻어 탔다. 팔라스까지는 약 한 시간이 걸렸다. 타이바스케로라고 하는 첫 번째 봉우리까지는 한 시간이 더 걸렸다. 나는 땀이 났다. 반면 한나는 두 눈 위에 오이 팩을 사뿐히 올려놓은 채 열두 시간을 푹 자고 방금 일어난 사람처럼 보송보송해 보였다. 리스마쿠라는 첫 번째 오두막에 도착할 두렵엔 얼른 앉아서 쉬고 싶은 마음이 간절했다. 오두막은 육각형 모양의 라플란드 식으로, 중앙에 난로가 있고 그 옆에 통나무 한 묶음이 놓여 있으며 지붕에는 연기가 빠져나가도록 구멍이 뚫려 있었다. 벽 주변에는 앉거나 잠을 잘 수 있도록 나무로 만든 벤치가 놓여 있었다. 100미터쯤 떨어진 곳에 다실 수 있는 지하수를 끌어올리는 수동 펌프가 있었다. 한나는 도끼를 찾아 통나무 하나를 쪼갠 뒤 불을 붙여 난로에 불을 피우기 시작했다. 나는 둘을 길어 냄비에 붓고 난로 위에 올려 끓였다.

그런 다음 문 앞 계단에 앉아 사방으로 펼쳐진 드넓은 지대를 바라보았다. 한나는 오두막 안 나무 바닥에 책상다리를 하고서 아주 고요하게 앉아 있었다. 내가 들어갔는데도 움직이지 않아서, 나는 다시 나와 문 앞 계단에 앉았다. 광활한 황무지 풍경이 핀마르크를 연상시켰다. 안전한 도로 위를 달릴 때 자동차 앞 유리를 통해 핀마르크를 보았다. 하지만 지금 앞 유리 같은 건 없었다. 나는 오롯이 풍경 안에 있었다. 풍경 안에 흡수되었다. 어디 갈 곳도 없었다.

마침내 한나가 밖으로 나와 계단의 내 옆자리에 앉았다.

"그런 거 자주 해?" 내가 물었다.

"응."

"힘들지 않아?"

"안 힘들어."

"힘들어 보이던데. 꼼짝도 않고 앉아있었잖아."

"그냥 앉아있으면 돼."

"왜 그러는 건데?"

"도움이 되니까."

"무슨 도움?"

"뭐든지."

"얼마나 그러고 있어야 하는 건데?"

"고작 20분이었는걸 뭐. 하지만 3년 동안은 매일 다섯 시간씩 앉아 있었어. 그때 도를 좀 닦았지."

"다섯 시간이라고? 지루하지 않았어?"

"아주 흥미진진했어."

"어떤 면에서?"

"상황을 실제로 있는 그대로 봤거든."

"상황이 실제로 어떤데?"

"원하면 가르쳐줄게."

"어떻게?"

"눈을 감아봐."

처음엔 아무 일도 일어나지 않았다. 온갖 생각들이 머릿속을 미친 듯이 날뛰는 것만 제외하면. 생각들은 유리에 머리를 부딪쳐가며 어항 속을 획획 돌진하는 물고기 같았다. 하지만 나는 계속 눈을 감고 있었고, 무언가가 일어나길 기다리고 있었으며, 어느새 호흡을 알아차리게 되었다. 가슴이 오르내렸고 심장이 꾸준히 뛰고 있었다. 호흡을 알아차리자 호흡이 느려졌고, 그렇게 발광하듯 내달리던 물고기들이 동작을 멈추었다. 두 다리의 피로와 더 이상 배낭을 메지 않아 무척 가뿐해진 양어깨가 느껴졌다. 사실 이런 걸 생각할 여유가 생겨서 기분이 굉장히 좋았다. 아마 여태 살면서 가장 편안한 기분인 것 같았다. 육체적으로 진이 다 빠지는 동시에 온몸에 엔도르핀이 마구 샘솟는 느낌이랄까, 뭐 그런 묘한 기분이었다. 검은가슴물떼새의 일종인 카프스타린타의 노랫소리가 들렸다. 지금까지 들어본 새소리 가운데 가장 잊히지 않는 소리였다. 음악 소리보다 아름다웠다. 사실 음악 소리가 맞았다. 산에서 흐르는 물소리, 그 배경이 되어주는 침묵의 소리, 바람 소리, 모두가 음악 소리였다. 이 모든 것이 내 팔의 털들을 쭈뼛 서게 할 만큼 거대한 음악 작품의 일부였다. 아니, 적어도 무언가가 내 팔의 털들을 쭈뼛 서게 하고 있었다. 온기와 평화, 그리고 생전 처음 느껴보는 무언가가 내 안에서 가득 흘러넘치는 기분이었다. 확신, 같은 것이었을까. 신뢰. 모든 일이 잘될 거라는 믿음에 조금의 의심이 없었다. 사실 이미 다 잘 돌아가고 있었다. 그리고 나도 만족스러웠다. 단지 머리로 그걸 몰랐을 뿐이었다. 하지만 내 몸은 알고 있었다. 뼛속에서, 피부 아래에서, 가슴과 머릿속에서. 마치 열기처럼, 발끝에서 머리끝까지 내 안에 곧바로 온기가 퍼지고 있었다. 실은 이 따뜻한 느낌이 어찌나 강렬하던지 덜컥 겁이 날 정도였다. 눈을 떴다. 마치 헨리크의 선글라스를 썼을 때처럼 모든 것이 달라 보였다.

"느꼈어?"

"네가 뭘 어떻게 한 거야?" 내가 물었다. 목소리가 아주 이상하게 나왔다.

"내가 널 빛으로 감쌌지." 한나는 세상에서 가장 평범한 일을 했다는 듯 말했다.

17

"잘 견디지 못하는 사람도 있어." 우리가 오두막 바닥에 앉아 접시에 덜지도 않고 냄비째 파스타를 나누어 먹을 때 한나가 말했다. "에너지가 엄청나거든."

"그런 사람은 어떻게 되는데?"

"어떤 여자는 오줌을 쌌어. 내 소파에다가."

"정말?"

"정말. 스스로도 되게 당황해했지."

"당연히 그랬겠지."

"그러고는 다시 오지 않았어."

"자주 그렇지 해? 사람들을 빛으로 감싸는 거 말이야."

"아니."

"그럼 난 왜 해준 거야?"

"네가 때마침 그 자리에 있어서 그랬겠지."

나는 포크를 내려놓고 쪼그리고 앉았다. "그런데 머리는 왜 그렇게 깎은 거야?"

"말하면 웃을 거지."

"안 웃을 게."

"보살들은 못생겨야 된다고 생각했어."

잭이 보살인지 뭔지 언급하는 걸 들은 적이 있는데, 도대체 무슨 말인지 도통 이해할 수가 없었다. 잭 자신도 그랬을 거다. 아마도 그는 잭 케루악의 《달마 행자들*The Dharma Bums*》에서 보살이라는 개념을 알게 됐던 것 같다.

"보살이 정확히 무슨 뜻이야?"

"모든 살아 있는 존재에 대해 완벽한 깨달음을 얻기 위해 노력하는 사람." 한나는 아주 사무적으로 대답했다.

"넌 보살이야?"

"아마도."

"3년 동안 매일 다섯 시간씩 명상하기로 결심한 이유가 뭐야?"

"넌 잉글랜드에서 크니브셀로덴까지 온 이유가 뭔데?"

"말했잖아. 마음이 힘들었다고."

"나도 그랬어."

"남자 때문에?"

어쩌 상상이 안 되었다. 한나는 보면 볼수록 아름다워 보였다. 뭐랄까, 오목조목 합해놓은 것보다 전체적인 분위기가 더 아름답다고 할까. 이목구비도 예쁘고 몸매도 날씬하고 우아하지만 그게 전부가 아니었다. 한나에게는 가능한 한 가까이 있고 싶게 만드는 뭔가가 있었는데, 곁에 있으면 기분이 정말 좋아졌기 때문이다. 한나가 난로를 열어 통나무 하나를 더 집어넣었다. 그러면서 통나무는 공원 관리자들이 운반하며, 그들은 세금을 통해 월급을 받는다고 말했다.

"남자가 해답은 아니었어." 한나가 난로를 닫으며 말했다. "옷이나 돈도 해답이 아니었지. 내 근사한 아파트도, 내 값비싼 보석도, 나를 행복하게 해줄 거라고 믿었던 모든 것들도 마찬가지였어."

"남자가 해답이면 어쩌려고?"

"남자는 해답이 아니야." 한나가 말했다.

다음 날 우리가 가야 할 길은 약 20킬로미터 정도로 그렇게 먼 거리는 아니었지만, 산악 지형인 데다 길이 험해서 한나는 휴식 시간을 오래 가지려고 하지 않았다. 우리는 대체로 말없이 걸었다. 간혹 한나가 주변 풍경에 대해 알고 있는 내용을 말해주곤 했다. 나무의 이름이라든가, 가까이에서 보면 꼭 닭처럼 생긴 카푸스타린타 같은 새의 이름을 말해주었고, 머스케그$_{muskeg}$(겨울에는 결빙되는 수프 같은 농도의 일종의 습지)의 깊이가 30미터 정도라 자칫하면 익사할 수 있으므로 계곡에서는 반드시 끝을 따라가야 한다고 알려주었다. 진흙 밖으로 불쑥불쑥 튀어나온 뼈들이 그 증거였는데 다행히 사람 뼈는 아니었다. 수령이 아주 오래된 나무들, 유령을 빚은 조각품처럼 생긴 가지들이 어둠 속에서 스윽 튀어나와 길쭉한 끄트머리에 눈이 찔리곤 했다.

마침내 두 번째 대피소에 도착했을 때 나는 벤치에 뻗어버렸다. 한나는 불을 지피고, 난로에 불을 붙이고, 밖에 나가 물을 길어 오고, 냄비를 불에 올려 물을 끓였다.

"대체 어디에서 그런 힘이 나오는 거야?"

한나는 난로 옆에 두릎을 꿇고 앉아 칼로 무언가를 썰고 있었다.

"난 생각을 안 하잖아." 한나가 말했다. "넌 늘 생각을 하고 있어. 널 보면 늘 이런저런 일을 생각하느라 미간을 잔뜩 찌푸린 채 고개를 푹 수그리고 네 발만 쳐다보고 있더라. 마치 바깥보다 네 머릿속에 더 좋은 게 들어 있는 것처럼 말이야."

한나는 나에게 다가와 내 얼굴 앞에 칼을 들이댔다. 칼날 끝에 쭈글쭈글한 가죽 쪼가리가 붙어 있었다.

"이거나 먹어!"

한입 베어 물었더니 구역질이 났다. "야, 대체 이게 뭐야?"

"순록."

"윽, 징그러."

"그건 네 생각이지. 그나저나 무슨 생각을 그렇게 하는 거야?"

"사랑과 죽음. 그리고 그것들이 얼마나 거지 같은지."

한나가 웃음을 터뜨렸다. "사랑은 거지 같지 않아."

"사랑은 가고 나면 거지 같아. 끝나고 나면 완전 쓰레기 같다고."

"사랑은 에너지야. 절대로 끝날 수 없어."

"무슨 근거로 그런 말을 하는 거야?"

보나 마나 한나는 한 번도 사랑을 해본 적이 없는 게 분명했다.

"어느 곳에 가든 차고 넘치게 많은 사랑을 발견할 수 있어. 사람들은 늘 너를 사랑하기 위해 기다리고 있지. 예를 들면, 세상은 아름다운 남자들로 가득 차 있어. 누군가 네 삶에서 나왔다면 이후엔 반드시 다른 사람이 그 자리를 차지하게 돼. 네가 떠난 사람을 향해 자꾸만 뒤를 돌아보느라 미처 깨닫지 못할 뿐이지."

"정말 그렇게 믿어?"

"늘 경험하는걸."

"너야 예쁘니까 그렇지. 넌 나보다 훨씬 예쁘잖아."

"더 좋다 나쁘다의 문제가 아니야. 그냥 다를 뿐이지. 예를 들면, 나는 직업이 있어. 그래서 런던으로 돌아가야 해. 하지만 넌 자유롭잖아."

"내가?"

"물론이야."

셋째 날 저녁, 우리는 하누쿠루에 도착했다. 하누쿠루는 한나가 처음부터 하이킹하려는 이유였다. 사우나가 있었기 때문이다. 그냥 흔한 옛날 사우나가 아니었다. 사우나를 발명한 나라, 핀란드에서도 제일 오래되고 제일 유명한 사우나였다.

핀란드는 우리에게 '사우나'라는 말을 남겼고, 이후로 우리는 미지근한 풀장이 딸린 레저 센터와 수영복과 가짜 모조 석탄으로 이 단어를 남용해왔다. 핀란드 사우나의 첫 번째 규칙은 수영복을 입지 않는 것이다. 옷을 모두 벗어야 한다. 두 번째 규칙은 이러다 정말 산 채로 삶기겠구나, 싶은 생각이 들 정도로 아주 뜨거워야 한다. 땀구멍이 하나하나 열려서 땀이 체내 구석구석을 씻어내 피하에 쌓인 모든 썩은 물질을 내보낸다는 느낌이 들 정도로 아주 뜨거워야 한다. 세 번째 규칙은 눈이 녹아 만들어진 얼어붙은 호수를 냉탕으로 해야 하고 그 주변은 언덕으로 둘러싸여야 한다. 그리고 한 사나흘 씻지도 옷을 갈아입지도 못한 채 이 언덕길을 주구장창 걸어와, 옷을 벗을 땐 차고 축축한 때수건처럼 옷이 몸에 착 들러붙어 있을 정도가 돼야 한다.

우리는 사우나를 마친 뒤 바깥에 불을 피웠다. 이제 산길이 거의 끝나가고 있었다. 우리가 황무지에서 함께 보내는 마지막 밤이었다.

"죽음에 대해 어떻게 생각해?" 우리가 식사를 마치고 나무 그루터기에 기대앉아 담청색 하늘에 떠 있는 길 잃은 별 하나를 바라보고 있을 때 내가 물었다.

"어떤 면에선 착각이라고 생각해."

"무슨 뜻이야?"

"우리가 착각에 빠진 것과 마찬가지라는 거지."

한숨이 나왔다. 잭이 나를 열 받게 만들 때 종종 이런 식으로 말하곤 했다.

그건 착각일 뿐이야, 자기야.

"그래, 우리가 착각하는 거라고 쳐. 그렇다고 해서 사람이 죽는다는 사실이 변하지는 않잖아. 그들이 어디로 갔는지도 모른 채 우리는 여전히 그들을 그리워할 거잖아. 그곳이 어떤 곳인지 그들에게 물어볼 수도 없고, 그들이 행복하게 잘 지내는지 우리를 그리워하는지 알 길이 없어 무섭다는 사실이 변하는 건 아니잖아."

"나는 그런 개념들이 전부 착각이라고 생각해."

"무슨 말인지 전혀 모르겠어."

"죽음은 삶이야. 삶은 죽음이고. 하나는 좋은 것, 다른 하나는 나쁜 것으로 만드는 건 단어의 작용일 뿐이지. 사실 그 둘은 같은 거야. 하나가 없으면 다른 하나도 없어."

"하지만 죽음은 두려워."

"죽음이 두렵다면 삶도 두려울 텐데."

"삶도 두렵지."

"그러니까 죽음이 두렵지."

고요한 가운데 고장 난 음반처럼 〈브루카 마니과〉가 계속해서 돌아가고 있었다. 산이여, 자유의 길을 찾도록 도와주소서. 내 머리도 돌아버리는 것 같았다.

"그러니까 뭐야, 살아 있는 것과 죽은 것이 같다는 말이구나."

"그렇다고 볼 수 있어. 가령, 우리가 이미 죽어 있는 존재라는 걸 알면 두려울 게 없잖아."

"그래서 삶을 두려워하면서 안전하게 지내려고 애쓰는 게 어리석다는 거구나. 우리가 두려워하는 건 죽음이지만, 우리는 죽은 것과 마찬가지니까."

아, 도무지 생각이 정리가 안 된다.

"다시 말해, 두려움을 갖고 사는 건 죽는 것과 같다, 왜냐하면 몸 사리느라 집안에 틀어박혀 텔레비전이나 보고 마리화나나 피우면서 정작 아무것도 하는 일 없이 평생을 보내게 되니까."

"바로 그거지." 한나가 말했다.

나는 불을 물끄러미 쳐다보았다. "빌어먹을, 그렇지만 여전히 모든 게 두렵기만 해."

"넌 욕을 너무 많이 해."

"알아."

"두려움은 두려움일 뿐이야. 너무 심각하게 받아들이지 마. 전혀 중요한 문제가 아니야."

"그렇지 않아. 아주 중요한 문제야. 나도 너처럼 되고 싶어. 지금처럼 세상 모든 걸 두려워하며 벌벌 떨면서 살고 싶지 않아. 나는 내 앞에 펼쳐질 인생이 두려워. 다시 승합차로 돌아가서 너하고 작별인사를 하고 나면 너를 만나기 전과 똑같은 기분이 될까 봐 두려워. 아무것도 달라진 게 없을까 봐 무섭단 말이야."

"그렇다면 네 열쇠를 찾아야 해."

나는 키득키득 웃음이 나오려는 걸 간신히 참았다. 내 손바닥만 한 크기의 오래되고 녹슨 열쇠를 잿빛 수염을 기른 어떤 노인이 내 코앞에다 대고 달랑거리는 장면을 상상했다—와서 가져가 보시게!

"도대체 열쇠를 어떻게 찾으라는 거야?"

"네가 정말로 하고 싶은데 두려워서 못하는 일을 생각해봐. 해야 하는 일, 해야겠다고 생각하는 일이 아니라 정말로 하고 싶은 일을 생각해. 진심으로 하고 싶은 일. 나한테는 명상이 그랬어. 일주일에 한 번씩 만나는 모임이 있었는데, 매번 가면서도 안에는 들어갈 수가 없었어. 그냥 밖에 서서 창문으로 그들을 지켜보기만 했지."

"난 창문으로 명상하는 사람들 지켜보고 싶지 않아."

"그럼 뭘 지켜보고 싶은데?"

"잭."

"잭이 뭘 하는 걸 보고 싶어?"

"전부 다. 등산하는 모습. 서핑하는 모습. 등산보다는 서핑하는 모습이 더 보고 싶겠지. 가장 최악의 사실은 그 여자가 빌어먹을 서핑을 한다는 거거든." 나는 잠시 말을 멈추었다.

"하지만 아무리 그런 모습이 보고 싶다 해도 난 안 볼 거야. 너무 무서우니까. 어디서부터 시작해야 할지도 모르겠고. 어떻게 해야 할지도 모르겠어."

"그냥 네가 노르웨이에 오기 위해 페리를 탔을 때처럼만 하면 돼. 한 걸음 한 걸음 옮기는 거지. 네가 해야 할 일은 그게 전부야."

한나는 자리에서 일어나 낯선 눈빛으로 나를 찬찬히 바라보았다.

"그리고 결국 중요한 건 어떤 일이 일어나느냐가 아니라 네가 깨어 있다는 사실이야. 인생은 짧고 이 순간들은 모두 소중하니까."

다음 날 코스는 우리가 자연센터 주차장에서 나무들 사이로 보았던 커다란 호수 주변에서 끝났다. 우나스야르비라는 호수였다. 이번에는 내 승합차에서 나무들 사이로 반짝이는 호수의 물결을 볼 수 있었다. 호수에 깃발이 하나 있는데, 보트를 타고 헤타로 돌아가고 싶으면 이 깃발을 들어올려야 했다. 우리는 앉아서 기다렸다. 마지막 하이킹 코스는 사람의 통행이 잦은 숲길을 따라 이어져 수월했다. 곁눈질로 한나를 보았다. 한나는 가부좌를 틀고 앉아 앞을 똑바로 응시하고 있었다. 한나에게는 헤타에서 헬싱키로, 헬싱키에서 런던으로 날아가는 비행기 티켓이 있었고, 그곳 잡지사에서는 한나가 찍은 한밤중의 태양 사진들을 기다리고 있었다. 이제 저 호수를 건너면 다시는 그녀를 볼 수 없을 것이다.

"나는 보통 사람들과 달라." 그날 아침, 마치 내가 아직 모르고 있다는 듯 한나가 말했다.

얀 에릭과 달리, 한나는 나에게 전화번호를 주지 않겠다는 의미였다. 그렇다고 이메일로 서로 연락을 유지하지도 않을 것이다. 내 뒤에 황무지가 있었다. 내 뒤에 한밤중의 태양이 있었다. 삶은 다시 펼쳐졌다. 저 길처럼 텅 비어 있고 그 끝에 죽음 외에 아무것도 놓여 있지 않은 삶이. 그렇게 생각하니 하이킹을 시작하기 전처럼 위축되어 있지는 않다는 걸 알 수 있었다.

"이제 뭘 하면 좋을까?" 나는 누워서 하늘을 바라보며 한나에게 물었다. "네가 나라면 말이야."

한나는 잠시 내 질문에 대해 생각했다.

"나라면 운스타드에 갈 거 같아." 한나가 말했다.

"그게 어딘데?"

"로포텐 위에."

"흐음."

"그리고 언제나 모든 것이 달라지길 바라는 걸 그만둘 거야. 대신 내가 읽은 최고의 책인 것처럼 내 인생을 살 거야."

나는 일어나 앉아 얼굴을 찡그렸다.

"나는 내 책을 끝내고 싶지 않은걸."

한나는 자신의 배낭을 열어 안을 뒤지기 시작했다. 그러고는 무언가를 꺼내 나에게 건네주었다. 촉니 린포체라는 사람이 쓴 두껍고 파란 책이었다.

"네가 읽을 책 아니야?" 내가 물었다.

"난 벌써 다 읽었어. 너도 책을 다 읽으면 다른 사람에게 넘겨주면 좋겠어."

"고마워."

한나는 배낭을 다시 뒤졌다. "이것도 네가 가지면 좋을 것 같다." 한나는 내 무릎 위에 리본 두 개를 떨어뜨렸다. 하나는 금색이고 다른 하나는 초록색이었다.

"이 리본들이 두려움을 없애줄 거야." 한나가 말했다.

18

헤타의 작은 활주로에 한나를 내려주었다. 한나가 가고 난 후, 나는 운전석에 앉아 멍하니 숲을 바라보았다. 지금까지 꿈을 꾼 것 같은 기분이었다. 어쩌면 지금도 꿈인지 몰랐다. 그 어느 때보다 정신이 맑긴 했지만. 한나는 안녕이라고 말하려 하지 않았다. 조별은 어떤 일의 시작이지 끝이 아니라고 그녀는 말했다. 그리고 정말 그랬다. 물론 이후로 다시는 한나를 볼 수 없었지만.

다시 승합차에 올라 오세의 지도를 펼쳤다. 한참을 걸려서야 운스타드를 찾았다. 울퉁불퉁한 해안선으로 이루어진 베스트보괴위아라는 섬의 서쪽으로 내려가는 중간쯤에 숨어 있었다. 엄지손가락으로 해안선 아래를 죽 따라 내려가면서 이국적인 지역들의 이름을 발음해보았다. 스트론스태드, 샌드, 델프, 라우크빅, 샌즈레타. 그런 다음 바낭의 내용물들을 전부 바닥에 쏟았다. 젖은 옷들 사이에서 리본을 찾아내 잠시 손에 쥐어보았다. 그리고 칸막이벽 구멍 사이로 몸을 숙여 백미러에 조심스럽게 리본을 묶었다. 이제 난로에 커피포트를 올려놓고 한나에게 받은 책을 집어 들었다. 《두려움 없는 단순함 *Fearless Simplicity*》이라는 제목이었다. 아무 곳이나 펼쳐보았다. 내용이 거의 한나만큼이나 이상했다. 슬슬 넘기다가 대충이나마 이해되는 구절을 읽었다. 잠이 들어 꿈을 꾸었는데, 꿈이 진짜가 아니라는 걸 깨닫고, 꿈에서 깨어나게 된다는 내용이었다. 당연히 나는 이 내용에 공감했는데, 삶 자체가 꿈이고 우리는 그 꿈에서 깨어날 수 있다고 말하는 것 같았다. 커피가 끓고 있었다.

커피를 만든 뒤 다시 책으로 돌아와 맨 첫 장부터 읽기 시작했다. 자유에 대해 이야기하는 것 같았다. 다른 사람이 나를 자유롭게 해주길 기다릴 필요 없이, 내 안에서 자유로울 수 있는 방법을 찾을 수 있다고. 이 문제를 곰곰이 생각해보았다. 잭은 자유로웠던 것 같다. 나는 그의 자유를, 뒤에 남겨질 것에 개의치 않고 그냥 벌떡 일어나 아무렇지 않게 떠날 수 있는 그의 태도를 부러워했던 것 같다.

이 책은 만일 우리가 내면으로부터 자유로워지는 방법을 찾을 수 있다면 더 이상 가난하지 않을 거라고 말하는 것 같았다. 한나는 내가 자유롭다고 말했다. 나는 커피 한 모금을 마시고 산을 응시했다. 승합차 문을 통해 아직 산이 보였다. 어쩌면 나는 자유로운지도 몰랐다. 이건 정말 끝내주는 생각이었다. 확실히 전에는 자유로웠던 적이 없었다. 나는 잭이 너무너무 필요했다. 그래서 물에 빠진 아이처럼 그에게 매달렸고 그 앞에서 움츠러들었다. 그랬으니 그가 떠난 것도 당연했다.

책을 덮고 비스킷 통의 내용물을 침대 위에 쏟아 부어 동전을 차곡차곡 쌓아올렸다. 트롬쇠에서 번 돈이 아직 1천 500크로네 정도 남았다. 약 150파운드였다. 거리를 계산해보았다. 로포텐 제도까지 가는 방법은 나르빅을 지나 둘러간 다음 북쪽으로 이동해 멜부라는 지역에서 페리를 타고, 아우스트보괴야라고 하는 최북단 섬에서도 최북단에 위치한 정착지, 피스케뵐에서 다시 남쪽으로 내려가는 길이 유일한 것 같았다. 피스케뵐에서 운스타드까지는 약 100킬로미터쯤 되어 보였다. 계산을 해보니 거기까지 갈 돈은 충분했지만 돌아오기에는 부족할 듯싶었다. 올라오는 길에 그랬던 것처럼 나르빅에서 잠깐 멈출까도 생각해보았다. 하지만 나르빅은 버스킹을 하기에는 최악의 장소였다. 그래서 운스타드까지 곧장 가기로 결정했다. 어떻게든 돌아올 거다. 어쩌면 자유란 그런 의미가 아닐까. 어떻게든 돌아오라는 걸 아는 것. 시간을 낭비하고 싶지 않았다. 운스타드는 한나와의 마지막 연결 고리였다.

장시간 차를 몰았다. 헤타에서 킬피스야르비라는 국경 마을까지 서쪽으로 향하는 도로가 있었지만, 비포장도로여서 곳곳에 움푹 파인 곳 천지였다. 사람들은 값나가는 호로딸기를 따느라 도로를 따라 길게 늘어서 있었다. 8월 첫째 주였지만 벌써 9월 같았다. 저렴한 음식도 사두고 경유도 채울 겸 킬피스야르비에서 멈추려고 했지만, 나에게는 유로화가 없었고 이곳에는 환전할 곳이 아무 데도 없었다. 그래서 국경을 넘어 나르빅 바로 외곽에 있는 주유소로 가서 경유 한 통을 샀다. 계산대 앞에 선 남자가 그날 로포텐 기온이 영상 8도라고 알려주었다.

한여름이 지난 지 6주가 되어 아주 한밤중엔 다시 어두웠다. 영원히 계속될 것만 같은 환한 빛만 보던 뒤라 벨벳 같은 어둠이 반가울 지경이었다. 하지만 어둠이 오래 지속되지는 않았다. 오전 2시에 멜부에 도착했을 때 벌써 동이 텄다. 다행히 페리는 밤새 운행되고 있었다. 감자튀김 냄새가 나는 바의 의자에서 잠을 잤다. 배에서 내린 뒤 잠에서 깨기 위해 승합차 창문을 내려 찬 공기를 쐬었다. 그리고 〈브루카 마니과〉가 담긴 테이프를 수없이 되감으면서 계속 따라 불렀다. 공기에서 오래된 생선 냄새가 강하게 풍겼다. 로포텐의 경제적 자립을 가능하게 하는 유명한 건물, 말린 대구 냄새라는 걸 나중에 알았다. 건어물 사업이 워낙 크게 발달해서, 대형 트럭들이 무장한 경비들을 대동하고 포르투갈로 이탈리아로 향했다. 생선 한 마리가 100유로에 팔리기도 했다.

로포텐에 도착하면 차를 세우고 잠을 잘 계획이었지만, 피스케뵐 남쪽으로 이동을 시작하면서 중간에 차를 세울 수 없다는 걸 알게 되었다. 하늘은 붉었고 가을의 정취가 담뿍 느껴졌다. 해안과 바투 붙어 있는 도로 위로 수십 개의 터널과 다리가 끼어들었다. 도로의 바다 쪽에는 흰색 미늘판 주택들과 백사장이, 동쪽에는 헐벗은 화강암 산이 있었다. 중심지인 스볼베르를 빙 둘러서 다리를 건너 베스트보괴위아로 향하자 분위기가 다시 바뀌었다. 이곳이 더 황량했다. 활기 없는 작은 마을들은 다른 도시보다 더 멀리 떨어져 있었고, 위험한 모퉁이를 돌 때면 본토에서는 철저하게 지키던 규칙들을 대놓고 어기는 과속 차량들에 추월을 당했다.

E10 도로는 내륙으로 향해 있어 하마터면 운스타드로 향하는 도로를 놓칠 뻔했다. 이 도로는 눈 때문에 1년의 절반이 폐쇄되는 옛 산길을 대신하기 위해, 석유 수출로 벌어들인 '오일 머니'로 지은 것으로 구불구불한 길이 끝없이 길게 이어졌다. 그날 아침에는 눈이 오지 않았다. 갈매기들과 닭들이 보였고, 거친 목초지에 홀로 서 있는 미늘판 농장 건물에 두 마리의 염소가 매여 있었다. 잿빛 안개에 뒤덮이고 간간이 물이 뚝뚝 떨어지는 터널을 지나 마침내 바다가 내려다보이는 경관 밖으로 빠져나왔다. 운스타드Unstad라는 이름은 '마을이 없다'는

의미로 번역되는데, 정말로 도로 끝에는 마을이 없었다. 무너져가는 평범한 농장 바깥에는 '캠핑'이라는 표지판만 부착되어 있을 뿐 캠핑객의 흔적은 찾을 수 없었다. 찢어진 그물이 걸린 채 금방이라도 허물어질 듯한 모양새로 한 줄로 죽 늘어선, 낚시꾼을 위한 통나무 오두막들이 산으로 둘러싸인 바위투성이 만에 면해 있었다. 줄곧 달리고 또 달려서, 바다와 약 2미터를 사이에 두고 더 이상 갈 수 없는 곳에 도착했다. 엔진을 끄고 바다를 바라보았다. 도대체 한나가 나를 왜 이곳으로 보냈는지 이해할 수가 없었다.

이곳에 어쨌든 나 혼자가 아니라는 걸 알아차릴 때까지는 그랬다. 만 저쪽 서프보드 위에 누군가 앉아 있었다.

19

　일렬로 늘어선 바위들 저편으로 바다가 펼쳐졌다. 승합차 뒷문이 바다를 향하도록 차를 돌렸다. 오른편에는 바위 대신 밀물이 밀려들면 전부 잠겨버릴 작은 모래사장이 펼쳐졌다. 그 위에 바다로 길게 돌출된 곳에는 반듯한 정사각형 모양의 삼림지대가 있었는데, 정사각형 모양이 어찌나 정확한지 장작 같은 용도를 위해 일부러 나무를 심어 놓은 게 틀림없다는 생각이 들 정도였다. 왼편에는 낚시꾼을 위한 오두막들이 있었다. 내 승합차 앞으로 지나가는 모래에 뒤덮인 길은 해변에서 낚시 오두막으로, 낚시 오두막에서 다른 목제 건물로 이어졌다. 높이 솟은 탑 위에 나무로 만든 십자가를 못으로 고정한 것으로 보아 이 목제 건물은 한때 예배당으로 사용된 것이 분명한 것 같았다. 예배당 뒤편 들판에 낡은 버스 한 대가 서 있고 그 옆에 자동차 한 대가 주차되어 있었다.

　운전석에서 내려와 난로에 커피포트를 올리고 자리에 앉아, 서핑하는 사람을 지켜보았다. 그는 몇 차례 낮은 파도를 잡더니 마침내 파도 하나를 잡아서 해변까지 죽 타고 내려왔다. 나는 잭과 앤드루가 서핑하는 모습을 하도 많이 봤기 때문에 이 사람의 서핑 실력이 좋다는 걸 대번에 알 수 있었다. 더구나 파도도 좋지 않았는데 말이다. 파도는 거칠고 제멋대로인 데다 곧장 바위에 부서졌다.

한나의 책을 집었다. 망상의 기본적인 특징은 혼란스러움이라는 내용을 읽었다. 다시 책을 내려놓고 이를 닦았다. 밀물이 밀려들고 있었다. 풀밭 위에 가부좌를 하고 앉아 버스를 바라보지 않으려 애썼다. 버스 바깥에는 서프보드가 쌓여 있었고, 자동차 지붕에는 그보다 더 많은 서프보드가 묶여 있었다.

서핑을 하던 남자가 바다에서 나와 해변을 향해 내 쪽으로 걸어왔다. 남자는 키가 컸고, 팔다리를 흐느적거리면서 거의 뛰다시피 걸었다. 나는 그가 내 승합차 앞을 지나 해변을 따라 이어지는 뻔히 정해진 길로 지나갈 거라 예상하고, 내 소개를 할 만반의 준비를 했다. 그런데 그는 그 길로 가지 않고, 마른 돌담 위를 서투르게 기어 올라가더니, 무릎까지 자란 풀들을 헤치며 풀이 무성하게 자란 들판 두 개를 가로질렀다. 그리고 마침내 버스에 도착해 잠수복을 벗고 머리 위로 물 한 양동이를 들이부은 다음 버스 안으로 사라졌다. 나는 전혀 나답지 않은 짓을 하고 말았다. 그를 따라간 것이다.

가까이에서 보니 버스는 완전히 폐차 직전이었다. 내 승합차보다 더 심하게 녹이 슬었다. 바깥에 쌓인 서프보드들은 달팽이로 뒤덮였고 그 위로 풀이 자라기 시작했다. 내가 문을 두드리자 전혀 다른 남자가 문을 열고 미소를 지으며 들어오라고 했다.

일반적인 버스가 아니었다. 바다 쪽 창문들은 버스 내부를 온실처럼 느끼게 해주었다. 반대편 창문들은 판자로 막아놓았다. 한쪽 구석에 마련한 주방은 합판을 톱으로 잘라 만든 것이며 아주 낡은 가스데인지 선반이 놓인 것이 내 주방과 약간 비슷했다. 반대쪽 끝에는 임시로 만든 이층 침대 한 쌍이 있었다. 그밖에 소파 하나가 바다를 향해 놓였고, 바닥에는 오래된 서핑 잡지들이 산더미처럼 쌓여 있었다.

서핑을 하는 이 남자의 이름은 'Børge'였고 버거라고 발음했다. 아버지는 텍사스 주 출신이고 어머니는 스타방에르 출신이지만, 그는 미국인으로도 노르웨이인으로도 보이지 않았다. 별로 말이 없었는데 어쩌다 말을 하면 오스트레일리아 사람 같았다. 오스트레일리아 태즈메이니아로 건너가 그곳에서 수년 동안 바이킹 배를 만들며 지냈기 때문이라고, 그와 함께 버스에서 지내는 요한이 말해주었다. 버거는 말수가 많은 사람이 아니었다. 대신 자주 얼굴을 찡그리는 편이었다.

다행히 버거가 뚱한 만큼 요한은 친절했다. 사실 두 사람은 달라도 너무 달랐다. 버거는 키가 컸다. 정확히 말하면 2미터, 즉 6피트 6인치의 키에 검은 곱슬머리를 짧게 잘랐다. 요한은 키가 작고 체구가 탄탄했으며 금발을 포니테일로 묶었다. 순록의 눈과도 같은 갈색 눈이 사람을 잘 믿을 것 같았다. 버거의 눈은 짙은 회색빛이 도는 푸른색이며 의혹을 품은 듯했다. 요한은 앤드루하고 약간 닮았다. 그는 내가 나타난 걸 기뻐하는 것 같았다.

"사람이 많을수록 즐겁잖아요."

버거는 누구하고도 닮지 않았고, 내가 나타난 걸 조금도 기뻐하는 것 같지 않았다.

"그나저나 도대체 누가 당신한테 운스타드에 대해 말해준 거예요?"

"크니브셸로덴에서 만난 아가씨가요." 내가 말했다. "핀란드에서 함께 하이킹을 했어요. 이름이 한나라고 해요. 로포텐 제도에서 태어났어요. 어쩌면 당신들도 한나를 알지 몰라요. 남매가 열둘이라고 했거든요."

말도 안 되는 소리처럼 들렸을 거다. 버거는 넌더리가 난다는 듯 고개를 절레절레 저었다. 요한은 한집에 같이 사는 폴란드 사람들에게 물어보겠다고 약속했다. 그들은 모르는 사람이 없다고 설명까지 친절하게 덧붙였다.

버거는 소파에 앉아 있었다. 나는 가급적 그와 멀리 떨어져서 엉거주춤 걸터앉았다. 소파가 어찌나 오래됐는지 스프링이 툭툭 튀어나왔다. 버스는 야영지로도 사용되는 농장 소유였다. 요한은 이곳에서 70킬로미터 떨어진 곳, 열도의 가장 마지막 섬 가운데에서도 저 끝에 위치한 모스케네스라는 마을에 살았다. 하지만 그는 운스타드의 농장주를 알고 있었고, 이따금 야영객들에게 서핑을 가르쳤는데, 서핑 운영이 잘 돼가자 그 대가로 버스를 사용하게 되었다.

"운스타드는 주변 수백 마일 안에서 파도가 최고예요." 그가 활짝 웃으며 말했다. "사실 수백 마일 안에서 유일한 파도라고 할 수 있지요."

"일종의 자앙이지." 슬금슬금 움직여 나하고 최대한 멀찌감치 떨어져 앉던 버거가 으르렁거리듯 말했다. 요한과 내가 그를 바라보았다.

"빌어먹을, 요샌 어떻게 개나 소나 전부 서퍼가 되겠다고 난리들인지."

요한은 나에게 인스턴트커피가 담긴 컵을 건넸다.

"마침 딱 좋을 때 왔어요." 그가 말했다. "곧 큰 파도가 올 거거든요."

"와."

어색한 침묵이 흘렀다. 나는 헛기침을 해서 목을 가다듬었다.

"실은 제가 여기에 온 이유는요, 서프보드를 좀 빌릴 수 있을까 해서였어요."

"물론이죠." 요한이 말했다. "평소에 어떤 보드를 타세요?"
아, 얼마나 오랫동안 보드를 타길 바라고 또 바랐던가.
"음, 그게, 실은, 저, 음— 잘 몰라요."
버거는 땅이 꺼져라 한숨을 쉬었다.
"한 번도 타본 적이 없어서."
나는 미소 비슷한 거라도 지어보려고 애썼다.
"그렇다면 큰 보드가 필요할 거예요."
요한이 버거를 흘긋 쳐다보았다.
"잠수복은 있죠?"
"어머, 이런. 그걸 깜박했네요." 내가 말했다. "뭐, 그건 괜찮아요."
"대충 쓸 만한 보드하고 잠수복이 있지." 버거가 불쑥 이렇게 말하더니, 소파에서 벌떡 일어나 쿵쿵거리며 밖으로 나갔다. 요한은 무슨 말을 하려는 것 같았지만, 아무 말 없이 그냥 버거를 따라갔다. 나도 밖으로 나갔다. 버거가 보드를 쌓아놓은 곳에서 하나를 끄집어냈다. 분홍 바탕에 파란 줄무늬였다. 그는 그것을 내 발 가까이 바닥에 패대기치고는 안으로 들어갔다. 나는 요한을 보았다. 요한은 여전히 아무 말이 없었다. 잠시 후 버거가 다시 나와서 내가 있는 방향으로 잠수복 하나를 툭 내던졌다. 잠수복이 내 발 위로 떨어졌다.
"난 이제 필요 없소." 그가 말했다.
우리는 둘 다 멍하니 버거를 쳐다보았다. 그러자 버거는 더 이상 아무 말 없이 획 돌아서서 들판을 가로질러 성큼성큼 걸어가더니 예배당으로 들어가 다시 나오지 않았다.
"걱정 말아요." 요한이 말했다. "당신 때문이 아니에요." 그는 어깨를 으쓱해 보이며 잠수복을 가리켰다. "서핑을 배우려면 저것들이 필요할 거예요."

20

나에게 서핑을 가르치겠다는 요한의 계획은 당장 다음 날 새벽 댓바람부터 시작되었다. 그는 잠수복 차림으로 한쪽 겨드랑이에 보드를 낀 채, 와와 하고 고함을 지르며 달려가다가 내 승합차 문을 탕탕 두드렸다.

"조금 더 눈을 붙이다간 놓쳐요, 놓쳐!" 내가 파자마 차림으로 문을 열어 눈을 비비면서 멍하니 그를 바라보고 있을 때, 그는 벌써 저만치 가면서 어깨 너머로 이렇게 소리쳤다. 버거는 이미 수 마일 밖, 소용돌이치며 부서지는 파도 저편에 가 있었다. 이런 바다를 두고 거세다고 말한다면 너무 얌전한 표현 아닐까. 바람이 마구 울부짖고 있었다. 해변은 휘몰아치는 포말로 뒤덮였다. 뒤에서 밀려오는 파도는 어른 머리만큼 높이 부서지고 있었다. 그래도 어쨌든 썰물이 되어 파도는 바위 대신 모래에 부딪쳐 부서지고 있었다. 분홍 바탕에 파란 줄무늬 보드는 내 바로 앞 풀 위에 누웠고, 잠수복은 그 위에 사상자처럼 널브러졌다.

"저리 꺼져." 나는 아침 식사를 기대하며 모여든 갈매기들을 향해 소리쳤다.

마크 트웨인은 한때 서핑을 배우려고 한 적이 있었다.

"보드 위에 바르게 자리를 잡았고, 마침 시기도 딱 좋았다." 훗날 그는 이렇게 썼다. "하지만 보드와 한몸이 되는 데 실패했다. 보드는 0.7초 만에 해변으로 곤두박질쳤고, 화물칸조차 없어 어디 숨을 곳이 없던 터라, 동시에 나도 바닷물을 두 통쯤 들이켠 채 바닥으로 고꾸라졌다."

어쩌면 처지가 나하고 그렇게 똑같은지.

하지만 나는 잠수복을 입는 일부터 골치였다. 잠수복 입는 데만 30분이 걸렸는데, 아무래도 나보다 몸집이 절반은 작은 여자한테나 맞지 싶었다. 대체 어떤 여자가 이런 잠수복을 입었는지 정말 궁금했다. 버거의 여자친구? 아니면 전 여자친구? 이 잠수복을 보면 나쁜 기억들이 막 떠올랐던 걸까? 그래서 그렇게 화난 사람처럼 성큼성큼 걸어갔던 걸까?

검은색 네오프렌 고무 속으로 간신히 몸을 구겨 넣고 나니, 사후 경직된 개가 된 것 같기도 했지만 대충 매력적으로 보이는 것 같았다. 보드를 들고 바위를 넘어 해변을 향해 휘청휘청 걸어갔다. 작은 포말들이 눈송이처럼 공중에 떠 있었다. 가죽끈으로 보드에 발목을 매고, 무릎까지 오는 바닷물 속으로 힘들게 걸어 들어갔다. 요한이 노를 저으며 다가왔다.

"일어나 봐요." 그가 말했다. "그리고 파도의 제일 상단을 지켜봐요."

이런 조언은 전혀 도움이 되지 않았다.

무너지는 파도의 최상단을 볼 수 있었다. 작은 강물과도 같은 이안류로, 파도의 에너지 일부가 먼바다로 돌아가고 있었다. 요한과 버거는 이 에너지를 이용해 일종의 컨베이어 벨트처럼 바다를 향해 밀려갔고, 실제로 파도가 뒤에서 부서지고 있었다. 나는 발이 여전히 바다에 닿는 이 자리에 그대로 서 있기로 했다. 그런데 아뿔싸, 이곳은 정확히 파도가 부서지는 지점이었다. 그것도 바로 내 머리 위에서.

"그냥 물일 뿐이에요." 요한이 다시 노를 저어 다가오면서 말했다. "기차에 치일까 봐 겁먹은 사람 같잖아요."

"사실 지금 아주 죽을 맛이거든요." 나는 다시 노를 저어 돌아가는 그의 뒤통수에 대고 소리를 질렀다.

내가 바다에 익숙하지 않은 건 아니다. 이래 봬도 나는 바다와 함께 자랐다. 다만 머리 높이까지 오는 거대한 파도, 엄청나게 큰 이안류, 눈송이처럼 공중을 떠다니는 작은 포말들, 돌풍을 동반한 거센 폭풍 속에서는 거의 수영을 해본 적이 없을 뿐이다. 평소 2미터가 넘는 기다란 유리 섬유에 발목을 매달 일도 없었다. 2미터가 넘는 유리 섬유에 발목을 매단 채 거대한 담벼락 같은 물이 나를 향해 돌진하는 광경을 지켜보는 건, 나를 치려고 달려오는 기차를 조마조마해 하며 기다리는 것과 하나도 다를 게 없었다. 달리 갈 데도 없다. 수영을 했다면 그렇게 했을 것처럼 파도 밑으로 다이빙을 시도하자, 보드가 나를 아래로 끌어당겨 익사시키려 들었다. 파도 위로 점프를 시도하자, 이번에는 보드가 있는 힘껏 나를 넘어뜨렸다. 그저 파도나 피할 수 있으면 감지덕지했다. 이런 판국에 파도를 탄다는 건 가당치도 않았다. 파도가 잠잠해지는 틈을 타 한참을 고생해서 어찌어찌 보드 위에 올라섰다 해도, 여지없이 곧장 옆으로 넘어지거나 거꾸로 곤두박질을 쳤고, 잠시 후면 보드가 내 몸 위로 떨어졌다.

몸을 끌고 나와 해변에 앉았다. 빌어먹을, 바다라면 이제 진절머리가 났다. 얼른 이 넌더리 나는 잠수복을 벗고 수건으로 몸을 닦고 싶었다. 차 한 잔을 만들어 바위 위에 앉아서, 파도에 머리를 얻어맞지 않고 평화롭게 차를 마시고 싶었다. 애타는 눈길로 승합차를 바라브았다. 빌어먹을 예쁘고 자그마한 재수 없는 서핑 걸 같으니. 한나의 티본도 재수 없어. 내가 포기하기만을 기다리고 있는 버거도 재수 없어. 억지로 마음을 진정시켜 보았다. 앞으로 파도를 타는 일 따윈 두 번 다시 없을 거다. 더 생각해볼 여지도 없었다. 글쎄, 어쩌면 보드에 누워 팔로 노를 젓는 정도는 배워볼 수도 있겠지.

이런 생각이 골몰하느라 이안류에 실려 상당히 먼 곳까지 떠내려갔다는 걸 미처 알아차리지 못했다. 더 이상 내 머리 위에서 파도가 브서지지 않았다. 사실 이상할 정도로 잠잠했다. 버둥거리며 앉은 자세를 취한 뒤 버거와 요한을 찾아 주위를 둘러보았다. 그런데 무슨 이유에선지 두 사람은 최대한 빠른 속도로 나에게서 걸리 먼바다를 향해 물을 저어가그 있었다. 곧 이유를 알 수 있었다. 모든 일이 순식간에 일어났다. 수평선은 어두워졌고 주위는 으스스한 침묵에 둘러싸였다. 바로 그 순간, 내 평생 처음 보는 아주 거대한 파드가 나를 향해 쏜살같이 달려들었다. 버거와 요한은 파도가 부서지기 직전에 간신히 파도를 넘는 데 성공했다. 나는 그러지 못했다. 파도는 물 위를 떠다니는 나무토막인 양 나를 집어삼킨 뒤 보드 위에 거꾸로 내동댕이쳤다. 브드와 발목을 묶은 가죽끈이 툭 하고 끊어졌다. 파도는 곧 잡아먹을 쥐를 데리고 노는 고양이처럼 나를 가지고 놀았다. 이쪽저쪽으로 나를 패대기치는가 하면 내 몸을 사방으로 잡아당기면서, 도대체 무슨 일이 벌어지고 있는지 알 수 없게 혼을 쏙 빼놓았다. 겁에 질려 어쩔 줄 몰랐고, 숨을 헐떡였으며, 소금물과 해초 때문에 속이 메스꺼웠다. 그때 무언가가 내 팔을 붙잡았다.

"도대체 뭐 하는 거요?"

짙은 회색빛이 도는 푸른 눈동자 두 개가 내 눈을 노려보고 있었다. 나는 입안에 고인 물을 뱉었다. 말이 나오지 않았다.

"내 발목 잡아요." 버거가 말했다.

그날 나머지 시간은 내내 승합차 바닥에 앉아 한나의 책을 읽으려 애쓰면서 바다를 응시하며 보냈다. 몸이 늘어지고 덜덜 떨렸다. 솔직히 나쁘지는 않았다. 다시 서핑을 시도한다는 건 상상조차 할 수 없었지만. 저녁이 되자 요한이 해변에 불을 피웠다. 그가 숲에서 나무를 해 오는 모습, 나무를 바위로 가져간 뒤 한가운데에 쌓는 모습을 승합차에서 지켜보았다. 그가 불을 피우는 모습, 불이 붙자 나를 향해 해변으로 걸어오는 모습을 지켜보았다.

"뭐 하고 있어요?"

"숨고 있어요."

"왜요?"

"버거한테 못 들으셨어요? 저, 거의 물에 빠져 죽을 뻔했어요. 버거가 구해주지 않았으면 죽었을 거예요."

"당신이 보드를 굉장히 잘 다루었다고 하던데요."

"네에?"

"내 실수예요. 오늘은 들어가면 안 된다고 말했어야 했는데. 그렇게 한꺼번에 일이 닥치면 나라도 정신 못 차렸을 거예요. 파도가 낮아지고 있어요. 내일은 오늘하고 다를 거예요."

나는 고개를 저었다.

"저는 서핑이 안 맞는 것 같아요."

오슬로에서보다 더 엉망이었다. 잭과 함께 절벽을 오르다가 중간에 이러지도 저러지도 못할 때보다 훨씬 괴로웠다.

"난 그렇게 생각하지 않는데요. 아직 멀쩡하게 살아 있잖아요. 대부분 사람들은 몇 년을 기다려야 한 번 해볼까 말까 하는 경험이에요. 운이 좋은 거죠. 일사천리로 해치워버렸잖아요. 이제 웬만한 파도 가지고는 꿈쩍도 안 하겠어요. 다시 시작해요. 내 말이 바보 같아서 듣지도 않는군요."

"네, 안 듣고 있어요." 내가 말했다.

하지만 나는 듣고 있었다.

우리는 함께 해변으로 걸어갔다. 나는 둥근 바위 위에 앉았다. 요한이 맥주를 건넸다. 버거는 우리에게 등을 돌리고 서 있었다. 어둑어둑한 하늘을 배경으로 그의 커다란 몸집이 그림자로 드러났다. 공기에서 소금 냄새가 났다. 아직 날은 환했지만 머리 위로 가느다란 초승달이 떴다.

"6개월 만에 처음 보는 달이에요."

"노르웨이에 온 지 얼마나 됐어요?"

"6월부터 있었어요."

"노르웨이에는 왜 왔어요?"

"아마 도망왔을 걸요."

"난 도망쳐도 소용없던데." 버거가 몸을 굽혀 커다란 나무를 쪼개며 말했다.

요한은 나를 다시 바다에 들여보내기 위해 힘들게 애를 써야 했고, 결국 간신히 성공했다. 대체로 다음 날은 파도가 훨씬 작았고 바람도 잔잔해졌으며, 나도 전반적으로 무서움이 훨씬 줄어든 것 같았다. 아마도 요한은 내가 죽을 뻔했던 것에 책임감을 느낀 모양이었다. 쇼어 브레이크shorebreak(해변 바로 앞까지 밀려와 한 번에 부서지는 파도를 일컫는 서핑 용어)에서 한참 동안 내 옆을 지키며, 내가 파도를 향해 나갈 수 있도록 격려하고 어떻게 동작을 취해야 하는지 보여준 걸 보면. 물론 그런다고 내가 똑같이 따라 할 수 있는 건 아니었지만. 따라 하기는커녕 파도 근처에도 가지 않았다. 사실, 시도하면 할수록 서핑이 아주 우스꽝스러운 활동이라는 생각만 커질 뿐이었다. 폭포 위를 지나는 주석 쟁반 위에서 균형을 잡으려고 애쓰는 것 같은 꼴이라니. 하지만 해가 나오고 요한이 마침내 노를 저어 버거와 합류하자, 혼자 남은 나는 쇼어 브레이크 위에 일어서려는 시도를 수도 없이 반복했다. 몸이 완전히 늘어지고 몸에서 짠 내가 날 때까지. 모든 일을, 심지어 잭도, 심지어 서핑을 하는 예쁘고 자그마한 여자조차 생각나지 않을 만큼 진이 다 빠질 때까지. 아니, 완전히 잊어버리진 않았다 하더라도, 너무 지친 데다 짠 내가 너무 지독해서 그들이 어쩌거나 말거나 신경도 쓰이지 않았다.

나는 금세 서핑 중독자가 돼버렸다. 일주일이 지났을 땐 매일같이 마셔대는 소금물이 내 마음을 서서히 씻어내는 것만 같았다. 바다는 마약 같았다. 밤에는 금세 곯아떨어져 꿈 한번 꾸지 않고 숙면을 취했다. 아침이면 얼른 커피를 들이켠 다음, 그 날의 다약을 위해 다시 잠수복 속으로 몸을 구겨 넣었다. 더 이상 잭에 대해 생각하지 않았다. 더 이상 앤드루를 생각하며 슬퍼하지 않았다. 사실, 파도와의 새로운 관계에 마음을 온통 빼앗겨버려 어떻게든 파도를 타겠다는 생각 말고는 아무 생각도 할 수 없었다. 한 마디로 나는 완전히 중독이 돼버렸다. 마약쟁이처럼.

유일한 골칫거리는 버거였다. 그는 뭐 하나 수월하게 넘어가는 법이 없었다. 이따금 그가 바다에서 나를 뚫어지게 쳐다보는 모습을 발견하곤 했는데, 그럴 때면 이제 곧 저 인간이 넌더리를 내면서 고개를 절레절레 흔들겠구나, 하고 생각했다. 하긴, 나는 서퍼가 되길 원하는 모든 사람이 하는 '골칫거리' 짓은 다 하고 다녔으니까. 하지만 그가 그러든지 말든지 조금도 흔들리지 않은 걸 보면 내가 중독이 돼도 단단히 된 모양이었다. 요한은 버거의 뚱한 침묵을 보충이라도 하려는 듯, 저녁이면 불가에 앉아 보통 사람의 최소 두 배쯤 수다를 떨었다.

나는 바닷속이나 불가에 있지 않을 땐, 승합차 앞 바위틈에 앉아 한나의 책을 읽었다. 잭이 가지고 있는 일본의 절명시 시집보다 훨씬 이상했고, 지금까지 읽어본 책 중에서 단연코 가장 이상했지만 읽고 있으면 묘하게 마음이 편안해졌다. 나는 최대한 천천히 읽었다. 마지막 장을 넘기고 싶지 않았다.

한번은 버거가 와서 내 옆에 쭈그리고 앉았다.

"차를 만들려던 참이에요." 내가 안절부절못하며 말했다.

그는 고개를 끄덕였다. 나는 승합차로 가서 물 한 주전자를 끓였다. 버거가 바위에 앉아 있는 모습이 보였다. 그는 책을 휙휙 넘기다가 이따금 멈추어 열중해서 들여다보곤 했다. 그는 나처럼 곱슬머리였는데, 바다에 들어가느라 대충 레게 스타일로 꼬았다. 저 얼굴에 미소만 좀 지으면 참 잘 생겨 보일 텐데. 저 정도면 몸도 좋고 말이지. 잭처럼 떡 벌어진 어깨에 긴 다리하며 키도 잭보다 더 크지, 아마. 나는 주석 재질의 빨간색 찻주전자와 머그잔 두 개를 바위에 내려놓았다.

버거가 책을 덮고 말했다. "이 책 어디에서 났어요?"

"운스타드에 대해 말해준 아가씨한테요."

어색한 침묵이 흘렀다.

"스볼베르는 어떤 곳이에요?" 마침내 내가 입을 열었다.

"그냥 마을이에요. 별거 없어요."

"쇼핑센터는 있나요?"

"쇼핑센터에 가고 싶어요?"

"돈이 좀 필요해서요."

"에굼에 우체국이 있어요." 버거가 말했다.

에굼은 옆 마을이었다.

"버스킹을 하러 가야 할 것 같아요." 마침내 내가 말했다. "경유를 사려면요."

"버스킹?"

"거리에서 음악을 연주하는 거요."

"나도 뭔지 알아요. 뭘 연주해요?"

"첼로요."

"그럼 차에 첼로가 있어요?"

그러고 보니 첼로를 꺼낸 지 꼬박 일주일이 지났다. 어쩜 일주일 내

내 한 번도 첼로를 생각하지 않았다니. 〈브루카 마니콰〉를 배우고 싶었던 게 기억났다. 두 개의 컵에 차를 따라 하나를 버거에게 주었다.

"서핑 여행 자금을 모으는 덴 아주 근사한 방법이겠군요."

"엄밀히 말해 서핑 여행은 아니지요." 내가 말했다. "솔직히 전 서핑을 할 줄 모르니까."

"무슨 상관이에요." 버거가 말했다. "첼론지 뭔지를 연주할 줄 알잖아요."

운스타드를 떠나 스볼베르에서 하룻밤을 보냈다. 스볼베르는 남쪽으로는 드넓은 바다로, 동쪽과 서쪽으로는 피오르로, 그리고 북쪽으로는 산으로 둘러싸인, 물로 씻은 듯 깨끗한 마을이다. 결국 나는 바르이 거리에서 〈브루카 마니콰〉를 독학했다. 최대한 기억을 떠올리는 한편 나머지 부분은 연주를 해가면서 완성시켰다. 이 곡이 무척 마음에 들었다. 음악은 사람하고 비슷한 데가 있다. 우리는 때로 이렇다 할 이유 없이 누군가와 사랑에 빠진다. 그리고 나는 내가 사랑에 빠진 음악들로 결국엔 상당한 돈을 벌고 있다는 사실을 깨닫지 않을 수 없었다. 트롬쇠에서는 〈보칼리제〉가 그랬고, 지금 스볼베르에서는 〈브루카 마니콰〉가 그랬다. 이틀 동안 100파운드, 그러니까 천 크로네 넘게 벌었다. 주로 바칼랴우baccalao(말린 대구 요리)의 본고장을 보기 위해 찾아온 스페인과 포르투갈 관광객이 던져준 돈이었다. 나는 얼른 운스타드로 돌아가 버거에게 이 사실을 말해주고 싶어 조바심이 났다. 돈의 절반은 경유 한 통을 추가로 사는 데 쓰고, 페리 티켓 비용으로 얼마쯤 떼어놓은 다음, 나머지 돈을 몽땅 털어 치즈와 와인, 훈제 연어를 샀다. 그 순간엔 베르겐으로 돌아가는 데 십 년이 걸린다 해도 상관없을 것 같았기 때문이다. 게다가 훈제 연어가 말도 못하게 저렴했다. 노르웨이에서 처음으로 잉글랜드보다 저렴한 물건을 발견한 것이다.

오랜 시간 차를 몰아 운스타드로 돌아가는 길, 신비로운 풍경의 피오르와 작은 만에 둘러싸인 해변의 모래가 무척 하얗다는 걸, 그래서 이 해변을 거의 열대지방처럼 보이게 만든다는 걸 다시 한 번 깨달았다. 본토와 비교해서 사람들이 굉장히 빠른 속도로 운전하고, 보이지 않는 구석마다 추월해서 법을 무시한다는 사실도 새삼스레 깨달았다. 다리가 무척 많은 것도 눈에 들어왔다. 길고 홀쭉한 다리, 짧고 통통한 다리, 거미줄처럼 희고 우아한 다리. 해변에서 떨어진 곳을 운전해 가노라면 마치 거대하고 단단한 바위 밑을 지나는 것처럼 줄곧 울창한 바위산들로만 이어져 있다는 사실도.

구불거리는 길을 끝없이 운전하며 가고 있으니 마치 집으로 가는 기분이었다. 마지막 터널을 빠져나왔을 때 요한이 벌써 불을 피워 놓은 걸 보았다. 요한은 맥주 한 팩을 들고 해변을 가로질러 걸어가고 있었다. 버거는 바위에 나무를 대고 부러뜨리고 있었다. 나는 원래 주차했던 자리에 정확하게 차를 대고, 뒷문을 열어 한동안 바다를 바라보았다. 그날 밤 바다는 잔잔했다. 잔잔하고 고요한 바다. 이곳에 영원히 머무를 수 있을 것 같았다. 하지만 폭풍이 예보되었고, 버거는 한번 폭풍이 시작되면 크리스마스까지 매일 비가 내린다고 말했다.

나는 버거의 말을 믿지 않았다.

그렇지만 그의 말은 사실이었다.

21

　내가 파도 위에 올라서서 해변까지 죽 타고 올 실력이 될 정도로 오랜 시간이 흘렀지만, 폭풍은 시작되지 않았다. 이저 나는 화이트 웨이브white wave(거품 파도 혹은 깨진 파도)뿐 아니라 그린 웨이브green wave(서핑에서 단절되지 않고 연속되는 긴 파도)도 제법 잘 탔다. 먼저 무릎을 꿇은 다음 아주 천천히 몸을 움직여 상당히 볼썽사납게 서 있는 자세를 취했다. 이렇게 해서 일단 보드 위에 서면 엄청나게 불안하게 흔들리지만 넘어지지는 않았다. 그러니까, 적어도 파도가 부서지기 전까지는, 그리고 바닷물의 깊이가 15센티미터 정도 되는 해변에 도착하기 전까지는 그랬다. 요한은 기뻐하며 와하고 함성을 질렀다. 파도의 높은 물결이 점차 낮아져 사라졌다. 이런 파도는 요한과 버거에게는 너무 작아서 굳이 타려고도 하지 않았다.

　내가 한나의 책 마지막 문장인 인내에 대한 내용을 읽을 정도로 오랜 시간이 흘렀지만 폭풍은 시작되지 않았다. 우리가 해변 남쪽, 곶처럼 평평한 산 정상에 오를 정도로 오랜 시간이 흘렀지만 폭풍은 시작되지 않았다. 그들은 이곳을 함메르 산이라고 불렀다. 만을 둘러싼 산들 가운데 가장 큰 산으로, 산등성이는 허물어졌고 앞쪽의 가파른 절벽은 바다 밑에서부터 불쑥 튀어나온 바위까지 급격하게 곧장 곤두박질쳤다. 나는 산을 오르고 싶지 않았다. 서핑 말고 다른 건 아무것도 생각할 수가 없었다.

"난 등산 싫어해요." 내가 말했다.

"이건 등산이 아니에요." 요한이 폭소를 터뜨리며 말했다. "그럼 당신은 저기까지 차로 가세요."

난 차로도 안 갈 건데.

"난 그냥 여기에서 서핑할래요."

"파도도 없는데요."

요한의 말이 맞았다. 그 날은 바다가 정말 잠잠했다. 마치 물방아용 저수지처럼. 심지어 내가 들어가기에도 지나치게 잠잠했다.

"폭풍 전 고요로군." 수평선 위로 켜켜이 쌓여가는 짙은 먹구름을 가리키며 버거가 말했다.

"이거 봐!" 요한이 이렇게 말하면서 내 등을 뛰어넘는 바람에 나는 하마터면 떠밀려 넘어질 뻔했다. "엄청 많아."

나는 버거를 흘긋 보았다. 그의 얼굴은 평소와 다름없이 완전히 무표정했다.

"젠장. 알았어."

요한의 말이 맞았다. 정말 많았다. 보기보다 훨씬 더. 우리는 이곳뿐 아니라 올라가는 길 내내 야생 블루베리를 따서 굶주린 아이들처럼 몇 움큼씩 입에 넣었다. 어쨌든 요한과 나는 그랬다. 버거는 블루베리를 좋아하지 않는 것 같았다. 마침내 정상에 도착했을 때, 우리는 평평한 바위에 앉아 멀리 바다를 내다보았다. 요한은 어디로 갔는지 보이지 않았다. 나는 평평한 바위 위에서 버거와 몇 피트 떨어져 앉았다. 경관이 무척 근사했다. 양방향으로 텅 빈 해안선을 따라 구름이 모여

드는 적막한 수평선까지 수 마일을 내다볼 수 있었다.

"떠나고 싶지 않아요."

"비가 시작되면 떠나야 해요."

이곳에 도착하던 날, 그러니까 하얀 포말이 눈보라처럼 공중에 떠 있고 나는 바다에 익사할 뻔한 그날 이후, 항상 그렇게 따뜻한 건 아니었어도 태양은 거의 끊임없이 빛났다.

"운스타드가 당신을 좋아하나 봐요." 요한은 그렇게 말했었다. "당신이 돌아오길 바라는 것 같아요."

"어디로 갈 거요?" 버거가 물었다.

"베르겐으로 돌아가야겠죠." 입이 바싹 말랐다. "그런 다음 페리를 타고 잉글랜드로 가야죠." 토할 것 같은 기분이 들었다.

"잉글랜드에는 왜요?"

"떠나온 지 3개월이 됐어요."

구름이 태양을 피해 지나갔다.

"그래서요?"

"언제까지 빈둥거리며 돌아다닐 순 없으니까요."

"그럼 안 되나요?"

나는 어깨를 으쓱해 보였다. "글쎄요."

"내가 당신이라면, 그리고 돌아가서 일을 하지 않아도 된다면, 모로코나 포르투갈 같은 파도가 좋고 따뜻한 지역에서 오랫동안 실컷 빈둥거리면서 겨울을 보내겠어요."

"무슨 일을 하세요?"

"등산 가이드를 해요. 프랑스 알프스에서."

"거기에서 살아요?"

"그럴걸요."

버거도 집으로 돌아갈 생각을 하니 토할 것 같은 모양이었다. 혹시 내 서프보드의 주인인 전 여자 친구가 그를 증오해서 그의 삶을 불행하게 만들었을까. 아니면 블루베리를 좋아하고 전문가용 서핑 바지를 입는 멋지고 세련된 남자 때문에 그녀가 떠난 건 아닐까. 그에게 물어보고 싶었다. 그 기분 어떤 건지 아주 잘 알고 있다고 말해주고 싶었다. 하지만 대신 이렇게 말했다. "운스타드는 어떤 곳이에요?"

버거가 하품을 하며 말했다.

"낚시꾼들은 스웨덴 출신이에요. 통나무 오두막을 끌고 와서 꽁꽁 언 호수에 설치하지요. 요한은 아침에는 스노보드를 타러 가고 오후에는 서핑하러 가요. 관광객들은 스볼베르에서 머물러요."

우리가 해변으로 돌아갈 무렵, 태양은 여전히 빛나고 있었지만 수평선은 이미 보이지 않았다. 버거는 이런 날씨를 좋아하지 않았다. 요한은 차를 몰고 에굼에 가서 그의 폴란드 동거인들에게 전화를 걸었다. 그들 가운데 한 명이 여행사에서 일했다. 요한의 친구는 나에게 다음 날 아침 보되행 페리 무료 통행권을 얻어줄 수 있다고 말했다. 버거와 요한은 모스케네스로 돌아갈 예정이었다.

그날 밤 우리는 모두 말이 없었다. 우리는 나무를 거의 다 썼고, 요한은 이제 모두 떠나는 마당에 굳이 나가서 나무를 더 구해올 생각이 없었기 때문에 불은 평소보다 작았다. 나는 바위에 등을 기대 바닷소리에 귀를 기울였다. 슬펐다.

잠시 후 버거가 버스로 가더니 비닐봉지에 무언가를 넣어서 돌아왔다. 그러더니 그것을 나에게 툭 던졌다. 나는 봉지에 들어 있는 물건을 꺼냈다. 파타고니아 오리털 코트였다. 크기가 작고 빨간색에 여자용으로 만들어진 걸 제외하면 잭의 코트하고 똑같았다. 코트를 몸에 대보았다.

"입어 봐요." 버거가 말했다.

몸에 꼭 맞았다. 잭의 코트는 엄청나게 크고 구식인 데다 소매가 내 팔보다 15센티나 길어 축 늘어졌는데, 이 코트는 나에게 아주 잘 맞았다. 늘 그렇듯이 버거의 표정을 도통 읽을 수가 없었다.

"그냥 주는 거예요?" 가침내 내가 물었다.

"그럴 리가 있어요."

"그럼 왜 가지고 온 거예요?"

나는 코트를 벗었다. 마음 같아선 대충 말아서 그에게 휙 던져버리고 싶었다.

"파타고니아에서 매년 나한테 옷을 보내와요. 나는 카탈로그에 쓰기 위해 그 옷들을 입은 사람들 사진을 찍어야 해요. 이 옷이 당신한테 어울릴 것 같았어요. 특히 첼로 연주할 때 입으면."

"사진을 다 찍고 나면 그 옷들을 다 어떻게 해요?"

잘하면 버거에게 이 옷을 싸게 살 수 있을지도 몰랐다.

"사진이 카탈로그에 올라가서 돈을 받으면 모델한테 옷을 줘요."

코트를 다시 입었다. 코트는 너른 품처럼 나를 폭 감싸 안았다. 나는 이 코트가 무척 갖고 싶어져서 버거 앞에서 첼로 연주라도 할 태세였다. 그리고 정말로 자리에서 벌떡 일어섰다.

"가서 가지고 올게요."

버거가 고개를 절레절레 저었다.

"지금은 못 입어요. 겨울 코트라. 눈이 와야 입지. 알프스에 가면 또 모를까."

"헥, 알프스가 얼마나 먼데요."

"노르카프도 마찬가지지요."

"난 히터도 없어요."

"빌리면 되지요. 우리 집 밖에다 주차하고 전기 히터 하나 돌려요."

"버스킹을 하기에는 너무 추울 텐데요."

"내가 스키로 데려다주면 돼요. 그럼 돈도 안 들 거예요. 나한테 장비도 많아요."

요한은 이상할 정도로 말이 없었다. 버거가 나에게 보드와 잠수복을 주었을 때처럼, 요한이 다소 놀란 표정으로 버거를 빤히 쳐다보고 있다는 걸 어렴풋이 알아차렸다.

우리는 요한이 사는 마을인 모스케네스의 부두에서 작별 인사를 했다. 마을은 로포텐 제도의 남쪽 끝 부근 바로 아래, A라고 불리는 지역 근처에 있었다.

나는 버거에게 한나의 책을 주었다.

"난 이제 필요 없어요." 내가 말했다.

"정말이오?"

"넵. 다 읽었어요."

확신할 수는 없었다. 한나가 했던 말과 행동, 나에게 주었던 모든 것을 끝까지 필사적으로 붙들고 싶었지만, 한나는 책이란 다 읽고 나면 다른 사람에게 주어야 하는 거라고 말했다. 버그에게 서프보드와 잠수복을 받았으니까, 그 대가로 무언가를 주는 것이 맞을 것 같았다. 버거는 진심으로 좋아하는 것 같았는데, 실제로 내 뺨에 입까지 맞추었다. 그의 까칠한 수염이 내 입술에 스쳤다.
 "언젠가 돌려줄게요."
 무슨 수로 돌려주겠다는 건지 이해할 수가 없었다. 우리는 이메일조차 교환하지 않았으니까.

22

마침 알맞은 시기에 본토로 돌아왔다. 그날 밤은 허리케인 카트리나의 끄트머리가 노르웨이의 여름 끄트머리를 붙잡고 늘어지는 바람에 버스킹은 처참한 결과를 낳았다.

이후 3주 동안 나하고 이름이 같은 이 허리케인이 스토커처럼 나를 쫓아다녔다. 카트리나는 승합차의 유리섬유 지붕을 힘껏 때려 한밤중에 나를 깨웠다. 내 침대를 좌우로 격렬하게 흔들어, 이러다 차체가 뒤집어져서 3.5톤의 찌그러진 금속 밑에 깔리고 말 거라는 공포감이 나를 벌떡 일어나게 만들었다. 승합차에서는 낡은 운동화 냄새가 났다. 세수해본 게 언제인지 까마득했다. 신발, 옷, 심지어 침대까지 젖었다. 첼로를 마른 상태로 유지하려고 빗물이 뚝뚝 떨어지는 출입문 밑에서 온몸을 젖어가며 몇 시간 동안 엉거주춤 쭈그리고 앉았더니 지독한 감기에 걸려버렸다. 얀 헨리크의 빳빳한 500크로네 지폐가 아직 남아 있다면 얼마나 좋을까.

하늘이 몹시 어두워 온종일 촛불을 켜놓아야 했다. 버스킹을 하지 않을 땐 눅눅한 침대에 누워 유리섬유 천장의 곰팡이를 멍하니 바라보았다. 그리고 브로드샌즈에서 잭과 함께 뜨거운 물에 몸을 푹 담그던 일을 떠올리지 않으려 애썼다. 그거 말고는 달리 할 게 없었다. 백미러에 걸어놓은 리본이 없었다면, 은촉붙임 판자에 고무 밧줄로 묶어서 매단 버거의 서프보드와 낡은 옷걸이에 널어 뒷문에 걸어놓은 잠수복이 없었다면, 한나도 운스타드에서의 만남도 심각하게 의심했을 것이다.

베르겐으로 돌아가는 수 주일에 걸친 여정은 나를 완전히 지치고 우울하게 만들었다. 9월 30일에 마침내 베르겐에 도착했다. 곧장 페리 항구로 가서, 잉글랜드로 돌아가는 티켓을 구하려면 돈을 얼마나 모아야 하는지 알아보았다. 서핑을 하는 귀엽고 자그마한 여자든 뭐든, 이제 생각하기도 지긋지긋했다.

그런데 늦어도 너무 늦어버렸다.

공교롭게도 횡단이 중단되었다.

노르웨이에서 출발해 잉글랜드로 향하는 페리 노선은 더 이상 없었다.

3장
자유의 길

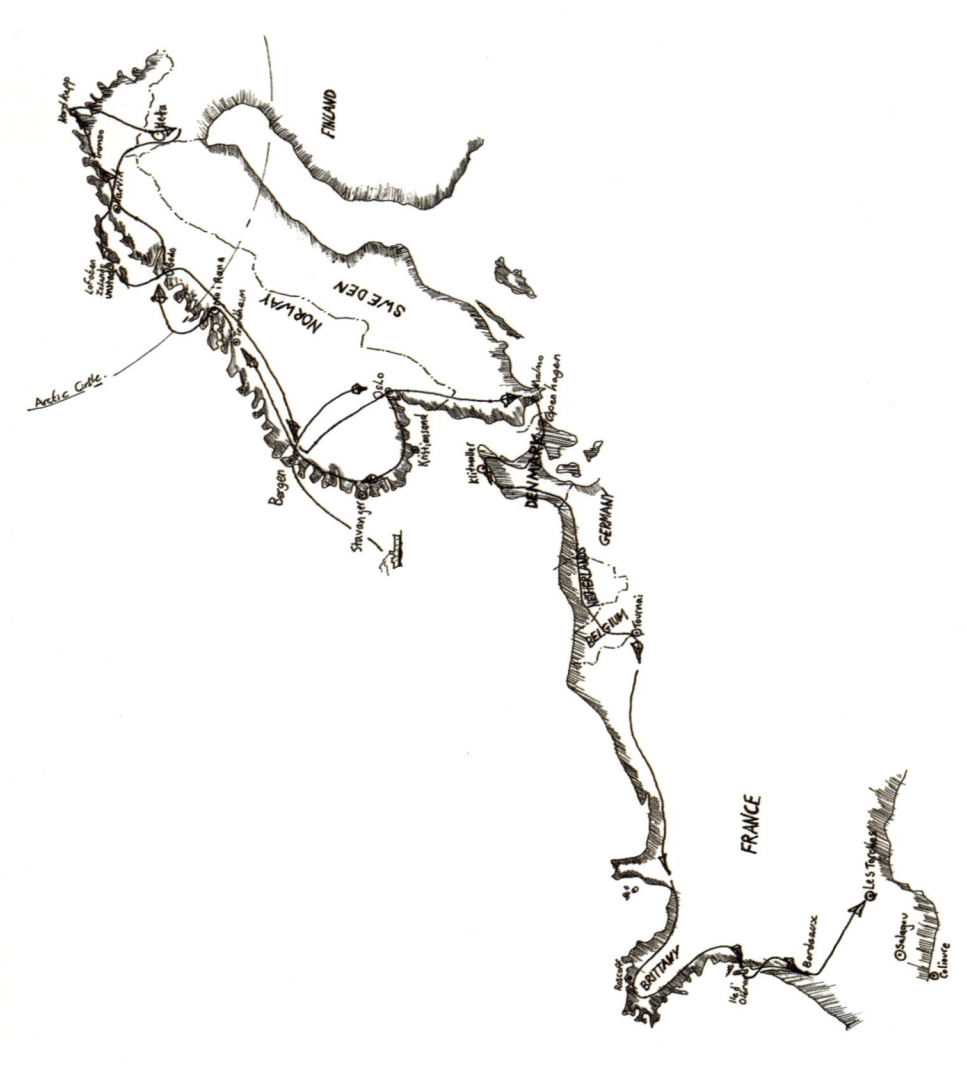

23

별안간 불쑥 나타나는 유럽의 다른 나라들이 몹시 낯설게 느껴졌다. 그러고 보니 노르웨이에 처음 도착했을 때 노르웨이도 별안간 불쑥 나타나 무척 낯설었다는 사실을 잊고 있었다. 하지만 이제 노르웨이는 누가 뭐래도 친근한 나라가 되었다. 나는 《저렴하게 즐기는 유럽 여행》에 딸린 지도를 펼치고, 느닷없이 나와 집 사이를 가로막은 나라들을 가만히 들여다보았다. 스웨덴, 덴마크, 독일, 네덜란드, 벨기에, 프랑스. 이 가운데 가본 나라는 프랑스뿐이었다. 거리를 계산해보니, 베르겐에서 칼레Calais(도버 해협에 면해 있는 프랑스의 항구 도시)까지 거리는 처음부터 다시 노르카프까지 가는 거리보다 멀었다. 《저렴하게 즐기는 유럽 여행》을 바닥에 던지고 침대에 누워 천장을 응시했다. 버거에게 한나의 책을 주지 말걸 그랬다. 아, 지금쯤 안전하고 아늑한 호스텔 바에서 래틀러를 마시며 나의 용감한 여행담으로 모두를, 특히 잭을 감탄시킬 수 있다면 얼마나 좋을까. 이 모험이 얼른 끝나면 얼마나 좋을까.

스웨덴에서 문제는 가장 단위가 큰 동전의 가치가 노르웨이에서 가장 단위가 큰 동전의 절반인 10크로네에 불과하다는 것이었다. 이 말은 곧 국경을 넘는 즉시 그동안 내가 번 돈의 가치가 절반으로 뚝 떨어진다는 걸 의미했다. 그리고 이 말은 곧 지나가는 마을마다 연주를 해야 한다는 의미이기도 했다. 지금은 당시 지나가던 마을 이름을 거의 잊어버렸다. 비가 그치고 밤이 깜깜했다는 기억이 난다. 손가락이 갈라지고 아플 때까지 〈브루카 마니과〉를 연주했던 기억이 난다. 스코네 반도의 얼음같이 차가운 물에서 수영을 하고, 승합차 뒤편 발판에 앉아 밤하늘 별이 하나씩 나오는 걸 바라보던 기억이 난다. 바르베리의 시장이 기억나고, 내가 가진 신발이 플리플롭 샌들과 구멍이 숭숭 난 등산화가 전부라 싸구려 슬리퍼 한 켤레를 산 기억이 난다. 거의 9월이 다 된 때라 발이 시렸다.

말뫼에서 코펜하겐까지 이어지는 길고 하얀 다리와, 프리타운 크리스티아니아 외곽의 어느 길에 주차된 커다란 초록색 죄수 호송차가 기억난다. 지도를 보면서 여러 개의 차선을 지나가려 애쓴 기억이 나고, 로스킬레 변두리에 있는 정신병원 부지에서 밤을 보낸 기억이 난다. 로스킬레 번화가에서 〈고엽〉을 연주한 뒤 버거를 떠올리게 하는 모형 바이킹 배를 지나 승합차로 걸어 돌아가던 기억이 난다. 겉으로 보기엔 별로 달라진 게 없었다. 낯선 마을에 자리를 잡고 앉아 복잡한 거리의 고요를 깨는 건 여전히 싫은 일이었다. 잭과 서핑을 하는 예쁘고 자그마한 여자를 생각하는 건 여전히 견딜 수 없는 일인데도, 여전히 질리도록 생각을 했다. 그리고 여전히 집으로 가는 중이었다.

하지만 무언가 달라졌다. 여전히 잭에 대한 생각들이 머리에서 떠나지 않았지만, 다른 일들, 새로운 것들도 같이 머릿속을 맴돌았다. 두고 온 넓은 공터가 눈에 밟혔고, 바다가 눈에 어른거렸다. 운스타드에 대한 생각을 멈출 수가 없었고, 밤이면 눈을 감고 잭의 영상을 보는 대신 상상 속에서 파도를 타며 잠을 청했다.

처음 이 변화를 알아챈 건 간신히 100유로를 모아 로스킬레를 떠나던 때였다. 나는 독일과 집을 향해 서쪽으로 차를 모는 대신, 이 나라를 떠나기 전에 유틀란트 반도Jutland(독일 북부의 반도, 덴마크가 대부분을 차지한다)를 한 바퀴 돌아보기 위해 북쪽을 향해 이동하기 시작했다. 유틀란트 반도 동부에 위치한 대학가, 오르후스가 버스킹을 하기에 적당한 곳일 거라고 속으로 생각했다. 제법 맞는 생각이긴 했지만, 그 때문에 오르후스에 간 건 아니었다. 내가 그곳에 간 건, 유틀란트에서 서핑을 할 수 있다는 요한의 말 때문이었다. 겨우 보드 위에 서는 정도였지만 그런 건 상관없었다. 내 인생은 이미 파도를 찾으려는 욕구를 중심으로 조용히 접히고 있었다.

오르후스에 다녀온 후 스카겐의 작은 중심가에서 버스킹을 했다. 이곳 사람들은 지금껏 칠로를 구경조차 해본 적이 없는 게 거의 확실했지만, 스카겐 화파를 탄생시켰다. 그들이 주로 그림을 그리는 장소를 보러 갔다. 오슬로에서 버스킹에 실패하고 도망치듯 달아났던 마을, 크리스티안산을 똑바로 마주 보는 긴 해변이었다. 그날 밤은 다른 승합차 한 대를 제외하면 텅 비어 있는 커다란 주차장에서 보냈다. 다음 날은 아침 일찍 눈을 떠, 카테가트 해협과 스카게라크 해협, 두 바다가 맹렬한 조석파潮汐波에서 만나는 지점까지 태양이 내리쬐는 해변을 따라 걸었다.

승합차 뒤편 발판에서 아침을 먹고 있는데, 다른 승합차 주인들이

다가와 자신들을 소개했다. 그들은 내 서프보드를 보았다고 했다. 그리고 서해에 위치한 클리트묄레르라는 지역에서 막 도착했는데 그곳 파도가 좋았다고 했다.

클리트묄레르는 상당히 큰 어촌으로, 모래에 뒤덮인 주차장 몇 개가 높은 모래 언덕 뒤에 자리 잡고 있고 그 반대편에 긴 해변이 이어졌다. 바다가 무척 잠잠해서 중심가에 있는 두 개의 서핑 전문 매장이 어쭙잖게 보였다. 마을 제일 끝에 위치한 주차장에 승합차를 주차했다. 빈 깡통과 테니스공을 이용해 승부를 가르는 복잡한 경기를 즐기는 독일 서퍼들에게 이곳은 이미 집이나 마찬가지였다. 그들은 경기에 들어오라고 나를 초대했지만, 나는 경쟁에는 젬병인 데다 테니스공 같은 걸 이용하는 복잡한 경기에는 소질이 없었다. 대신 벽장에서 첼로를 꺼내, 기괴한 낙서로 뒤덮이고 모래에 반쯤 묻힌 여러 개의 콘크리트 벙커 가운데 가장 높은 곳까지 힘들게 끌고 올라갔다. 제2차 세계대전 시기에 만들어진 이 벙커들은 대부분 취한 것처럼 기울어져 있었다.

바다는 사흘 동안 잠잠했다. 나는 기대하고 고대하며 이곳에 머물렀다. 독일 서퍼들과의 경쟁적이고 복잡한 경기를 피해 해변과 해변 뒤편 숲을 산책했다. 소나무가 빽빽한 깊고 어둡고 으스스한 숲은 등산하기에 좋았다. 군인들은 이곳을 비밀 통로, 공터, 사격장으로 이용하곤 했다.

어느 날 저녁, 첼로를 들고 가장 평평한 벙커에 올라가, 황홀하고 아름다운 일몰을 바라보며 〈보칼리제〉를 연주했다. 그렇게 해서 카렌을 만나게 됐다.

카렌은 숲 가장자리의 어느 집에서 아주 어린 딸과 함께 살았다. 그녀는 기초를 놓기 위해 콘크리트를 섞고, 그것을 손수레에 담아 끌고, 벽을 세우고, 지붕을 올리기 위해 숲에서 나무를 베고, 화장실에 배관을 설치하며 직접 집을 지었다. 오래된 합판 자투리를 주방으로 사용하는 타이어 여섯 개짜리 밝은 녹색 이베코 데일리 승합차를 끌고 전 세계를 누비며 서핑 여행을 다니는 동안, 돈을 모으기 위해 건축 부지에서 일하면서 이런 기술을 배웠다. 카렌은 길 위의 생활에 대해 모르는 게 없었다. 내가 〈보칼리제〉를 마치자 그녀는 손뼉을 쳤고, 자기 집 온수로 샤워하고 세탁기를 이용하게 해주었다.

넉 달 만에 처음으로 강물이나 바닷물이 아닌 다른 물로 옷을 세탁했다. 그런 다음 카렌의 정원에서 함께 맥주를 마셨다. 카렌은 내 것과 똑같은 자신의 이베코 승합차를 타고 돌아다닌 세계 각지에 대해 이야기했고, 나는 페리를 타고 집에 가기 위해 칼레로 돌아가는 중이라고 말했다. 그러자 카렌은 오래되어 너덜너덜한 《스톰라이더*Stormrider*》를 나에게 주겠다고 고집을 부렸다. 《스톰라이더》는 《저렴하게 즐기는 유럽 여행》과 비슷했지만, 캠핑카는 노변 주차장에서 하룻밤 주차가 허용되지 않는다거나, 얼마의 돈이 어느 정도 가치라든가 하는 정보 대신, 어느 지역에 파도가 있고 그 파도가 어떤 종류인지 알려주었다. 클리트묄러르도 소개하고 있었다(파도의 종류는 드물지만 썩 좋은 파도는 아니라고 했다). 운스타드는 소개되지 않았다.

나는 카렌에게 운스타드의 위치를 알려주기 위해 내 승합차로 가서 오세에게 받은 지도를 찾았다.

"당신은 운이 좋군요." 카렌이 말했다. "좋아하는 일을 직업으로 하고 있으니 말이에요."

나는 내 일을 그렇게 생각해본 적이 없었다.

"첼로 연주는 좋아하지만 버스킹은 싫어요."

"사람들이 당신에게 돈을 주는데 싫다고요?"

모이라나의 코업 마트 밖에서 첼로를 연주할 때 노인들이 내 연주를 듣기 위해 벤치에 모여들던 모습이 생각났다. 종종 그들이 생각났다. 솔직히 버스킹이 싫다는 건 이젠 전혀 사실이 아니었다. 어떤 면에서는 점점 좋아지기도 했다. 주로 연주가 잘 끝났을 때 그런 걸 느꼈다. 비스킷 통 안에 동전을 떨어뜨리며 내가 돈을 벌었다는 걸 실감할 때의 성취감 같은 것. 내가 정말로 돈을 벌었구나, 하는.

"그러고 보니 좋을 때도 있는 것 같아요."

카렌이 《스톰라이더》 서핑 가이드를 집어 들더니, 빨간색 마커 펜으로 나에게 어울릴 만한 쉬운 장소, 서핑을 배우기에 좋은 장소들에 동그라미를 그리기 시작했다.

"올레롱 섬이 완벽하겠어요." 카렌이 말했다. "기온도 따뜻하고 근사한 파도와 멋있는 사람들이 있는 지역이에요."

"거의 보르도하고 가깝군요! 하지만 전 칼레까지만 갈 거예요." 내가 말했다.

"스페인까지 해안을 따라 버스킹을 하면서 가는 게 어때요? 그러면 포르투갈에 갈 수 있을 거예요. 당신은 아무 곳이나 갈 수 있어요. 자유롭잖아요."

나는 고개를 저었다. 카렌은 한나처럼 말했다. 앤드루처럼 말했다.

마침내 파도가 시작되었다. 비록 작고 시시한 파도지만 주차장 뒤쪽 해변에서 부서지는 파도를 타면서 하루를 보낼 수 있을 정도로 꽤 오랫동안 클리트묄레르에 머물렀다. 얼마 뒤에는 여름의 끝을 기념하기 위해 카렌의 집에서 열린 파티에 갔다. 다른 손님들은 모두 어부거나 서퍼였으며, 모두들 그날 낮에 클리트묄레르에서 잡은 조개류를 잔뜩 가지고 왔다. 음식을 다 먹은 뒤에 카렌이 나에게 첼로 연주를 부탁했다. 여기서 첼로를 연주할 줄은 생각도 못 했다. 승합차로 가서 벽장에 모셔둔 첼로를 꺼내 다시 돌아와 의자를 찾은 뒤〈브루카 마니과〉를 연주했다. 그런 다음〈고엽〉을 연주했다. 연주를 마치자 모두 박수를 쳤고 계속해서 조개를 먹었다. 나는 조금 떨렸지만 내색하지 않았다. 승합차로 돌아와 다시 첼로를 집어넣었다. 무언가 해줄 것이 있어서 기뻤다. 어부들은 생선을 가지고 왔고, 나는 음악을 가지고 왔다. 이곳에서 사는 방식은 그랬다.

24

 덴마크를 지나자 문명사회가 가까워졌다. 넓은 공터들은 사라지고 끝없는 관목 숲이 이어졌다. 노르웨이에서 독학으로 배운 곡으로 연주를 시도한 이름 없는 거리와 도시가 얼마나 많은지 이루 셀 수가 없다. 남쪽으로 이동할수록 모든 것이 점점 힘들어졌다. 버스킹도, 잠잘 곳을 찾는 것도, 씻을 곳을 찾는 것도, 물을 찾는 것도. 밤은 점점 길고 어두워졌다. 숲마다 쓰다 버린 콘돔과 실종자 전단지로 가득했다. 인공으로 만든 호수들 앞에는 '수영 금지' 푯말이 세워졌다. 잭처럼 능숙한 수준으로 서핑하는 꿈을 꾸었다. 잭과 나는 한나가 나를 빛으로 감싼 오두막, 리스마쿠의 현관 계단에 함께 앉아 있었고 그는 희미하게 미소를 짓고 있었다.
 어떤 휴게실에는 몰래 샤워할 수 있는 곳이 있다는 걸 알게 됐고, 담당자를 설득해서 나에게 열쇠를 맡기게 하는 방법을 알게 됐다. 대개는 열쇠가 없었는데, 그런 경우 머리와 수염을 텁수룩하게 기른 지저분하거나 험악한 몰골의 대형트럭 운전사가 아무것도 걸치지 않은 나를 향해 저벅저벅 걸어오기 일쑤였다. 대체로 나는 지저분하게 다녔다. 이따금 거리에서 누군가 내 연주에 흥미를 보이면, 그들에게 혹시 댁에 가서 샤워 좀 해도 괜찮겠냐고 물었다. 그러면 대개는 그러라고 했다. 5리터짜리 플라스틱병에 든 물을 사기 시작했다. 거리는 스파게

티 가닥처럼 복잡해서, 산업시설이 많은 막다른 골목 주변을 차를 몰고 돌아다니다 보면 엄청난 양의 경유를 낭비하기 십상이었다. 그래서 결국 대도시에서 연주를 하게 되는데, 도시가 어찌나 큰지 도대체 차를 어디다 놓고 왔는지 잊어버리는 일이 다반사였고, 몇 시간씩 차를 찾아 헤매고 있노라면 아무래도 차가 견인돼서 어딘가에 처박혀 있는 게 틀림없다는 확신이 점점 강해졌다.

나라마다 규칙이 달라서 재빨리 규칙을 익혀야 했는데, 대개는 규칙을 어겨 혼쭐이 나가면서 얼떨결에 배웠다. 독일에서는 도심 한가운데 대형 쇼핑센터에서 연주할 수 있지만, 특별히 지정된 자리에서 다른 버스커들과 교대로 20분씩만 연주해야 했다. 시간이 엄격하게 관리되었고, 나는 많은 버스커들 가운데 눈에 확 띄었다. 적어도 내가 만난 독일의 버스커들은 제대로 실력을 갖춘 음대 학생들이었고 제대로 된 음악을 연주했다. 그러니까, 〈브루카 마니과〉를 마음대로 지어내 연주하지는 않았다. 긍정적인 측면에서 보면, 독일에서는 마을들이 수백 마일씩 떨어져 있지 않아서 얼른 다음 마을로 넘어갈 수 있었고, 어쨌든 잠 잘 장소를 찾기가 쉬웠다. 이곳은 하이더 캠핑카의 마음의 고향이었고, 특정 구역에서는 무료로 주차할 수도 있었다. 나는 이런 곳에서도 단연 눈에 띄는 사람이었다.

네덜란드는 독일과 상황이 달랐다. 지금 같으면 아무렇지 않게 여길 테지만, 노르웨이에서 몇 달을 지낸 후 처음 네덜란드에 도착했을 땐, 마치 화성에 도착한 것 같은 기분이었다. 넓은 공터가 없는 건 말할 것도 없고 도대체 공간이라고 할 만한 자리를 찾아볼 수가 없었다. 나는 다른 개미들에게 사방으로 둘러싸여, 끝없이 이어지는 고속도로 위에 끝없이 이어지는 마을들을 굴을 파고 지나가는 한 마리 개미가 된 기분이었다. 게다가 사방에서 흘러들어오는 인파를 생각하면, 힘들게 길을 뚫고 지나가 마을로 들어서기란 쉬운 일이 아니었다. 연주할 자리를 찾는다는 건, 내 첼로의 시각적인 효과를 가장 돋보이게 해 사람들의 시선에서 외면당하지 않을 장소를 찾아낸다는 것이었다. 나가라는 소리를 들을 위험은 절대로 없었다. 경쟁자가 많았지만 독일하고는 달랐다. 네덜란드의 버스커들은 창백하고 고단한 행색으로 담요를 뒤집어쓰고 앉아 담배를 피우고 디저리두didgeridoo(아주 긴 피리처럼 생긴 오스트리아 원주민의 목관 악기)를 연주하는 한량들이었다. 문제는 규칙이라든지 누가 버스킹을 반대하는 것하고는 관계가 없었다. 문제는 사람들이 주로 돈 대신, 내가 집에 가거나 밥을 사 먹는 데에는 아무짝에도 쓸모없는 작은 마리화나 상자들을 모자 안에 던져 넣는다는 것이었다. 그 바람에 나는 국경을 넘어 벨기에로 들어가기 전에, 만일에 대비해 은촉붙임 판자 안쪽에다 셀로판테이프로 이 상자들을 덕지덕지 붙이느라 시간을 들여야 했다.

네덜란드에서는 두 가지를 알게 되었는데, 둘 다 특별히 고무적인 일은 아니었다. 하나는 벨기에서 버스킹을 하려면 허가증이 필요하고, 허가증 없이 버스킹을 하다가 걸리면 100유로의 벌금을 물어야 한다는 것이었다. 다른 하나는 프랑스에서는 땡전 한 푼 벌 수가 없다는 것이었다.

첫 번째가 사실인지는 전혀 알 길이 없을 것 같다. 내가 할 수 있는 말은, 벨기에에서는 버스킹을 하지 않으려고 최대한 노력했지만, 결국 투르네라는 프랑스 국경 근방의 도시에서 버스킹을 하지 않을 수가 없었다는 것뿐. 경찰관 두 명을 보았지만 못 본 척 눈을 감고 연주를 계속했다. 20분 동안 눈을 감은 채 〈브루카 마니콰〉의 열다섯 번째 연주를 마치고 눈을 떴을 때, 경찰관은 보이지 않고 스무 명 정도의 사람들이 주변에 서서 박수를 치고 있었다.

운스타드를 떠난 뒤 꼬박 두 달 만인 10월 말, 마침내 국경을 넘어 프랑스로 들어왔다. 투크네에서 칼레까지는 100킬로미터에 불과했다. 남쪽으로 향하는 장거리 운전은 끝났다. 아니, 어쨌든 끝나야 했다.
브로드샌즈가 그리웠다. 벤의 썰렁한 유머도, 안전하다는 느낌도 그리웠다. 눈을 떠서 오늘 하루는 또 어디에서 버스킹을 해야 하나 생각하지 않아도 되는 아침이 그리웠고, 승합차가 고장이 나면 어쩌나 한밤중에 경찰한테 쫓겨나면 어쩌나 걱정할 필요가 없는 일상이 그리웠다. 그러나 이 모든 일이 실제로 이루어질 날이 가까이 다가오자, 잭과 그의 예쁘고 자그마한 서퍼 여자 친구를 대면해야 한다는 사실이 점점 견딜 수 없을 것 같았다. 베르겐에 도착했을 땐, 별의별 산전수전을 다 겪은 뒤에도 머릿속은 크니브셀로덴과 운스타드와 한나에 대한 생각으로 꽉 들어찼다. 무수한 도시를 빠져나오고 고속도로 휴게소에서 잠을 자면서 2개월을 보내고 돌아온 지금은, 그 모든 것들과 100마일은 떨어져 있는 기분이었다. 핼쑥한 얼굴에 여드름이 났다. 그동안 제대로 먹지도 자지도 못했다. 침대에 누워 카렌이 준 서핑 가이드 《스톰라이더》를 훑어보았다. 그런 다음 《저렴하게 즐기는 유럽 여행》을 집어 들었다.

계획은 이게 아니었다. 나는 칼레에 가지 않았다. 대신 나도 모르는 사이에 디에프에 가 있었다. 그곳에서 네덜란드에서 얻은 정보 가운데 두 번째가 사실임을 확인했다. 프랑스 사람들은 버스커들에게 관대하지 않았다. 이것은 곧 르아브르 항구에서 페리를 탈 만큼 충분한 돈을 모으지 못했다는 걸 의미했다. 게다가 이곳은 내가 시간을 보내고 싶은 장소가 아니었기 때문에 나는 캉까지 이동을 계속했다. 캉에서도 돈은 충분히 벌리지 않았고 경찰은 자꾸만 나를 쫓아내는 바람에 다시 렌으로 계속해서 차를 몰아야 했다. 렌에서는 돈을 좀 벌었지만 지역이 크고 밤에 주차할 자리가 마땅치 않아 생브리외까지 이동했다. 이곳에서 용케 나흘 만에 100유로 정도를 모은 다음 로스코프로 갔다. 로스코프에서 플리머스까지 가는 페리를 탈 수 있었기 때문이다. 그렇지만 로스코프에서 출발하는 페리가 200유로나 해서 다시 해안 도로로 향해야 했다. 겉으로는 버스킹할 장소를 물색하는 것처럼 보였겠지만, 솔직히 말하면 연습할 수 있는 파도와—서핑을 하는 예쁘고 자그마한 여자 앞에서 망신을 당하지 않기 위해—선탠을 할 만한 해변을—핼쑥하고 지친 몰골에 여드름까지 난 상태로 그 여자와 대면하지 않기 위해—찾고 있었다.

하지만 그 주 브르타뉴에는 그런 파도도 해변도 없었다. 대신 카트리나가 노르웨이를 휩쓸고 간 이후로 아마도 처음 보는 폭풍우가 몰아쳤다. 그래서 해가 나오고 돈이 바닥 날 때까지 남쪽으로 줄곧 이동해 마침내 라로셸에 도착했다. 라로셸에서 버스킹으로 다시 100유로를 모은 어느 날 《스톰라이더》를 뒤적이다가, 카렌이 빨간색 마커 펜으로 동그라미 표시를 했던 올레롱 섬이 엎어지면 코 닿을 거리에 있다는 걸 알았다.

25

올레롱으로 연결되는 다리는 무료였다. 내가 발견한 첫 번째 해변은 긴 모래사장이었다. 녹색의 숲이라는 뜻의 베르 부아라는 이름이었는데, 아마도 바로 뒤에 모래 언덕을 배경으로 키 큰 소나무 숲이 있어서 그런 것 같다. 낡은 흰색 트랜싯 승합차 옆에 내 승합차를 주차했다. 트랜싯 창문에는 '여가를 즐기는 인간'이라고 새겨진 스티커가 부착되어 있고, 잡종이 분명한 개 세 마리가 혀를 쑥 빼문 채 앞좌석에 누워 있었다. 개들은 나를 보더니 벌떡 일어나 꼬리를 흔들어댔다. 잠수복은 운스타드에서의 첫날과 마찬가지로 여전히 불편했다. 엉거주춤 보드를 들고 계단 두 개를 내려와 해변을 지나서 모랫길 끝까지 갔다.

실제로 서핑하는 사람은 대여섯뿐이었지만, 운스타드 이후 서퍼들로 가득 찬 바다를 오랜만에 보는 것 같았다. 순간적으로 몹시 불안하고 머쓱해졌다. 물속에 들어가길 얼마나 강렬하게 원했는지 모른다. 얼굴에 닿는 바닷물의 느낌을 느끼고 싶었고, 수면 아래로 내려가 세탁기 속 빨래처럼 시원하게 씻고 싶었다. 꽉 비틀어 짠 것처럼 짜디짠 소금기를 간절히 느끼고 싶었다. 하지만 이 사람들 앞에서 보드에서 떨어지는 모습을 보이고 싶지가 않았다. 그런데 짜디짠 소금기가 느껴지자 나도 모르게 바닷속으로 마구 뛰어들기 시작했다. 마법은 여전히 유효했다. 세 시간 동안 출렁이는 파도 위에 서려고 안간힘을 쓰는, 묘하게 매력적이고도 끊임없이 좌절감을 일으키는 과정 외에는 아무것도 생각나지 않았다.

마침내 밖으로 나왔을 때, 대부분의 다른 서퍼들도 밖에 나와 있었다. 그들은 주차장의 트랜싯 승합차 주위에 무리를 지어 모여 있었다. 먼저 개들이 나에게 다가와 꼬리를 흔들면서 내 손을 핥았다. 나는 잠수복을 벗은 뒤 말리기 위해 사이드미러 위에 걸었다.

다음으로 나에게 인사를 건넨 사람은 그자비에였다. 그는 개들을 데리러 왔다가 가지 않고 있었다. 곧이어 다른 네 사람이 그를 따라왔다. 내가 주전자를 올리자 누군가 트랜싯에서 머그잔 몇 개를 더 가지고 왔고 우리는 모두 풀밭에 앉아 차를 마셨다. 장이라는 사람을 제외하고 모두 머리가 젖고 소금기가 묻은 채로 행복해했다. 장은 길에서 넘어진 바람에 6개월 동안 서핑은 고사하고 걸을 수도 없었다. 그는 파리 출신이었는데, 나머지 사람들은 그의 억양이 영화 〈증오 La Haine〉에서 곧장 튀어나온 것 같다며 놀려댔다. 이들 가운데 외향적인 사람인 그자비에는 쉴 새 없이 농담을 했다. 나딘은 라로셸에서 요가를 가르쳤다. 검은 곱슬머리의 에티엔은 브르타뉴 사람으로 낡은 흰색 트럭을 가지고 있었는데, 재활용 식물성 기름으로 운행했기 때문에 차에서 피시앤칩스 가게 냄새가 났다. 전문 스케이트보드 선수인 브누아는 모든 말을 세 번씩 반복했다. "bien bien bien, voila voila voila(좋아 좋아 좋아, 그래 그래 그래)."

개들의 이름은 캐시, 미직, 사일런스였고 이들 모두의 소유였다.

그들은 모두 그냥 'le Terrain(땅)'이라고 불리는 비밀 지역에서 살았다. 우리가 차를 다 마실 무렵 그들은 나에게 자기들과 함께 그곳에서 지내자고 청했다. 장 마리 르펜(프랑스 극우 민족주의 정치인)이 인기가 높아져서 요즘은 베르 부아에 승합차가 서 있는 걸 프랑스 경찰들이 못마땅하게 여긴다는 것이다. 그자비에는 쓰레기가 쌓여 있는 바닥 위에다 그의 이름을 내뱉듯이 말했다. 그들은 흰색 트랜싯에 개들을 들여보냈고 나는 그 뒤를 따라 차를 몰았다. 거의 11월이 다 되어가는데도 날씨가 어찌나 더운지 비키니만 입어도 될 정도였다.

'땅'은 내륙에서 몇 마일 들어가 관목 숲 사이를 지나가는 비포장도로 끝에 있었다. 숲은 무척 울창해서 마치 칠판을 긁는 손톱처럼 우리가 탄 승합차의 페인트를 마구 긁어댔다. 마침내 공터에 도착했다. 에티엔의 대형트럭이 낡은 르노 자동차 옆에 주차되어 있었다. 그자비에는 트랜싯을 르노 옆에 밀어 넣고 나에게 그 옆에 차를 대라고 신호를 보냈다. 나는 칸막이벽 사이로 올라가, 찢어져서 무릎이 다 떨어지고 색이 바랜 청바지를 입은 다음, 다른 사람들처럼 잠수복을 나무에 걸쳐놓아 말렸다. 소나무와 능수버들 냄새로 공기가 무거웠다. 공터 한가운데에 화덕이 있었고, 가장자리에는 서프보드들이 해변에 밀려온 쓰레기처럼 쌓여 있었다. 10월 늦은 오후의 태양이 나무 사이로 만화경처럼 스며들었다. 작은 베란다와 텐트 두 동이 설치된 허름한 통나무 오두막이 있었고, 커다란 떡갈나무에 '사냥 금지, 위반하면 사형'이라는 표지판이 매달려 있었다.

이 지대는 그자비에의 친척 소유였다. 자연보호 구역이라 승합차를 세워두고 그 안에서 생활해서는 안 되었지만, 근방에 집이라고는 파리의 어느 정치인 소유의 집이 유일했다. 게다가 이 정치인은 좀처럼 섬에 오는 일이 없었고, 어쩌다 오더라도 알몸으로 주변을 산책하고 정원에서 동성애 애인과 섹스하길 좋아해서 그 역시 경찰을 부르길 꺼렸다.

올레롱은 코르시카 다음으로 파리에서 가장 큰 섬이다. 그자비에의 말에 따르면 프랑스의 어느 지역보다 심지어 지중해보다 일조량이 많다. 하긴, 10월인데도 동월만큼이나 따뜻한 걸 보면 그 말은 확실히 사실이었다. 나는 찢어지고 바랜 청바지 무릎을 확 들어서 찢어지고 바랜 반바지를 만들었다. 상관없었다. 이번이 진짜 내 여정의 끝이었으니까. 나는 이 반바지를 입고, 떠내려온 나무 조각들을 괜히 주워 모으면서 해변을 왔다 갔다 거닐었다. 이 반바지를 입고, 목초지에 풀어놓은 말처럼 공터 가장자리의 길쭉한 풀밭 위에 세워둔 내 승합차 지붕에서 가부좌를 하고 앉아 모닝커피를 마셨다. 저녁이면 다 같이 불 가에 모여 앉아 붉은 포도주를 마셨고 커다란 냄비째 포크로 음식을 먹었다. 우리는 아무도 사용하지 않는 운동장에 들어가 몸을 씻었는데, 샤워장 지붕 위로 올라가 채광창으로 뛰어 내려서 몰래 샤워장 안으로 침입할 수 있었다. 나는 햇볕이 드는 동안 승합차 안에 있는 것들을 전부 꺼내놓고 구석구석 꼼꼼하게 청소를 했고, 물건들이 바싹 말라서 더 이상 낡은 운동화 냄새가 나지 않길 바라며 바닥에 쫙 펼쳐놓았다. 천장의 곰팡이를 닦는 데만 한나절이 걸렸다. 청소를 모두 마치자 모두 훨씬 좋아 보인다고 말했다.

오후에는 브누아와 함께 그의 오래된 사륜구동 르노를 타고 파도를 찾아 섬 일대를 돌곤 했다. 나는 그에게 서핑을 능숙하게 할 때까지는 집에 갈 수 없다고 말했고, 그는 지극히 당연한 말이라는 듯 나를 돕겠다고 했다. 서핑을 하면서 느낀 크고 작은 승리감과 좌절감 따위를 미주알고주알 이야기해서 이 책을 읽는 사람들을 지루하게 하고 싶지는 않다. 서핑을 하면서 다시금 모든 걸 잊었다고, 심지어 2주 뒤면 브로드샌즈로 돌아간다는 사실조차 까맣게 잊고 있었다고 말하는 것만으로 충분할 것이다. 아니, 설사 꼭 잊은 건 아니더라도 마음 한구석 깊숙한 곳에 밀어넣을 수 있었다. 나는 섬의 중심지인 생피에르돌레롱의 대형 시장에서, 모닥불 가에서 사람들과 함께 나눠 먹을 빵과 치즈와 와인을 사는 데에 라로셸에서 번 돈을 거의 다 써버렸다. 10월이 지나 11월로 바뀌었지만 아직 이곳을 떠나지 않았다. 내 스물다섯 살 생일 전날 밤에도 여전히 모닥불 가에 앉아 있었다.

그날 에티엔은 겨울 모로코 여행을 위해 그동안 모아온 식물성 기름을 자신의 승합차 안에 잔뜩 채워 넣었다. 그날은 안개가 짙게 깔려 처음으로 해를 가렸다.

"이런, 우리는 습기 속에서 살고 있군." 나딘이 말했다.

어쩐지 뭔가 끝나고 있는 것만 같았고 실제로 그랬다. 브누아는 라로셸에 있는 대학으로 돌아가야 했다. 그는 이 학교에서 체육 교사가 되기 위한 교육을 받고 있었다. 장은 알프스 산으로 갈 예정이었다. 그자비에는 제2의 제라르 드빠르디유가 되기 위해 파리에 갈 것이다. 나딘만 생피에르에서 요가를 가르치며 캐시, 매직, 사일런스를 돌보면서 '땅'에서 겨울을 보낼 터였다.

그날 밤 '땅'에서 큰 파티가 열렸다. 모두들 파티가 행복한 우연의 일치라는 데에는 동의했지만, 내 생일을 축하하기 위해서가 아니라 여름의 끝을 기념하기 위해서였다. 잉글랜드 집에 있을 때 본파이어

나이트_bonfire night_(가이 포크스 등 로마 가톨릭교도들이 영국 국회의사당을 폭파하려고 기도했던 1605년 11월 5일의 화약음모사건 실패를 기념하여 매년 11월 5일 저녁에 치르는 영국의 연례행사. '가이 포크스의 밤'이라고도 한다)에 겨울의 시작을 기념한 것과 같은 식이었다. 본파이어 나이트 준비는 앤드루가 전문이었다. 앤드루는 불꽃놀이와 화형에 처할 인형 만들기를 무척 좋아했다. 그는 언제나 우리가 아는 누군가를 선택해서 자신의 가이 포크스 모델로 삼았다.

섬의 곳곳에 있던 사람들이 파티 장소로 찾아 왔다. 대부분 이미 안면이 있는 서퍼들이었다. 에티엔은 베르 부아 근처 야영장에서 발전기를 빌렸다. 그리고 자동차 트렁크 세일에서 구입한 오래된 전축으로 음악을 틀었다. 에티엔은 자동차 트렁크 세일이 곧 불법이 될 거라며 시무룩하게 말했다. 아니면 번 돈을 전부 신고해서 어마어마한 세금을 내야 할 거라고 했다.

"Taxer l'imagination(상상력에 세금을 부과하다니)." 장이 말했다.

"그들은 우리가 자유를 팔길 원해." 그자비에가 말했다. "그래서 정신 바짝 차려야 해."

"대출금 말하는 거예요." 내가 그자비에의 번역을 이해하지 못했다고 생각했는지 에티엔이 설명해주었다.

누군가 굴이 한가득 담긴 커다란 접시를 들고 왔다. 내가 한 번도 굴을 먹어본 적이 없다고 말하자 그자비에가 눈물까지 흘리면서 배를 잡고 웃었다.

"Bon anniversaire(생일 축하해요)." 그가 나에게 레몬 하나를 건네며 말했다.

우리는 레드 와인과 슬로 진sloe gin(야생 자두를 원료로 만든 알코올음료) 맛이 나는 피노Pineau라는 이름의 지역 술을 엄청나게 마셔댔다. 그런데 모두가 잔뜩 취해있을 때 발전기의 경유가 바닥이 났다. 나는 내 승합차 문을 열어놓고 카세트테이프를 틀겠다고 제안했다. 혹시 배터리가 완전히 방전돼도 누군가 자동차 충전 케이블이 있다면 아침에 시동을 걸 수 있을 터였다. 에티엔은 자기에게 충전용 케이블이 있다고 말했다. 그리고 음악 소리가 잘 들리도록 파티 장소와 가까운 곳으로 승합차를 이동시켜야 한다고 했다. 나는 술에 취해 비틀거리며 길쭉한 풀밭을 지나 승합차에 올랐다. 보름 동안 한 번도 운전을 하지 않았다. 아, 내 사랑 승합차여. 한때 벤의 모터크로스 동호회 친구의 소유였다가, 노르카프까지 줄곧 나와 동행해주었으며, 노르카프에서 이곳 올레롱까지 고장 한 번 나지 않고 잘도 달려준 녹슬고 녹슨 나의 승합차여. 이제 생각해보니 정말 기특한 녀석이 아닐 수 없었다. 나는 앞으로 몸을 숙여 핸들에 입을 맞추었다.

그런데 열쇠를 돌려 시동을 거는데, 아무런 반응이 없었다.

다시 한 번 시도해보았다. 여전히 조용했다. 에티엔이 충전 케이블을 가지러 갔다. 그래도 소용이 없었다.

녹슬고 녹슨 나의 승합차가 드디어 퍼져버렸다.

26

내 승합차의 문제는 그들 가운데 누구도 고칠 수 있는 성질의 것이 아니라는 데 의견 공동성으로 결론이 내려졌다. 그러자 장은 티에리라는 그의 오래된 학교 친구에게 전화를 걸었다. 티에리는 나에게 차를 견인해 올레롱에서 나와 '현대 정비소'라는 곳에 가보라고 했다. 현대 정비소는 두 가지 이유에서 현대적이었다. 첫째, 고치는 방법만 알면 도구와 리프트를 빌려 직접 싼 가격에 차를 수리할 수 있었다. 둘째, 주말이면 티에리의 예술가 친구들이 도구며 엔진 부속이 잔뜩 널브러진 정비소 바닥 한가운데에 앉아 레드 와인을 마시며 철학과 정치를 이야기하는 가운데 연주자, 시인, 코미디언들이 이들을 위해 소규모 공연을 펼쳤다. 그러니까, 지금까지 내가 알던 모든 차량 정비소와 비교해볼 때 굉장히 현대적이었다.

티에리는 내 승합차의 시동 모터를 갈아야 한다고 말했다. 그가 중고로 하나 얻을 수가 있는데 시간이 좀 걸린다고 했다. 아무리 중고라지만 전부 다 해서 못해도 500유로는 줘야 할 터였다. 다행히 정비소가 워낙 현대적이어서, 일요일 밤마다 첼로를 연주해 비용 일부를 해결할 수 있었다. 나머지는 버스킹으로 충당해야 했다. 티에리는 좋은 소식이 있다면서, 샤트롱 강변도로에 있는 자기 친구 아파트에서 공짜로 지낼 수 있다고 했다. 딱 하나 문제가 있는데 샤르트롱 강변도로와 현대 정비소는 둘 다 보르도에 있지만 반대편 방향으로 아주 멀리 떨어져 있다는 것이다. 보르도는 프랑스에서 버스킹을 하기 가장 힘든 장소였기 때문에, 그자비에는 보르도에서는 유랑 극단들이 항상 새로운 공연을 시작한다는 말로 나에게 용기를 북돋아주려 했다. 그자비에와 티에리는 내가 보르도에서 버스킹으로 돈을 벌 수 있다면 세계 어디를 가도 굶어 죽는 일은 없을 거라고 입을 모았다. 나는 오슬로를 떠올리며 토할 것 같은 기분이 들었다.

샤트롱 강변도로의 아파트는 가론 강 바로 맞은편, 다 쓰러져가는 거대한 석조 창고 테라스에 있었다. 이 창고는 18세기에 부유한 상인들이 미국에서 사들이거나 훔쳐 온 실크와 향신료들을 보관하기 위해 지은 것이다. 몇 년이 지나 창고는 아무렇게나 분할되어 아파트로 변경되었다. 가령 회반죽을 바르지 않은 돌벽처럼 창고의 원래 특징 대부분이 여전히 그대로 남아 있었고, 실제로 침실은 돌벽 가운데 하나를 파내어 만들어졌다. 그래서 잠을 자려면 부서질 것 같은 나무 사다리를 타고 올라가야 했다. 나는 승합차에서 한나의 리본을 가지고 와 나무 사다리에 매달았다. 승합차보다 간신히 호화롭달까. 욕실은 없었다. 뜨거운 물도 없었다. 커튼 하나로 분리된 주방 한구석에서 찬물로 샤워해야 했다. 화장실은 다른 쪽 구석에 있었다. 바닥에는 타일이 깔렸고 창문은 창틀과 맞지 않아 덜거덕거렸다. 난방시설은 없고 대신 오래되어 휘발유가 새는 난로가 하나 있었는데, 젝의 트란지아 코펠의 거대 버전쯤 되는 주전자를 이용해 휘발유를 부어야 했다. 집안에서 주유소 같은 냄새가 났다. 그리고 굉장히 시끄러웠다. 그동안 조용한 생활에 너무 익숙해졌는지 냉장고 플러그를 뽑고, 지지직 소리가 나는 침실 백열전구를 돌려서 뺀 뒤에야 잠을 잘 수 있었다. 그렇지만 밤새도록 경적을 울려대는 저 아래 거리의 택시 기사들은 플러그를 뽑는다고 될 일이 아니었고, 수영장처럼 콸콸 소리가 나는 오래된 배관은 돌려서 뺄 수도 없는 노릇이었다.

보르도는 프랑스에서 제법 큰 도시 가운데 하나로, 샤트롱 강변도로에서 도심을 향해 한참을 걸어야 도착했다. 그자비에의 말은 농담이 아니었다. 보르도는 내가 버스킹을 해본 지역 가운데 최악이었다. 비 오는 날 베르겐보다 심했다. 오슬로보다도 심했다. 적어도 오슬르에서는 바다에서 밀려들어 겨우내 남아 있는 이런 얼음 안개는 없었다. 어찌나 추운지 몇 시간 동안 가만히 앉아 첼로를 연주하는 건 그사하고 아예 아무 데도 갈 수가 없었다. 첼로가 걱정됐다. 추운 날씨 때문에 나무가 수축될 것 같았다. 앞판과 뒤판이 떨어지려고 했다. 접합선을 따라 틈이 벌어졌다. 잭의 파타고니아 오리털 코트로 둘둘 말 수 있으면 좋으련만. 아니면 운스타드에서 버거가 나를 놀려댔던 빨간색 코트로든지.

매주 일요일이 되기만을 학수고대했다. 일요일에 정비소에서 연주를 하면 사람들이 굉장히 오래된 가스난로를 내 쪽으로 돌려놓아 주었기 때문이다. 연주를 하기에는 이상한 환경이었지만 그즈음 그런 환경에는 이골이 났다. 한동안 새로운 곡을 배우지 않았지만, 넓고 소리가 울리는 창고는 아무리 힘없고 변변찮은 소리도 한결 좋게 들리게 해주었다. 나는 눈을 감고 내 전체 레퍼토리를 시간 순서대로 뒤섞어가며 연주했다. 먼저 바흐와 하이든으로 시작했다. 이 곡들을 연주할 때면 언제나 끔찍했던 처음 몇 주가 떠올랐다. 그런 다음 〈서머 타임〉 〈고엽〉 〈더 큰 사랑은 없다네〉를 연주했다. 이 곡들은 북쪽으로 향하는 머나먼 길과, 침묵과, 노인들이 내 연주를 듣기 위해 벤치에 모여들던 모이라나처럼 낯설고 먼지 자욱한 마을을 연상시켰다. 다음으로 〈보칼리제〉를 연주했는데, 그러면 내 마음은 어느새 트롬쇠로 돌아가 있었고, 불현듯 잭의 모습이 떠올라 가슴이 조금 아팠다. 마지막으로, 내 식대로 연주해 더 이상 원곡의 느낌이 별로 느껴지지 않는 〈브루카 마니과〉를 연주하면서, 상상 속에서 한나와 함께 승합차로 돌아가 산이 어떻게 해답을 주는지에 대한 후렴구를 노래했다. 아, 나도 산에 있다면 얼마나 좋을까.

30분이면 모든 연주가 끝났다. 새로운 곡을 배우고 싶었지만, 승합차도 없고 들을 수 있는 테이프도 없어서 어떤 곡이든 제대로 기억할 수가 없었다.

나는 눈을 감고 있었기 때문에 지붕 전체에 엔진 부속을 뒤집어쓴 채 창고 한구석에 우두커니 서 있는 불쌍한 내 승합차를 볼 수가 없었다. 관객도 볼 수 없었다. 관객들은 내가 프랑스에서 줄곧 보아온 유명 디자이너의 옷을 두른 예술가 히피들이 주를 이루었는데, 이 도시의 다른 사람들과 마찬가지로 음악에 전혀 감동을 받지 않은 눈치였다.

12월이 되자 무일푼이 되었다. 버스킹을 하고 또 했다. 하루 종일 거리에서 연주했고, 어느 땐 저녁까지 오래 연주하는 날도 있었다. 손 전체에 동상이 걸렸다. 하지만 번 돈이 너무 적어서 티에리에게 일주일에 최저 금액 50유로를 주고 나면 사실상 먹을 걸 살 돈도 모자랄 지경이었다. 이런 판국이니 승합차 수리를 마친다 해도, 페리 티켓은 고사하고 브르타뉴로 돌아갈 여정부터 막막했다. 이렇게 혹독한 대도시 길모퉁이에 앉아 내 남은 인생을 보내게 생겼구나, 내 첼로는 나와 승합차 옆에서 끙끙 언 채 산산조각이 나 현대 정비스에서 조용히 썩어가겠구나, 하고 걱정을 할 무렵 루마니아인 죄르지를 만났다.

27

이렇게 추운 날은 난생처음이었다. 어찌나 추운지 꼭 나가야 하는 일이 아니면 아무도 잠깐이라도 집 밖을 서성이려 하지 않았다. 어찌나 추운지 비주트리 거리의 고급 보석 상점에서 일하는 여자가 코코아 한 잔을 가져다주었다. 내 손가락이 얼어서 첼로 줄에 달라붙을까 봐 걱정이 된 게 분명했다. 바닥에 내놓은 모자는 단단히 결심이라도 한 듯 끝내 비어 있었다. 저벅저벅 발자국 소리가 지나갔다. 발자국은 보도 위에 침을 탁 뱉더니, 가서 엄마 젖이나 더 먹고 오라고 했다. 적당한 장소를 찾기 위해 짐을 챙겨 보르도 일대를 돌아다녔다. 그런데 도시 전체가 어딘가 좀 이상했다. 일꾼들은 도로를 파헤치고 있었고, 상점 출입구마다 클립보드를 들고 자선기금을 모금하는 사람들로 북적였으며, 광장마다 소규모 어린이 성가대로 가득 찼다.

알레 드 투르니는 몰라보게 달라졌다. 무슨 마법처럼 밤사이에 나무 진열대들이 즐비하게 늘어섰다. 거리 전체가 하늘에서 뚝 떨어진 것 같았다. 진열대에는 지붕과 난로가 설치되었고, 큰 가마솥에는 뮬드 와인mulled wine(설탕과 향신료를 넣고 데운 와인)과 따뜻한 사과차가 보글보글 끓고 있었다. 사람들은 초콜릿과 프레첼을 사기 위해 진열대 주변에 모여들었고, 불룩 나온 배에 베레모를 쓴 남자가 얼굴이 벌개 가지고 찌그러진 은색 색소폰으로 집시 재즈를 연주하는 동안 비쩍 마르고 이가 다 빠진 그의 조수는 접착테이프가 덕지덕지 붙은 더블베이스를 연주하고 있었다. 사람들은 그들의 모자 안에, 사실은 모자가 아니라 딱딱한 색소폰 케이스지만, 아무튼 그 안에 그야말로 돈을 던져 넣고 있었다. 파란색 줄무늬 앞치마를 두른 남자가 뮬드 와인을 담은 플라스틱 컵을 그들에게 가져다주었다.

벌건 얼굴에 배 나온 색소폰 연주자는 자신의 색소폰을 내려놓고 뮬드 와인을 크게 벌컥벌컥 들이켠 다음 다시 자리에 섰다. 그의 베레모가 반짝이는 둥근 머리 위에서 위태롭게 균형을 잡고 있었다. 그는 색소폰 케이스 속에 든 동전을 한 움큼 쥐어 가죽 주머니 안에 넣은 다음 자신의 재킷 안쪽 깊숙이 밀어 넣었다. 그때 동전들을 빤히 쳐다보고 있는 내 모습이 그의 시선을 끌었다.

"당신이 그 첼로 연주하는 사람이구먼."

"네."

그는 고개를 절레절레 젓더니 베레모를 벗어 다시 썼다.

"이리 와 봐.' 그가 말했다. "내 친구들을 소개해줄게."

루마니아인 죄르지는 나를 데리고 진열대들 사이를 빠져나가더니, 마침내 작은 연주대처럼 높이 솟은 지대가 있는 공터에 도착했다. 그러고는 연주대에서 가장 가까이에 있는 노점상 주인과 시끄럽게 이야기를 나누었다. 노점상 주인은 마침내 껄껄 웃더니 죄르지에게 뮬드 와인이 담긴 플라스틱 컵 두 개를 건넸고, 죄르지는 그 가운데 하나를 나에게 주었다. 그리고 나를 연주대로 데리고 갔다.

"슬픈 음악을 연주하면 안 돼. 크리스마스 캐럴을 연주해야지."

나는 입을 헤 벌리고 그를 멍하니 쳐다보았다. 세상에, 크리스마스라는 걸 까맣게 잊고 있었던 거다.

알레 드 투르니는 프랑스에서 가장 분주한 크리스마스 시장이다. 프랑스에서 가장 분주한 크리스마스 시장의 연주대에 올라가 수많은 사람들 앞에서 연주하다니, 여느 때 같으면 잔뜩 겁을 집어먹었을 테지만 지금 그런 걸 따질 때가 아니었다. 한시라도 빨리 보르도를 벗어날 수만 있다면 옷을 벗고 알몸으로라도 연주할 판이었다.

연주대에 자리를 잡고 〈고요한 밤〉으로 연주를 시작했다. 〈고요한 밤〉의 첫 구절을 어쨌든 무사히 넘겼다. 나머지 구절도 다 마쳤다. 나는 프랑스 캐럴이 영국 캐럴과 똑같다는 것조차 몰랐다.

〈고요한 밤〉을 마친 뒤에는 〈옛날 다윗 왕의 성에서〉를 연주했다. 그런 다음 〈구유에 누운 아기 예수〉를 연주했고, 마지막으로 〈황량한 한겨울에〉를 연주했다. 더 이상 춥지 않았다. 노점 주인이 나에게 주라면서 사람들에게 계속 뮬드 와인을 전달했다. 연주를 마칠 즈음엔 날이 어두워졌고, 나는 거의 100유로를 벌었다. 그리고 너무 취해서 집에 가는 길도 제대로 찾기 힘들 정도였다.

이제 〈고요한 밤〉은 내 애창곡이 되었다. 이 연주대에서 연주하는 3주 동안 〈고요한 밤〉을 못해도 천 번은 연주했을 거다. 그렇지만 아무도 신경 쓰지 않는 것 같았다. 하긴 다들 술에 취해 있었을 테니까. 나도 점심때쯤이면 이미 취해 있었다. 그리고 돈이 계속해서 들어왔다. 크리스마스이브 즈음에는 티에리에게 진 빚을 갚고 잉글랜드로 돌아가는 페리 티켓을 살 수 있을 정도로 많은 동전이 샤트롱 강변도로 아파트의 벽난로 선반 위에 차곡차곡 쌓여 일렬로 늘어서 있었다.

나는 죄르지와 이가 다 빠진 베이스 연주자와 함께 마지막 뮬드 와인 잔을 비웠다. 몇 시간 후 그들의 버스가 루마니아의 수도 부쿠레슈티를 향해 출발했다. 사흘에 걸친 여정이 될 것이다. 그들은 크리스마스를 놓칠 테지만 죄르지는 개의치 않았다. 어차피 아내도 떠난 마당이니까. 그는 베를린 장벽이 붕괴될 무렵, 여권을 만들었다고 이혼당했다.

"세상은 넓잖아." 그가 말했다. "아내보다 더."

그들의 관심은 오로지 신년 전야 밤샘 파티에 맞추어 돌아갔다. 내 계획도 그랬다.

아파트에 낡은 자전거 한 대가 있었다. 잔돈 몇 개를 챙겨 주머니에 넣고 샤트롱 강변도로를 따라 남쪽으로 자전거를 타고 달렸다. 살을 엘 듯이 추웠지만, 오히려 그 때문에 모든 것이 훨씬 아름답게 보였다. 프랑스의 크리스마스 장식은 영국의 장식보다 우아하다. 나무마다 작고 하얀 꼬마전구가 달렸다. 꼬마전구는 가론 강을 가로지르는 오래된 석조 다리의 아치 모양을 장식했고, 샤트롱 강변도로에서 루이 17세 강변도로로, 이곳에서 마르샬리요테 강변도로와 두완 강변도로로 접어드는 길목의 도로표지판을 환하게 밝혔다.

마침내 두완 강변도로와 리슐리외 강변도로 모퉁이에 있는 공중전화 박스에 도착했다. 부에 자전거를 기대 세우고 안으로 들어갔다. 벤이 전화를 받았다.

"생존 보고해줘서 백골난망이다."

"미안."

"어디야?"

"보르도."

"노르카프는?"

"갔어. 굉장했어. 한나라는 여자를 만났어."

나는 말을 중단했다. 벤에게 한나와 운스타드와 티에리와 죄르지와 올레롱을 전부 낱낱이 이야기하고 싶었지만 어디에서부터 시작해야 좋을지 몰랐다.

"승합차가 고장 났어. 그래서 수리될 때까지 여기에 있어야 해."

"어디가 고장인데?"

"시동 모터. 지금 수리하고 있어."

벤은 아무 말이 없었다.

"브로드샌즈는 어때?"

"별로야. 이 큰 마을에 나하고 잭만 무슨 동성애 부부처럼 덩그러니 남아 있어."

"게네들은……."

말이 목구멍에 걸려 나오질 않았다.

"끝났어."

"끝났다고?" 나는 수화기를 꽉 붙잡았다. "무슨 일 있었어?"

"그 여자 엄청 짜증났거든. 섹스가 지겨워지니까 잭도 결국 본색을 알게 된 거지."

나는 침을 꿀꺽 삼켰다. "그래서 잭은 아직 있어?"

나는 무심한 것처럼 말하려고 애썼다.

"쓰레기 같은 자식." 억양이 센 벤의 요크셔 발음을 들으니 많은 기억이 되살아났다. "겨울에 모로코나 포르투갈에 가겠다고 내내 말만 늘어놓더니, 지금은 먹고 죽을 돈도 없다며 투덜대고 계시다. 그러면서 일은 또 안 해요. 그래서 너 돌아오면 으두막에서 쫓아버리겠다고 말해놨어."

울음을 참으려고 입술을 꽉 깨물었다.

"네가 샛노란 깡통 같은 승합차 안에서 느끼한 프랑스 남자들과 노닥거리시느라 너무 바쁘지 않다면 말이지."

집에 가는 중이라고 말하고 싶었다. 이번엔 정말이었다. 하지만 입이 움직여지지 않았다.

"젠장." 벤이 말했다. "가봐야겠다. 손님들이 왔어. 빨리 와. 보고 싶어. 네가 정말 필요하단 말이야."

"크리스마스 잘 보내." 나는 이렇게 말하고 조심스럽게 수화기를 내려놓았다.

서평을 하는 예쁘고 자그마한 여자는 더 이상 없다 이거지.

자전거를 타고 가론 강과 피에르 다리를 향해 무턱대고 달려다. 피에르 다리는 나폴레옹이 건설한 것으로 가론 강을 지나는 오래된 석조 다리들 가운데 가장 오래된 것이다. 이 지점에 이르면 강의 폭이 넓어져 다리도 길다. 다리에는 열일곱 개의 작은 아치가 있으며, 아치마다 꼬마전구가 줄줄이 달려서 칠흑같이 어두운 강이 마치 모네나 다른 화가들의 점묘화처럼 보였다. 다리에는 나 혼자뿐이었다. 모두들 집에서 가족과 함께 오순도순 모여 있겠지. 문득 그들의 환영이 보이는 것 같았다. 그들이 다닥다닥 붙어 앉은 수천 개의 소파와, 그들이 보고 있는 수천 개의 텔레비전과, 그들의 머리 위에 드리워진 수천 개의 죽음의 그림자들이.

사실 이제는 그렇게 외롭지 않았다. 저쪽에서 스키 점퍼 같은 촌스런 형광 윗옷에 커다란 몸집을 구겨 넣은 어떤 사람이 자전거를 타고 나를 향해 다가오고 있다는 걸 어렴풋이 알아챘다. 거의 정확히 다리의 중간 지점에서 상대방과 마주쳤다. 남자가 나를 피하려고 방향을 크게 틀었다. 바로 그때 그와 눈이 마주쳤다. 그리고 몇 초 뒤 우리 둘 다 동시에 동작을 멈추었고, 둘 다 서로를 향해 몸을 돌렸다. 세상에, 말도 안 돼. 하지만 말이 되는 일이 벌어졌다.

"버거!"

28

 버거는 레 크레바스라고 하는 더 크고 더 유명한 마을 위에 자리 잡은, 레트로셰라는 작은 마을에 살았다. 처음 들어본 마을은 아니었다. 이곳에 가려면 그르노블에서 브리앙송으로 향하는 길을 따라 가야 한다는 것, 두 마을 모두 거의 수천 킬로미터 떨어진 곳에 있는 이탈리아 국경 바로 옆 에크랑 국립공원 안에 있다는 걸 알고 있었다.
 티에리는 영하 25도 이하의 기온을 극복하려면 내 차의 라디에이터 물을 모두 비우고 대신 냉각제를 채워 넣어야 한다고 주장했다.
 "Faites attention, huh. C'est dangereux(조심하세요, 네? 위험하단 말이에요)."
 다가올 상황을 암시라도 하듯 벌써 눈이 내리기 시작했다. 온종일 입에 담배를 물고 있던 티에리가 한숨을 깊게 내쉬었다.
 "아, 정말, 도대체 이런 트럭으로 굳이 왜 알프스엘 가겠다는 건지 모르겠어요."
 "거기 어디에서 좀 지내다 오려고요."
 엄밀히 말하면 사실이 아니었다. 운스타드에 있을 때 버거는 나에게 같은 말을 여러 차례 반복했었다. 알프스에 오게 되면 자기 집 밖에 차를 세워두면 된다, 내 승합차에 난방장치를 놓을 수도 있다, 내가 파타고니아 코트를 입고 눈 속에서 첼로를 연주하는 모습을 사진으로 찍어서 잘 나오면 나에게 코트를 주겠다고. 그러니까 내가 알프스에 가는 이유는 어디까지나 코트 때문이었다. 어쨌든 나는 스스로 그렇게 말했다. 티에리는 고개를 저으며 내 엔진에다 담배를 비벼 끈 다음 보닛을 닫고 점화 스위치에 꽂힌 열쇠를 돌렸다. 승합차가 편안하게 으르렁 소리를 냈다. 나는 운전석에 앉았다. 정말 오랜만이었다.

"지금은 상태가 괜찮을 거예요. 하지만 문제가 생기면 다시 와요."
티에리가 말했다.

"고마워요. 여러 가지로 감사했어요."

티에리는 앞으로 몸을 숙여 나를 포옹했다. 그의 크고 낡은 오버코트에 잠시 얼굴을 묻었다. 그리고 눈을 감고 오일과 윤활유의 편안한 냄새를 들이마셨다. 곧 그가 포옹을 풀었고, 나는 다시 혼자가 됐다.

정말 희한한 우연이 아닐 수 없었다. 버거는 바로 그날 밤 보르도를 떠났다. 따라서 이후로 우리가 만날 시간은 없었다. 도저히 그럴 틈이 없었다. 나는 자전거를 타고 샤트롱 강변도로로 돌아가 휘발유 난로 옆 바닥에 앉았다. 빌어먹을 알프스에는 죽어도 갈 생각이 없었다. 《저렴하게 즐기는 유럽 여행》에서 지도를 찬찬히 들여다보았다. 이제 오두막은 다시 내 것이 되었다. 잭이 그곳에 있었다. 서핑을 하는 예쁘고 자그마한 여자는 없었다. 돈이 얼마나 남았는지 세어보았다. 티에리에게 돈을 모두 지불했으니까, 이제 남은 돈은 500유로가 조금 안 될 것이다. 그 돈이면 로스코프에 가서 플리머스로 가는 페리를 타기에 충분했다. 그 돈이면 플리머스에서 브로드샌즈까지 100마일을 운전해가기에 충분했다. 방을 가로질러 창가에 서서 저 아래 거리를 응시했다. 그날은 크리스마스이브였다.

일주일이 지났을 때, 결국 알프스에 가서는 안 된다고 자신을 설득하는 짓은 그만두었다. 그 해의 마지막 날을 이틀 앞둔 늦은 오후에 티에리에게 작별인사를 했다. 나는 통행료를 내지 않기 위해, 그리고 어쩐지 이름이 낭만적으로 들리기도 해서 오베르뉴를 지나기로 했다. 아마 여름이라면 낭만적이었을 것이다. 여름엔 도로 전체에 살얼음이 깔리지도 않았을 테고, 승합차의 히터가 작동을 멈출 이유도 없었을 테니까. 손이라도 얼지 않게 하려고 잠시 차를 세우고 뜨거운 물주머니를 만들어 담요에 싸서 무릎에 올려두었다. 돌이 많은 오래된 마을에서 보이는 빛이라고는 두꺼운 나무 덧문 가장자리의 갈라진 틈 사이로 새어 나오는 빛이 전부였다. 지독하게 추운 날이라 잠을 잔다는 건 생각조차 할 수 없었다. 클레르몽페랑에 잠시 들러 영하의 기온 때문에 가격이 오른 경유를 가득 채웠다. 그리고 뜨거운 물주머니를 새로 만든 다음, 리옹의 공업 단지 주변을 몇 바퀴째 돌면서 한참을 보냈다. 그러다 마침내 그르노블에 도착했고 이곳에서 어찌어찌 브리앙송으로 가는 도로를 탔다. 진짜 재미있는 일은 이제부터 시작이었다.

브리앙송으로 가는 길은 V자 모양의 좁은 계곡을 따라 이어지는데, 산에서 만들어진 가파른 경사면이 굉장히 높고 기이하며 완고한 분위기를 풍겨 나를 몹시 두렵게 만들었다. 스칸디나비아의 산들이 나이가 들어 완만하고 부드럽다면, 알프스는 한창 젊어서 젊음의 자만과 오만을 한껏 드러내는 것 같았다. 알프스는 좁은 계곡 위로 우뚝 솟아 그 검은 그림자 속으로 나를 가두었다. 눈이 하염없이 내려 나무들을 낮은 산처럼 만들다 길가에 제 몸을 털어내면, 커다란 오렌지색 제설차가 딱정벌레처럼 위아래로 부지런히 오가며 눈을 치워 좁다랗게 길을 만들었다. 나는 그 길 한가운데로 차를 몰았지만, 제설차가 불빛을 번쩍이며 멈추었다가 방향을 틀었다가 다시 눈을 치우기를 반복하며 제아무리 빠른 속도로 눈을 치운다 해도 이렇게 쏟아져 내리는 눈에는 당해낼 재간이 없었다. 내 주먹만 한 눈송이들이 그칠 줄 모르고 소리 없이 섬뜩하게 쏟아져 내리며 살아 있는 모든 것들을 뒤덮고 있었다. 제설차 외에는 지나다니는 차량이 한 대도 없었다. 스노체인을 장착해야 한다는 커다란 점멸 표지판이 덩그러니 서 있었고, 조금 더 가니 '갈리비에 입구, 폐쇄Col du Galibier, fermé'라는 표지판이 서 있었다. 이런 눈 속을 운전하는 건 둘째 치고 이런 눈을 보는 것조차 난생처음이었다.

　마침내 이른 아침이 되어서야 라마스라는 산의 기슭, 길 한쪽에 위치한 마을, 레크레바스에 도착했다. 이곳에는 상점 둘, 카페 둘, '북극'이라는 적절한 이름의 술집 하나, 스키 리프트 하나가 있었다. 밝은색 살로페트 바지를 입은 몇몇 사람들이 카페에서 나와 리프트로 향하고 있었다. 리프트 옆에는 주차장이 있었다. 주차장으로 차를 돌릴까 하다가, 이곳에 주차된 차들이 나무들처럼 산 채로 묻혀 있는 걸 보고 나도 저렇게 꼼짝 못 하게 될까 봐 겁이 났다. 그래서 버거의 집을 발견할 때까지 계속 차를 몰아야 했다. 어쨌든 더 이상 눈은 내리지 않았다. 마을을 엉금엉금 기어 반대편으로 빠져 온 뒤 터널을 지나서 마침내 레토르셰라는 표지판을 보았다. 심장이 쿵 하고 내려앉았다. 아무리 봐도 제설차의 혜택이라고는 받아본 적 없는, 급커브 길을 끼고 있는 단선도로를 계곡을 따라 반쯤 올라가니 비탈 끝머리에 레트로셰가 나왔다.

잠시 멈추어 교차로에서 서성거렸다. 차를 돌릴 수만 있었다면 계곡 그 자리에서 후다닥 자리를 떴을 것이다. 하지만 도로는 좁았고, 차는 진작부터 도로 위를 즈르륵 미끄러지고 있었으며, 벼랑 끝을 피해 지그재그로 차를 돌리는 건 썩 좋은 생각 같지 않았다. 무서운 급커브 길을 지나고 싶지도 않았다. 레트로셰가 보였다. 레크레바스보다 높고 산보다도 훨씬 높은 그곳이 햇볕에 둘러싸여 있었다.

버거를 만나지 않길 진심으로 바랐다. 그가 몹시 싫었고, 눈이라면 지긋지긋했으며, 젠장할 파타고니아 코트는 질색이었다. 도대체 무슨 빌어먹을 충동으로 이 빌어먹을 장소까지 오게 됐는지 저주스러웠다. 오렌지색 제설차가 지나다니는 이 죽음의 계곡도, 다리가 후들거릴 만큼 무서운 도로도, 끝이 보이지 않을 만큼 가파른 비탈도, 쉴 새 없이 내리는 눈에 뒤덮여 질식할 것 같은 나무의 골격도 지긋지긋했다. 그러던 참에 저쪽에서 차 한 대가 다가오고 있었다. 차는 내 쪽을 지나쳐 교차로에서 멈춘 뒤 내가 방향을 돌리길 기다리며 서 있었다. 그래서 방향을 돌렸다. 그러지 않을 수가 없었다. 차를 돌려 레트로셰를 향해 가파른 도로 위를 슬금슬금 올라가기 시작했다. 심장이 가슴 주위를 어찌나 세게 두드리던지 이러다간 입 밖으로 튀어나올 것만 같았다.

승합차의 폭과 도로의 폭이 거의 비슷했다. 이 말은 곧 급커브를 돌 때마다 벼랑 끝을 불과 몇 인치 남겨두고 아슬아슬하게 차를 몰게 된다는 걸 의미했다. 보호벽 따위는 없었다. 자칫하면 계곡 아래 구렁까지, 갈수록 가파른 깎아지른 듯한 낭떠러지로 곧장 떨어지게 생겼다.

과연 지금까지의 모든 두려움을 아무것도 아닌 것으로 만들어버릴 최강의 공포가 밀려들었다. 뉴캐슬에서 페리에 오를 때보다 무서웠고, 오슬로 국립극장 밖에서 버스킹을 준비할 때보다 무서웠다. 트롬쇠의 욀할렌에서 수사슴들과 맞닥뜨렸을 때보다 무서웠고, 운스타드에서 거대한 파도가 나를 무슨 나무 조각인 양 집어삼켜 모래 위에 메다꽂았을 때보다 무서웠다. 까딱 잘못 움직였다간 바로 죽음이었다. 그리고 이 모든 일이 아주 천천히 일어나고 있었다. 간신히 세 개째 급커브 길을 돌았지만, 네 개째에 와서 미끄러지고 말았다. 어떻게 된 일인지 모르겠지만, 여하튼 도로를 벗어나 미끄러져서 덜컹덜컹 산 밑으로 굴러떨어져 계곡 밑에서 찌그러지고 망가진 금속 덩어리로 끝나는 사태는 면했다. 하지만 이렇게 미끄러지는 바람에 뒷바퀴가 다른 차들이 만든 바퀴 자국을 지우며 두껍게 쌓인 눈 속에 처박히고 말았다. 뒷바퀴는 처절할 정도로 회전을 거듭했지만, 바퀴가 돌아가면 돌아갈수록 상황은 더욱 악화될 뿐이었다. 나는 생전 처음 보는 가파르디가파른 산 중턱에서, 가뜩이나 스물네 시간 동안 잠도 못 잔 상태로, 도로 한가운데에 꺾여 뒷바퀴를 벼랑 끝에 간신히 걸쳐놓은 3.5톤 트럭 안에 갇혔다. 그렇게 이보다 최악일 수는 없겠다고 생각하고 있을 때, 조금 전에 아슬아슬하게 지나쳤던 자동차가 후진해서 다가왔다.

29

자동차가 멈추었다. 하긴 자동차로서도 어쩔 수 없었을 것이다. 승합차의 창문 두드리는 소리가 들렸다. 나는 핸들에 대고 있던 이마를 들어, 두꺼운 모직 점퍼 차림에 노인들이 쓰는 안경을 쓰고 미간을 잔뜩 찌푸린 남자를 바라보았다.

"괜찮아요. 나는 의사예요." 남자가 말했다.

"다치지는 않았어요." 내가 말했다. "꼼짝을 못할 뿐이에요."

나는 벼랑 아래를 내려다보지 않으려 애쓰면서, 그리고 내 승합차 바퀴와 벼랑과의 사이가 얼마나 되는지 쳐다보지 않으려 애쓰면서 승합차에서 내렸다. 부츠의 벌어진 틈으로 눈이 들어와 안으로 떨어지는 바람에 양말이 젖어들고 있었다. 의사가 그의 차 뒷좌석에서 삽을 가지고 왔다. 그는 승합차가 도로 위에 똑바로 설 수 있도록 삽으로 타이어 주변의 눈을 계속해서 파 내려갔다. 그리고 승합차의 위치를 바로잡아 주었다. 그런 다음 목적지까지 내 승합차를 운전하겠다고 제안했다. 나는 그의 자동차를 운전했다. 그 차에는 체인이 장착되어 있었다.

의사의 이름은 피에르였다. 피에르는 방향을 거꾸로 해서, 앞은 도로를 마주보고 뒤는 라마스를 마주 보도록 작은 공터 위에 승합차를 주차했다. 밝은색 멜빵바지 지퍼를 나비처럼 위아래로 움직이는 사람

3장 자유의 길 · 215

이 보였다. 공터에는 내 차 외에 승합차 한 대가 더 있었다. 어쨌든 그랬던 것 같다. 깊이 쌓인 눈에 덮여 제대로 보이지는 않았지만. 다시 내려갈 일이 걱정이었지만 생각하지 않기로 했다.

"Merci beaucoup(정말 고맙습니다)." 나는 열두 살 아이처럼 말했다.

"De rien(천만에요)."

우리는 둘 다 눈 속에 어색하게 서 있었다.

"저는 저기에서 살고 있습니다."

피에르는 초록색 덧문이 달린 돌로 지은 아담한 시골집을 가리켰다. 주위에 비슷하게 생긴 시골집이 많았다. 사실 이 마을은 초록색이나 갈색의 덧문이 달린 돌로 지은 아담한 주택에, 돌로 지은 헛간이 딸린 돌이 많은 농가에, 돌로 만든 커다란 십자가를 세운 돌로 지은 작은 교회까지 온통 돌, 돌, 돌로 이루어져 있었다. 이런 상황만 아니었다면 무척 그림 같은 마을이라고 생각했을 것이다. 돌로 지어지지 않은 건물이 딱 하나 있었는데, 비싼 스키 휴가 광고 사진에서 볼 수 있을 법한 커다란 목조 가옥이었다. 이 집은 다른 집들과 약간 떨어진 곳에 있었다. 피에르는 어떻게 해야 좋을지 모르는 것 같았다.

"필요한 게 있으시면 들르세요."

"감사합니다." 솔직히 피에르의 바짓가랑이라도 붙들고 싶은 심정이었다. 그리고 엉엉 울고 싶은 심정이었다. 하지만 대신 이렇게 말했다. "혹시 버거라는 사람을 아시나요?"

"버거요?"

나는 다시 영어로 말하기 시작했다. 피에르는 영어를 아주 잘했다. "네. 그가 저에게 히터를 빌려주겠다고 했거든요."

피에르는 적어도 1분쯤 아무 말도 하지 않았다. 그러고는 마침내 입을 열었다. "히터가 없나요?"

나는 고개를 저었다. 그제야 내가 무슨 짓을 저질렀는지 깨닫기 시작했다.

"버거라고 했나요?" 그가 다시 물었다. 그런 다음 안경을 벗어 눈을 비볐다. "버거는 레미하고 사는데." 그는 샬레chalet(스위스 산간 지방의 지붕이 뾰족한 목조 주택) 형태의 집을 가리켰다. "하지만 지금은 집에 없을 거예요. 아마 산에 있을 거예요."

"괜찮아요. 기다리면 되죠. 어차피 어두워지면 집에 오지 않겠어요?"

피에르는 대답하지 않았다.

어쨌든 나는 그 집까지 걸어 올라갔다. 보기보다 훨씬 컸다. 나무로 만든 긴 베란다가 사방을 죽 둘러쌌다. 그네에는 눈이 덮여 있었고, 스노보드가 무더기로 쌓인 모양이 한동안 그 자리에 내버려둔 것 같았다. 운스타드에서 서프보드가 쌓여 있던 모양이 떠올랐다. 유리문을 통해 커다란 벽난로와 설거지 거리가 잔뜩 쌓인 싱크대를 들여다보았다. 문을 두드려보았다. 피에르 말이 옳았다. 아무도 없었다. 상관없었다. 이제 더 운전할 필요도 없고, 그가 어디에 사는지도 알았으니까. 히터를 빌리려면 어디쯤 차를 대면 좋을지 모르겠지만, 아무리 버거라도 설마 나를 얼어 죽게 놔두지는 않을 터였다. 하품이 나왔다. 기다리는 동안 잠이라도 자두는 게 좋을 것 같았다.

일단 승합차로 돌아갔다. 너무 배가 고파 잠이 오지 않았다. 포리지porridge(오트밀에 우유나 물을 부어 걸쭉하게 죽처럼 끓인 음식)라도 만들어 먹으려고 했는데 우유갑이 벽돌처럼 꽝꽝 얼어버려 바나나를 이용해서 겨우 만들었다. 물통의 물도 꽝꽝 얼어 주전자에 눈을 가득 넣었는데, 어쩐지 내가 굉장히 대담한 사람이 된 것 같았다. 난로에 불을 붙여보았다. 아무 일도 일어나지 않았다. 가스통을 흔들어보았다. 가스는 충분했다. 분명히 출렁거리는 소리가 들렸다. 다시 시도해보았다. 여전히 아무 일도 일어나지 않았다.

가진 옷을 전부 껴입고 침대로 들어갔다. 천장을 올려다보았다. 더 이상 곰팡이로 거무스름하지 않았다. 하지만 뭔가 이상했다. 자리에 앉아 천장을 만져보았다. 겁이 나 벌벌 떨면서 촛불을 켜 천장을 응시했다. 평소 같으면 물방울로 덮여 있었을 승합차 내부에 이제는 온통 얼음층이 깔렸다. 구석구석 사방으로 작은 고드름이 잔뜩 맺혔다. 다시 침대에 누웠지만 냉동고 같은 승합차 안에서 좀처럼 잠이 올 것 같지가 않았다. 10분쯤 지났을까. 너무 추워서 이러다 동상에 걸리는 게 아닐지 걱정이 들기 시작했다. 다시 자리에 앉았다. 상자에 들어 있는 초를 전부 꺼내 불을 켜서, 난롯불이라도 되는 양 그 위에 손을 쬐어보려 했다. 밖에는 또다시 눈이 내리고 있었다. 이제 눈송이는 무슨 메뚜기 떼 같았고, 짙게 뒤덮인 눈 때문에 밖이 전혀 보이지 않았다. 피에르의 오두막도 계곡 반대편의 라 마스도 버거의 집도 더 이상 보이지 않았다.

그 순간 불현듯 첼로를 떠올리지 않았더라면 어떻게 됐을지.

내 첼로는 뜨거운 물주머니의 도움도 받지 못한 채 밤새도록 이 거대한 냉동고 안에 속수무책으로 처박혀 있어야 했다. 악기를 이렇게 천덕꾸러기 취급하는 사람이 세상에 누가 또 있을까. 그런 사람은 아무도 없을 거다. 하물며 악기를 제일 친한 친구로 여긴다면 더 말할 것도 없겠지. 생존을 의지하는 악기라면 더더욱.

눈이 사정없이 퍼붓는 바람에 세 번이나 넘어졌다. 두 번째 넘어졌을 땐 내 위로 첼로가 떨어졌다. 한번은 눈에 덮여 계단이 보이지 않는 바람에 옆으로 굴러떨어져 내가 첼로 위를 덮쳤다. 나는 단단히 맹세했다. 우리 둘 다 기적적으로 살아남는다면 근사한 새 케이스를 위해 열심히 돈을 모으겠노라고. 그리고 나를 썩 좋아하지 않는다는 걸 언제나 온몸으로 보여주는 남자를 만나겠다고, 히터도 없는 승합차를 타고 이 눈보라를 뚫고 밤낮없이 달려오는 짓은 절대로 하지 않겠노라고.

피에르가 문을 열었다. 이번에는 안경을 쓰지 않고 깨끗한 흰색 셔츠를 입었는데, 그래서 그런지 20년은 더 젊어 보이는 데다 완전히 딴 사람 같았다. 그가 나를 집안으로 데리고 들어와 활활 타오르는 불가의 커다란 안락의자에 앉힌 다음 커다란 잔에 코냑 한 잔을 건네주었다. 그제야, 오늘이 한 해의 마지막 날이라는 걸 떠올렸다.

잉글랜드에 있을 땐 한 해의 마지막 날에 온 마을 사람들이 브로드샌즈에 모였다. 벤은 그의 집 카세트 데크를 바에 옮겼다. 앤드루는 독한 펀치를 만들었다. 잭의 등산 친구들이 스코틀랜드에서 차를 타고 내려와 밤새도록 파티가 이어졌다. 레크레바스에서는 온 마을 사람들이 버거의 집에 모였다. 피에르가 버거의 집에 가는 길에 설명한 바에 따르면, 버거 때문이 아니라 그와 함께 사는 레미 때문이라고 했다. 스노보드 챔피언으로 하와이안 셔츠를 입은 레미는 커다란 은색 컵으로 모히토를 나누어주면서 캐나다에서 열린 무슨 경기에서 받은 상이라고 모두에게 이야기하고 있었다. 나는 피에르가 준 흰색 셔츠에 밤낮

없이 주야장천 입고 다니는 청바지를 입었다. 집에 갈 줄 알고 올레롱에서 찢어지고 색이 바랜 청바지를 잘라 반바지로 만든 뒤로 유일한 바지였다. 그래도 목욕은 했다. 6개월 만에 처음 해본 목욕이었다. 그렇지만 머리는 감지 않았더라면 좋았을 걸 그랬다. 거대한 아프로 헤어스타일처럼 괴상하게 삐친 머리는 멀리서 봐도 눈에 확 띌 지경이라, 하는 수 없이 드레드락으로 머리를 꼬아야 했다. 한겨울에 인공으로 선탠을 한 비쩍 마른 아가씨들이 손바닥만 한 분홍색 드레스를 입고 레미 주변을 돌아다니고 있었다. 그렇게 친해 보이지는 않았다. 여전히 버거가 나타날 기미는 보이지 않았다. 나는 버거를 만날 생각에 시간이 갈수록 초조해지고 있었다. 내가 정말로 올 줄 그는 꿈에도 생각하지 못할 것이다.

피에르가 나를 레미에게 소개했다. 레미는 내가 인상적인 데가 한 군데도 없다는 티를 팍팍 풍기면서 위아래로 나를 훑어보았다. 어쨌든 나에게 모히토를 건네긴 했다.

"당신이 그 노란색 버스를 모는 아가씨로군요."

"아, 네."

"오늘 아침에 곤경에 처한 사람도 당신이지요?" 그가 히죽히죽 웃으면서 말했다.

"네."

나는 모히토 한 잔을 단숨에 들이켠 뒤 한 잔 더 채우기 위해 컵을 내밀었다. 레미는 한쪽 눈썹을 추켜 올렸는데, 거울 앞에서 연습한 게 틀림없었다. 그러든지 말든지. 파티에서 취하는 것보다 더 나쁜 건 딱 하나, 취하지 않고 말짱한 정신으로 있는 게 아닐까. 나는 두 잔째 모히토를 비웠다. 레미가 나에게 모히토를 채웠다. 세 번째 모히토를 다 마시고 난 뒤, 버거가 있든 버거가 없든 무조건 이 빌어먹을 산에서 내려가기로 결심했다. 그리고 가는 길에 죽어버리지 않는다면, 페리 티켓을 살 돈을 모으자마자 곧장 집으로 돌아가고 말겠다고 결심했다. 기분이 조금 나아졌다. 세 번째 잔도 비웠다. 레미가 네 번째 잔을 채워주었다.

집을 둘러보기로 했다. 청소도구를 넣는 벽장이 잠수복으로 가득 채워져 있었다. 테이블 축구 대가 꽉 들어찬 방, 역기가 잔뜩 들어 있는 방, 커다란 평면 텔레비전으로 가득 찬 방을 발견했다. 이층으로 올라갔다. 첫 번째 방은 레미의 침실이 틀림없었다. 선반 한 칸에는 애프터셰이브가 다른 칸에는 하와이안 셔츠가 놓여 있었다. 여러 종류의 상을 받는 자신의 사진을 확대해 벽마다 잔뜩 걸어놓았다. 버거의 방이 분명한 두 번째 방으로 들어갔다. 기다란 싱글 침대는 정돈되지 않은 채였고, 서랍장에는 옷들이 튀어나왔는데 어떤 옷은 운스타드에서 본 것이었다. 바닥에는 코냑이 반쯤 남은 커다란 더그잔이 놓여 있었고 그 옆에 한나의 책이 펼쳐진 채로 뒤집혀 있었다.

책을 집어 들었다. 한 단락 밑에 연필로 굵게 줄이 쳐졌다. 죽음에 관한 부분이었다. 흔해 빠진 죽음. 그럼에도 불구하고 두려워하는. 나는 이 책을 읽는다는 건 벼랑에서 떨어져 더 이상 갈피를 잡지 못한 채 허공을 맴도는 것과 같다는 걸 잊고 있었다. 아니, 어쩌면 모히토 같은 건지도 몰랐다. 한나가 생각났다. 남자는 해답이 아니다, 이미 떠난 사람을 어깨너머로 뒤돌아보는 짓을 그만두어야 한다는 한나의 말이 떠올랐다. 책을 덮어 가슴에 끌어안았다. 그런 다음 방 주변을 돌아다니며 물건들을 보고 만지면서, 운스타드에서 알던 버거가 역기를 들고 커다란 평면 텔레비전을 보고 좁은 싱글 침대에서 자는 모습을 상상해보았다. 방 한쪽 구석에 커다란 여행 가방이 있었다. 옷으로 가득 찼다. 자세히 들여다보았다. 완전히 새것인 파타고니아 옷들과 함께 빨간 코트가 들어 있었다. 코트를 꺼내 입어보았다. 아주 따뜻하고 편했다. 안에 책을 넣은 채 지퍼를 잠그고, 손이 덮이도록 소매를 잡아당기고, 옷이 턱 위로 올라오도록 몸을 구부렸다. 이렇게 코트에 둘러싸여 있으니 안전하다는 느낌이 들었다. 이곳에 온 이유가 정말로 코트 때문인 것 같았다. 이대로 완벽하게 만족할 수 있을 것 같았다. 여행 가방 뒤편의 벽은 이상한 무늬의 벽지로 덮여 있었다. 몸을 앞으로 구부려 자세히 보았는데, 벽지가 아니라 사진들, 모두 같은 사람을 찍은 수백 장의 사진들이었다. 일그러진 입매에 금발의 예쁜 아가씨였다. 버거와 함께 찍은 사진도 몇 장 있었는데, 그녀 옆에 선 버거는 그녀의 어깨에 팔을 두르고 거의 미소를 짓고 있었다. 잠시 후 어디에서 본 듯한 물건을 발견했다. 코트를 입은 채 좀 더 깊숙이 몸을 숙였다. 거의 모든 사진 속에서 그녀는 펑펑 쏟아지는 눈 속에 스키를 신고 서 있었다. 하지만 이 사진 속에서는 버거가 운스타드에서 나에게 주었던 서프보드를 들고 해변에 서 있었다. 내 잠수복도 입고 있었다.

그때 내 앞의 벽에 그림자 하나가 드리워졌다.

"여기서 뭐 하는 거요?"

버거의 목소리는 위험하다 싶을 만큼 차분했다. 돌아서서 그를 보았다. 버거가 그 큰 몸집으로 빛을 가로막으며 입구에 서 있었다.

"누구 마음대로 여기에 들어온 거요?"

"난 그냥······."

"나가요."

그의 얼굴에 혐오스럽다는 기색이 역력했다. 나를 몹시 싫어하는 것 같았다.

"나가라니까!"

30

잠에서 깨고 보니 피에르의 안락의자였고 빨간 코트를 입은 채였다. 골이 두개골을 뚫고 나가려는 것 같았다. 제때 아슬아슬하게 욕실에 들어갔다. 먹을 걸 다 토해낸 뒤, 거실을 지나 창문 밖으로 멍하니 눈보라를 바라보았다. 이제 내 승합차도 눈 속에 묻혀 보이지 않았다.

다시 안락의자로 돌아가 두 손에 머리를 묻었다. 그리고 혼자 나직하게 신음소리를 냈다. 호스텔에서 안전하고 따뜻하게 잠에서 깨면, 손으로 만질 수 있을 만큼 가까이에 잭이 있고, 벤이 주방에서 지글지글 아침을 준비해 숙소 가득 베이컨 굽는 냄새가 퍼지며, 카세트 데크에서는 옛날 레게음악이 흐르고, 앤드루가 바에서 마리화나를 말고 있다면 얼마나 좋을까 생각하면서. 물론 앤드루는 이제 더 이상 우리와 함께할 수 없지만.

눈을 감았다. 이렇게 숙취에 시달려본 지도 오랜만이었다. 트롬쇠에서 헨리크와 밤을 보낸 그 다음 날보다 훨씬 힘들었다. 차라리 완전히 맛이 갈 정도로 취해서 아무것도 기억나지 않으면 좋으련만. 하지만 자기 방에서 처음 나를 발견했을 때 버거의 표정이며, 내가 여전히 코트를 입고서 한나의 책을 안에 넣고 지퍼를 채운 채 방 입구를 빠져나올 때 행여나 자기 몸에 내 몸이 닿을까 봐 문틀 한쪽에 딱 붙어 서 있던 그의 모습이 머리에서 떠나질 않았다. 모두들 레미의 주위에 모여

새해 카운트다운을 외쳤다. 나는 그들 곁을 지나 두껍게 쌓인 눈 속을 달리고 또 달리다 결국 넘어졌고, 그런 나를 피에르가 차에 태워 그의 집으로 데리고 갔다.

맙소사! 내가 버거한테 뭐라도 된다고 생각했던 걸까? 하지만 세상에 어떤 정신병자가 자기 침실 벽을 옛날 여자 친구 사진으로 도배하겠는가? 어쩌면 그는 정신적으로 병을 앓고 있고, 나를 제외한 모두가 그 사실을 알고 있는지도 몰랐다. 그렇게 생각하니 많은 것이 이해가 됐다.

마침내 피에르가 자리에서 일어섰다. 그는 아무 말 없이 해열제 몇 알과 코냑을 넣은 밀크커피 한 컵을 나에게 주었다. 그런 다음 창가를 향했고 한참을 아무 말 없이 창밖을 응시하더니 들어서서 나를 바라보며 턱을 문질렀다. 나는 한나의 책을 펼쳐 한 문단을 읽었다. 한 마디도 이해되지 않았다. 책을 다시 내려놓았다. 어쩌면 정신적으로 병을 앓고 있는 사람은 나인지도 몰랐다. 피에르는 여전히 주변을 서성거리고 있었다.

"괜찮으세요?" 내가 물었다.

"Si(네)."

"전 이만 제 차로 가야겠어요."

"Non, non. Trop froid(안 돼요, 안 돼. 밖은 많이 추워요)."

결국 피에르는 스키를 신었고 레 크레바스로 가겠다고 말했다. 그가 가고 난 뒤 혼자 남은 나는 창가에 서 있었다. 라 마스 계곡 너머를 바라보았다. 피에르는 라 마스가 프랑스 알프스에서 가장 높기도 하지만 가장 위험한 산 가운데 하나라고 말했다. 모든 스키 코스들이 활강 코스도 없이 타는 데다 나무와 바위 같은 장애물들과 이 마을의 지명을 부여한 거대한 크레바스들이 곳곳에 있었다. 그날은 눈이 휘몰아치며 온 산을 뒤덮는 바람에 정상이 가려져 보이지 않았다.

나는 젖은 부츠를 신고, 현관에 걸려 있는 내 무릎 아래까지 내려오는 피에르의 점퍼와 피에르의 커다란 더플코트를 입었다. 그리고 빨간 코트를 넣은 비닐봉지를 들었다. 더 이상 이 옷을 입을 수가 없었다. 돌로 지은 오래된 헛간을 지났다. 소들이 안에서 기침하면서 부산하게 움직이고 있었다. 교회도 지났다. 눈이 어찌나 깊이 쌓였는지 한 계단 한 계단 밟기가 몹시 힘들었지만 계속해서 걸음을 옮겨 마침내 버거의 집에 도착했다. 베란다를 향해 기어가서 문손잡이에 비닐봉지를 걸었다. 벽난로의 불이 꺼졌고 전등도 켜져 있지 않았다. 큰 방은 전날 밤의 아수라장으로 난리도 아니었다. 바닥에는 빈 유리잔이 널려 있었다. 춤을 추려고 그랬는지 러그가 둘둘 말려서 한쪽에 치워졌다. 두 개의 소파 모두에 사람들이 널브러져 자고 있었다.

눈이 세차게 휘몰아쳤지만 밖에 있고 싶었다. 교회에서 바로 이어진 큰 도로에서 작은 오솔길이 갈라졌는데, 그 길을 따라 내려갔다. 빙판길을 미끄러져 가며 눈보라를 뚫고 걷기란 여긴 힘든 일이 아니었다. 마침내 레트로셰보다 훨씬 작은 다른 석조 마을에 도착했다. 오솔길은 제법 넓은 보도로 바뀌었고, 보도는 꽁꽁 언 강둑을 따라 이어지는 산책로로 바뀌었다. 이제 눈보라가 잦아들어 주변을 볼 수 있었지만, 허벅지까지 쌓인 눈 속을 여전히 힘겹게 헤치며 걸어야 했다. 꽤 오랜 시간이 지났다는 생각이 들 무렵, 폐허가 된 두 채의 돌로 지은 시골집을 발견했다. 그 집들 위로 다 쓰러져 가는 나무다리가 있었다.

그리고 그 너머로 보이는 곳은 산과 산이 끝없이 펼쳐져 온통 산, 산, 산뿐이었다.

산이여, 내가 자유의 길을 찾도록 도와주소서.

한참 동안 다리에 서서 얼음 밑으로 흐르는 물을 물끄러미 바라보았다.

피에르가 나와 함께 승합차까지 와주었다. 그는 가스통 위의 압력 조절기에 공기가 찼고, 그 바람에 가스통이 얼었다고 말했다. 위에 모자를 씌워 따뜻하게 덥히면 다시 잘 돌아갈 터였다. 그는 유리섬유 천장을 덮은 두꺼운 얼음층을 손으로 쓱 훑었다. 해가 저물고 있었다.

"그래도 여기에서 자는 건 곤란한데요."

나는 완전히 진이 다 빠져서 승합차 옆에 기대섰다. 사방을 둘러싼 산들은 고요하기 그지없었다. 어디선가 개 짖는 소리가 들렸다. 그 소리가 가까이에서 들리는지 멀리서 들리는지 가늠할 수가 없었다. 어쩌면 늑대인지도 몰랐다. 피에르는 에크랑 국립공원에는 늑대들이 산다고 했다. 나는 피에르와 함께 그의 집으로 돌아와 바닥에서 그의 오리털 침낭에 들어가 잤다. 피에르는 자신이 바닥에서 잘 테니 나에게 자기 침대를 사용하라고 설득했지만, 그럴 수는 없었다. 지금까지 그가 베푼 친절만으로도 차고 넘쳤다.

다음 날도 피에르의 집에서 지냈다. 밖에는 나가지 않았다. 피에르는 스키를 타러 갔고, 나는 한나의 책을 읽었다. 여전히 대부분 내용은 무슨 소린지 통 모르겠지만 읽고 있으면 마음이 편해졌다. 저녁에는 세르지오와 케빈이라는 그의 친구들이 집에 찾아왔다. 그들은 음악가였다. 피에르는 나에게 첼로를 꺼내보라고 했다. 세르지오는 입에 마리화나를 물고 눈을 감은 채 드럼을 연주했다. 길고 검은 레게 머리가 박자에 맞추어 조용히 흔들렸다. 케빈은 장고 라인하르트Django Reinhardt(벨기에 출신의 프랑스 재즈 기타 연주자)처럼 기타로 집시 재즈를 연주했다. 나는 어떻게 해야 할지 몰라서 그들이 연주를 마칠 때까지 내 첼로를 끌어안고 가만히 앉아 있었다. 피에르가 세르지오의 입에서 마리화나를 빼내 나에게 주었다.

"그런데 당신, 의사 아니에요?"

"C'est la médicine(의사 맞아요)." 피에르가 말했다.

마침내 나는 〈브루카 마니과〉를 연주했다. 그들도 이 곡을 알고 있어서 두 사람 모두 곧 내 연주에 합류했다. 하지만 그들은 가사도 노래의 역사도 알지 못했다. 나는 이 곡이 어떻게 억압에 대한 노래가 되었는지, 쿠바의 흑인 노예 후손들에게 어떻게 불리게 되었는지 한 나에게 들은 대로 말해주었다.

"모든 음악은 자유에 대해 이야기한다고 생각해요." 세르지오가 말했다. "저는 음악은 곧 자유라고 생각합니다."

그날 밤 그들은 나에게 새로운 곡을 가르쳐 주었다. 제목이 〈카스바 탱고〉였고, 세르지오가 들어본 적이 있는 트리오 알레그라라는 오스트리아 그룹이 만든 곡이었다. 멜로디가 어찌나 완벽한지, 하루 종일 머릿속을 맴도는 것도 모자라 한밤중에도 도무지 잠을 이룰 수가 없었다. 우리는 이 곡을 수도 없이 반복해서 연주했다. 나는 어느 땐 베이스를 연주했고 어느 땐 멜로디를 연주했다. 연주할 땐 모두 눈을 감았다. 피에르는 우리에게 코냑을 넣은 커피를 끊임없이 가져다주며 어린아이처럼 미소를 지었다.

"그런데 레트로셴엔 왜 온 거예요?" 케빈이 궁금하게 여겼다

"운스타드라는 지역에서 버거라는 남자를 만났어요. 함께 서핑을 했지요. 제가 이곳에 와서 이 코트를 입은 모습을 사진으로 찍게 해주면 코트를 주겠다고 버거가 그랬어요. 그런데 보르도에서 피에르 다리를 반쯤 지날 무렵 우연히 그를 다시 봤어요. 희한한 일이었지요. 그래서 여기에 오게 된 거예요. 그리고 지금은 발이 묶여서 갈 수가 없게 됐고요. 제 승합차가 눈 속에 묻혀버렸거든요. 그래서 오도 가도 못하고 있어요." 나는 피에르를 흘긋 바라보았다.

"버거라고요?" 세르지오가 말했다.

"정말 이상한 우연이었어요. 그렇게 생각하지 않으세요?" 내가 방어적으로 말했다.

"Une vraie coïncidence(정말 우연이군요)." 작고 가무잡잡한 케빈이 말했다. 그의 부모님은 두 분 다 이탈리아 사람이었다.

"Faites attention(조심하세요)." 세르지오가 말했다. 조심하라니.

세르지오와 케빈은 이른 새벽녘이 되어서야 집을 나섰다. 피에르와 나는 우리가 연주하는 동안 펑펑 내려 새로 두껍게 쌓인 눈 사이를 뽀드득거리며 걸어가는 두 사람을 바라보았다. 아주 맑고 차가운 하늘에 커다란 달이 걸린 광경은 그야말로 숨이 멎을 것처럼 아름다웠다.

"미소를 짓고 있군요." 피에르가 말했다. "훨씬 보기 좋아요."

"그 곡이 아주 마음에 들어요."

"첼로는 당신의 친구라고 생각해요. 아마 당신의 연인이겠지요."

"그럼요. 함께 산전수전 다 겪었지요."

31

일주일 뒤에 버거를 다시 보았다. 피에르는 어느 날 밤 나에게 함께 북극에 가서, 마르코 시프레디라는 프랑스 스노보드 선수이자 산악등반가에 대한 영화, 〈천사의 발자취 La Trace de l'Ange〉를 보자고 했다. 그리고 버거는 돌아오지 않을 거라고 장담했다.

"버거는 항상 산에 있어요. 파티 이후로 아무도 그를 본 사람이 없어요."

북극은 높은 나무 탁자에서 맥주를 마시며 벌게진 얼굴로 눈 속에 둘러싸여 서 있는 사람들로 가득했다. 마르코 시프레디는 몽블랑 출신으로 은발의 십 대 소년이었다. 그는 에베레스트 정상에서 스노보드를 타고 하강한 최초의 인물이었다. 영화는 바의 뒤편 벽에 영사되었고, 마르코는 세계의 지붕 위에서 마치 인생이 일종의 게임이라는 듯 웃으며 출발을 준비했다. 그리고 믿어지지 않지만 이 활강에서 살아남았다. 이후 그는 다시 활강을 시도했다. 그리고 아무도 그를 발견하지 못했다. 불이 켜졌을 때 모두들 울고 있었다.

피에르는 어디로 갔는지 내 옆자리에 없었다. 그를 찾아 나섰는데, 그는 등에 배낭을 멘 키 큰 남자와 이야기를 하고 있었다. 나는 얼른 눈을 피했지만 너무 늦었다.

버거가 바를 가로질러 피에르가 앉았던 내 옆자리에 앉았다. 옷을 보니 며칠 내내 같은 차림인 것 같았다. 짙은 회색빛이 도는 푸른 눈동자에는 핏발이 섰다. 죽도록 피곤해 보였다.

"아직 있었군요."

"발이 묶였어요. 승합차가 꼼짝을 못하고 있거든요."

"피에르가 그러는데 그 친구 집에서 지낸다고요."

"덕분에 아직 살아 있지요." 내가 말했다.

"산 좋아해요?"

"네."

침묵.

"실은 산을 아주 좋아해요."

"스키 타본 적 있어요?"

"아니요."

"내가 데려가겠다고 했었지요."

"신경 쓰지 마세요."

"코트 두고 가줘서 고마워요. 지금도 그 코트 마음에 들어요?"

그를 올려다보았다. 검은 곱슬머리에 눈이 묻어 밤새 머리가 잿빛으로 센 것처럼 보였다.

"그래서 아직 여기에 있는 건데요." 내가 우물우물 말했다.

다음 날 버거가 피에르의 오두막에 왔다. 피에르는 벌써 외출하고 없었다. 버거는 우리가 괜찮은 사진을 찍으려면, 더 깊은 산 속에 있는 폐가들 가운데 한 집에서 밤을 보내야 한다고 말했다. 새해 첫날 우연히 그 폐가들 쪽을 지나갔었다. 집들은 국립공원 소유였고, 버거는 국립공원에 가이드로 일하고 있었기 때문에 열쇠가 있었다. 버거는 동이 트자마자 사진을 찍으려면 그곳에서 잠을 자야 한다고 했다. 오두막에는 기본적인 시설이 갖추어져 있었다. 우리는 썰매에 음식과 침낭과 첼로를 싣고, 스키를 탄 후 이것을 끌 예정이었다.

"잊은 것 없어요?"

"없는 것 같은데요." 버거가 말했다.

"난 스키 타는 법 몰라요."

"괜찮아요. 내일 출발할 거니까. 스키 타는 법은 오늘 가르쳐주면 돼요." 운스타드에 있을 때하고 똑같았다. 우리는 10살 이하의 아이들이 가는 낮은 산으로 갔고, 버거는 내가 넘어지는 모습을 지켜보았다. 나는 넘어지고 넘어지고 또 넘어졌다. 한쪽 다리를 이쪽으로 내딛고 다른 쪽 다리를 저쪽으로 내딛다가 마침내 세게 엉덩방아를 찧었다.

"젠장맞을 눈, 너무 싫어."

"꾹 참고 해봐요. 방법을 터득하게 될 테니까. 빌어먹을 서핑보다 훨씬 쉬워요."

"서핑이든 스키든, 더럽게 힘드네요."

다음 날 오후, 온몸이 거의 커다란 멍 덩어리가 될 때쯤에야 비로소 스키를 탈 준비가 된 것 같았다. 다행히 버거가 썰매를 끌었다. 게다가 대부분이 오르막길이었기 때문에 사실상 우리는 주로 걷다시피 했다. 그것도 힘든 일이었지만.

"떨어지지 않게 조심해요." 내가 강 쪽으로 너무 가까이 방향을 틀자 버거가 소리쳤다.

그가 가장 먼 곳에 있는 오두막 대문을 열 무렵 초저녁 땅거미가 내려앉았다. 안에는 장작 난로가 있었고, 그 옆 석조 바닥에는 통나무 더미와 먼지, 거미들, 의자 두 개, 옛날 프랑스 영화를 떠올리게 하는 썩어가는 파란색 상판이 놓인 오래된 탁자, 그리고 버거가 자기 거라고 말한 책들이 있었다. 이 층도 있었지만 계단이 완전히 썩어서 올라갈 수 있는 상태가 아니었다.

"여기에서 자주 밤을 보내나요?"

"네. 레미가 파티를 좋아해서요. 나는 파티는 별로라."

"어디에서 자요?"

"바닥에서."

버거는 밖으로 나가 통나무를 한 아름 팼다. 그런 다음 난로에 불을 지피고 배낭에서 냄비와 파스타 봉지를 꺼냈다. 나는 피에르에게 빌린 방수 바지를 벗어 난로 앞 바닥에 펼쳐놓고 두 발을 난로에 바싹 갖다 댔다. 버거는 열린 현관문 앞에 서서 어둑해지는 산을 바라봤다.

"잉글랜드로 돌아갈 거라고 했던 것 같은데요."

"잉글랜드로 돌아가려고 했었지요."

"그런데 왜 마음이 바뀌었어요?"

"피에르 다리에서 당신을 봤잖아요."

"그런 시시한 일에 무슨 의미라도 둔 거예요?"

나는 자세를 바로 하고 앉았다. 화가 났다.

"그럴 리가요. 코트를 갖고 싶었어요."

"그냥 가게에서 하나 살 수도 있었을 텐데. 그게 훨씬 쌌겠네."

그는 방을 가로질러 탁자 앞에 앉았다. 커다란 코트를 입고 작은 의자에 몸을 구겨 넣은 그의 모습이 흡사 거인 같았다. 나는 바닥에서 일어나 방을 가로질러 그의 맞은편 의자에 앉았다.

"그건 당신 생각이었잖아요. 내가 오길 바라지 않았다면 왜 오라고 말한 거예요?"

"글쎄요."

"나한테 두 번이나 오라고 말했어요. 히터를 빌려주겠다는 말도 했지요."

"그 일을 극복한 줄 알았어요, 됐나요?"

"무슨 일이요?"

"다 봤잖아요." 그가 난폭하게 말했다. "내 방에 들어왔을 때. 그녀를 보고 있었잖아요."

"사진 속 그 여자요? 당신이 쫓아다니는 여잔가요?"

버거가 두 주먹을 움켜쥐었다.

"미안해요." 내가 말했다. "대놓고 크게 말할 생각은 아니었어요."

"그녀는 죽었어요."

32

"정말 미안해요." 마침내 내가 입을 열었다.

이제 전부 이해가 됐다. 지금까지의 모든 일이.

"언제요? 그러니까, 언제 그렇게 됐어요?"

나는 그를 안고 싶었고 그의 손이든 어디든 잡고 싶었지만 차마 그럴 수가 없었다.

"2년 전에요. 1월 1일에."

"새해 첫날에요?"

"하필 그때 당신이 나타날 줄 몰랐어요."

"이런."

"소리 질러서 미안해요."

"당신 방을 학부로 기웃거려서 저도 미안해요. 그날 좀 취해서."

"이젠 잊어버릴 때도 됐지요." 버거가 말했다. "다 잊어버린 줄 알았어요. 당신이 운스타드에 나타나기 전까지는."

누가 나를 의자에 붙들어 맨 것 같은 기분이었다.

"당신이 그녀의 잠수복을 입은 모습이 보기 싫었어요."

"알아요. 그런 것 같았어요. 그러면서 왜 나한테 그 잠수복을 준 거예요?"

"그녀의 물건을 전부 없애기로 결심했거든요. 완전히 잊어버리려고요." 그는 웃었지만 재미있어서가 아니었다. "그런데 당신이 바로 내 눈앞에서 매일 그 잠수복을 입고 주변을 돌아다니는 거예요. 그녀는 꼭 당신 같았어요. 생각도. 겁이 없는 것도. 심지어 생김새도 조금 비슷해요."

그를 가만히 바라보았다. 그는 고개를 저었다.

"우리 버스로 와서 문을 두드리고 그런 식으로 보드를 빌려달라고 부탁한 것도 아주 비슷해요. 우리를 전혀 모르면서 말이에요. 첫날 가지고 간 장비 크기에도 불구하고 바다에 다시 들어간 것도. 고물 승합차를 끌고 체인도 없이 레트로셰까지 온 것도."

버거는 미소를 지었다. 환하게 미소를 지으며 말을 이었다. "그녀도 아주 똑같았어요."

나는 아무 말 하지 않았다. 실은 모든 게 너무 무서웠다고 그에게 말할까? 버스 문을 두드렸을 때 심장이 어찌나 쿵쾅거리던지 숨도 쉬지 못할 지경이었다고 말할까? 레트로셰로 올라가는 길에 승합차가 눈 속에 처박혀 꼼짝 못 했을 때, 이참에 절벽 아래로 몸을 던져 내 불행을 완전히 내던져버릴까 진지하게 고민했었다고 그에게 말할까?

"어떻게 그렇게 됐어요?" 대신 나는 이렇게 물었다.

"라 마스에서 스키를 탔어요. 술에 취해서. 그러다 눈사태가 그녀를 덮쳤어요. 나는 도움을 구하러 떠났는데 눈보라가 몰아쳤어요. 그래서 그녀에게 돌아갈 수가 없었죠. 그녀 혼자 죽었어요. 다음 날 그녀의 시체를 발견했어요."

앤드루를 생각했다. 앤드루가 내 친구가 아닌 연인이었다면 어땠을까 상상해보았다. 버거가 자리에서 일어나 문으로 향했다. 그리고 문을 열어 문틀이 기대섰다.

"그녀를 혼자 남겨두는 게 아니었어요." 그의 목소리가 약간 갈라졌다. "그래서 그녀를 잊을 수가 없어요. 내 품에서 죽음을 맞게 해야 했어요."

"그랬으면 당신도 죽었을 거예요."

"차라리 그래야 했어요."

"당신 잘못이 아니에요." 내가 말했다.

버거가 다시 와서 앉았다. 날씨가 추웠다. 나는 일어나 문을 닫았다. 달이 떠오르고 있었다. 극찍한 태양과도 같은 노란 달이었다. 춥고 공허한 밤의 가혹한 아름다움을 응시했다. 별들이 드리워진 구름 낀 하늘 아래에서 간신히 산등성이를 가늠할 수 있었다. 사방 어디에도 빛이 보이지 않았다. 그에게 가서 그를 안아주든 뭘 하든 해주고 싶었다. 분위기를 좀 더 밝게 만들고 싶었다. 하지만 그럴 수 없다는 걸 알고 있었다. 이것이 삶이었다. 이것이 현실이었다.

"나는 준비가 됐다고 생각했어요." 그가 말했다.

"무슨 준비요?"

입이 말랐다. 그의 입가가 일그러진 걸 알 수 있었다. 나는 몸을 떨었다.

"추워요?" 그가 물었다.

"조금요."

그가 일어나 배낭으로 가더니 빨간 코트를 꺼냈다.

"입는 게 좋겠어요."

코트를 입으니 침대에서 두꺼운 이불을 덮고 누운 것처럼 안심이 됐다.

"뭘 좀 먹을까요?" 긴 침묵 뒤에 마침내 내가 입을 열었다.

파스타가 엉겨 붙어 단단한 덩어리가 되었다.

"저녁이 좀 엉망이 됐네요." 나는 포크로 파스타를 뒤적이며 말했다.

파스타를 탁자로 가지고 왔다. 둘 다 접시를 빤히 바라보았다.

"그런데 난 배가 안 고픈데요."

"나도요."

"내가 아는 어떤 사람도 죽었어요." 내가 말했다. "버스킹은 전부 그의 아이디어였어요. 덕분에 버스킹을 하게 됐지요. 내 인생에서 뭔가 의미 있는 일을 하기 위해 그에게 빚을 진 기분이 들었어요. 나는 여전히 살아 있지만 그는 아니니까요."

"나하고 반대였군요. 난 죽으려고 했어요."

"그녀가 그걸 원할 거라고 생각해요?"

"아니요, 그렇지 않겠지요. 아마 아닐 거예요. 잘 모르겠어요." 그는 고개를 저었다.

"도망치는 중이었다면서요."

"그랬지요. 우리 둘 다."

버거는 내가 무슨 구명줄이라도 되는 듯 나를 쳐다보고 있었다. 나는 계속해서 말을 이어야 했다.

"인생은 복잡해요. 영웅과 악당이 단순히 한 가지 이유로 일을 벌이는 책하고는 달라요. 오히려 운스타드에서 나를 삼킨 크고 무서운 파도하고 더 비슷할 거예요. 우리는 힘겹게 파도를 타야 하지요. 안 그러면 죽을 테니까. 쉽게 잘 나갈 때도 있지만, 내내 길고 어두운 구간에 머무를 때도 있어요. 성공하지 못할 때도 있지만, 잘되지 않더라도 어쨌든 해내겠구나 싶을 때도 있고, 내 잘못과 상관없이 파도가 금세 끝날 때도 있어요."

버거는 엷게 미소 같은 걸 지어 보였다.

"계속해봐요."

"그리고 마침내 성공해서 이제 방법을 터득했구나 생각할 때마다, 전혀 예상하지 못한 다른 종류의 파도가 밀려와 모든 걸 다시 혼란 속으로 빠뜨리지요. 도무지 끝이 없어요."

말을 하고 보니 마침내 나도 이해가 됐다.

"그래서 결국 운스타드에 오게 된 거로군요. 죽은 그 남자 때문에."

"아니요. 운스타드에 온 건 한나 때문이에요."

"한나는 누구예요?"

"나에게 그 책을 준 여자요. 나를 빛으로 감싸주었어요."

"빛으로 뭘 했다고요?"

"나를 빛으로 감싸주었어요." 내가 활짝 미소를 지으며 말했다. 내 말이 어떻게 들렸을지 짐작이 갔다. 하긴, 세상에 어떤 사람이 내 말을 믿겠는가. "정말이에요. 지금까지 느껴보지 못한 최고의 기분이었어요."

"섹스보다 더요?"

우연히 내 눈과 그의 눈이 서로 마주쳤다. 어쩐지 그의 시선을 피할 수 없을 것 같았다. 계속 뭐라고 지껄이는 내 목소리가 들렸지만, 누군가 다른 사람 목소리 같았다.

"그녀는 나에게 뒤돌아보지 말고, 상황이 달라지길 바라지 말라고 가르쳐주었어요. 지금까지 읽은 가장 훌륭한 책인 것처럼 인생을 살아야 한다고도 말해주었어요."

 버거가 미소를 짓자 그의 짙은 회색이 도는 푸른 눈이 달라 보였다. 훨씬 덜 차가웠다.

 "당신하고 당신 책들. 당신이 나한테 빌려준 말도 안 되는 책처럼 말이지요."

 "제 말을 이해하시는군요?"

 "아니요. 하지만 어쨌든 마음에 드는군요."

 "저도요. 가끔 눈을 감고 아주 열심히 생각하면 조금 이해가 될 때도 있어요. 이 모든 것들이 저기에서 함께 어우러져 소용돌이치고 있는데, 우리는 그것을 있는 그대로 누리는 대신 존재하지 않는 것들을 위해 단어를 만들고 그것을 좋다 싫다 부르는 거예요."

 이쯤에서 그만 입을 다물었다면 좋았을걸. 버거도 나와 같은 생각인 게 분명했다. 그는 몸을 앞으로 숙이더니 이제 그만 말해도 좋다는 듯 그의 입술에 손가락을 댔다.

 "쉿."

 "미안해요."

 우리는 탁자 너머로 서로를 응시했다.

 "여기에 왜 왔어요?" 마침내 그가 말했다.

 "아까부터 계속 말하고 있잖아요. 코트를 얻으러 왔다고."

 "그게 전부예요?"

 한참 동안 침묵이 흘렀다. 오두막에서 촛불 너머로 잭과 눈이 마주치던 때가 떠올랐다. 그 순간 뭔가 중요한 일이 일어나리라는 예감이 들었다. 아니, 중요한 일은 이미 일어나고 있었다. 잭이 아니었다면 결코 노르웨이에 가지 않았을 거다. 한나를 만나지도 못했을 거고, 이 산까지 오는 일도 결코 없었을 거다. 잭을 통해 내가 바라던 걸 얻지는 못했다. 책에서 읽었거나 영화에서 보았던 해피엔딩은 없었다. 하지만 어쩌면 지금까지 일어난 모든 일이 그보다 훨씬 나을지 몰랐다. 어쩌면 내가 경험한 일들은 내가 바란 것보다 더 근사한지도 몰랐다.

마치 문이 열린 것처럼 별안간 머릿속에 진실이 활짝 열렸다.

그리고 모든 것이 명료해진 순간, 다시 문이 닫히기 전에 몇 가지 사실을 깨달았다. 저 산에서 내가 버거와 무엇을 하건 그 역시 어떤 목적이 있음을, 그 목적이 무엇인지 조금도 걱정할 필요가 없으며, 나는 그저 내 역할에 충실하면 그만임을. 또한 버거와 함께 하는 이 시간 이후 어떤 일이 전개되든 내가 예상하는 것과 다를 수 있음을. 버거의 눈동자는 잭의 눈동자처럼 파랬다. 이렇게 버거의 눈동자를 보고 있으니 사실상 잭의 눈동자를 떠올리기가 쉽지 않았다.

이것이 진실이었다. 다만 아마도 나는 이것을 달로 표현할 수 없었기에, 대답 대신 탁자 위로 몸을 구부려 그에게 키스했다. 우리는 오랫동안 키스를 했다. 내가 똑바로 일어날 수 없을 때까지 키스를 했고, 버거가 나를 번쩍 들어 안아 벽난로 앞으로 데리고 가 바닥에 눕혔다. 그리고 계속해서 키스를 했다.

33

눈을 떴을 때 벽난로의 불이 거의 꺼져가는 걸 보니 잠이 들었던가 보다. 나는 자리에서 일어나 앉았다.

어젯밤 일들이 서서히 떠올랐다. 버거가 나에게 했던 말들. 그의 여자 친구가 어떻게 죽었는지. 그가 나를 아기처럼 들어 안아 불가에 데리고 간 일. 그때 버거가 이곳에 없다는 걸 알아차렸다. 문이 조금 열려 있었다. 침낭에서 나와 탁자 옆 의자에 걸려 있는 빨간 코트로 향했다. 버거의 가방은 내 첼로에 기댄 채 아직 이곳에 있었다. 나는 부츠를 신었다. 밤공기가 지독하게 차가워 딱딱하게 느껴졌다. 발밑에 눈이 단단했다. 주위엔 아무런 움직임이 없었다. 밤하늘에는 크고 환한 달이 디스코 볼처럼 걸려 있었고 사방에 별들이 마구 흩뿌려졌다. 층층이 쌓인 수많은 별들. 다리 위에 서서 금방이라도 부서질 듯한 나무 난간에 몸을 기대 얼어붙은 강을 응시하는 버거를 보았다.

다리를 향해 걸음을 옮기긴 했지만 더는 갈 수 없었다. 버거는 아직 나를 보지 못했다.

그에게 가는 건 내 소관이 아니었다. 나는 돌아서서, 그가 나를 보지 않길 바라며 서둘러 집으로 향했다. 아마 그러다가 미끄러졌던 것 같다. 살얼음 위에 미끄러져 넘어졌다. 우지끈 갈라지는 소리가 났다. 날이 워낙 추워서 거의 아무런 통증을 느끼지 못했지만, 틀림없이 시끄럽게 소리를 질렀을 것이다. 버거가 나를 향해 달려와 내 뺨을 때리며, 꼴사납게 무슨 짓이냐고 말한 걸 보면.

그는 당장 테트로셰토 내려가자고 고집을 부렸다. 그리고 남는 사각팬티 두 장으로 팔걸이 붕대를 만든 다음, 마치 마네킹한테 옷을 입히듯 나에게 빨간 코트를 걸치고 소매에 내 팔을 집어넣고 지퍼를 올렸다. 그런 다음 첼로를 들고 밖으로 나를 데리고 나갔다.

"충격을 받았을지 몰라요. 따뜻하고 건조한 상태를 유지해야 해요."

"괜찮아요." 나는 애써 태연하게 말하고는 눈 속에 주저앉았다. 속에서 계속 강한 욕지기가 올라왔다. 속수무책으로 눈물이 쏟아졌다. 나쁜 자식, 나쁜 자식, 나쁜 자식.

"일어나요." 버거가 쏘아붙이듯이 말했다.

어젯밤 내가 키스를 한 남자는 온데간데없고, 운스타드에서 만난 성질 더러운 젊은 남자가 다시 나타났다.

"피곤해요. 좀 쉬어요."

불분명한 발음으로 말이 나왔다.

"젠장, 일어나요. 여기서 죽고 싶지 않으면."

4장

용기를 주는 리본

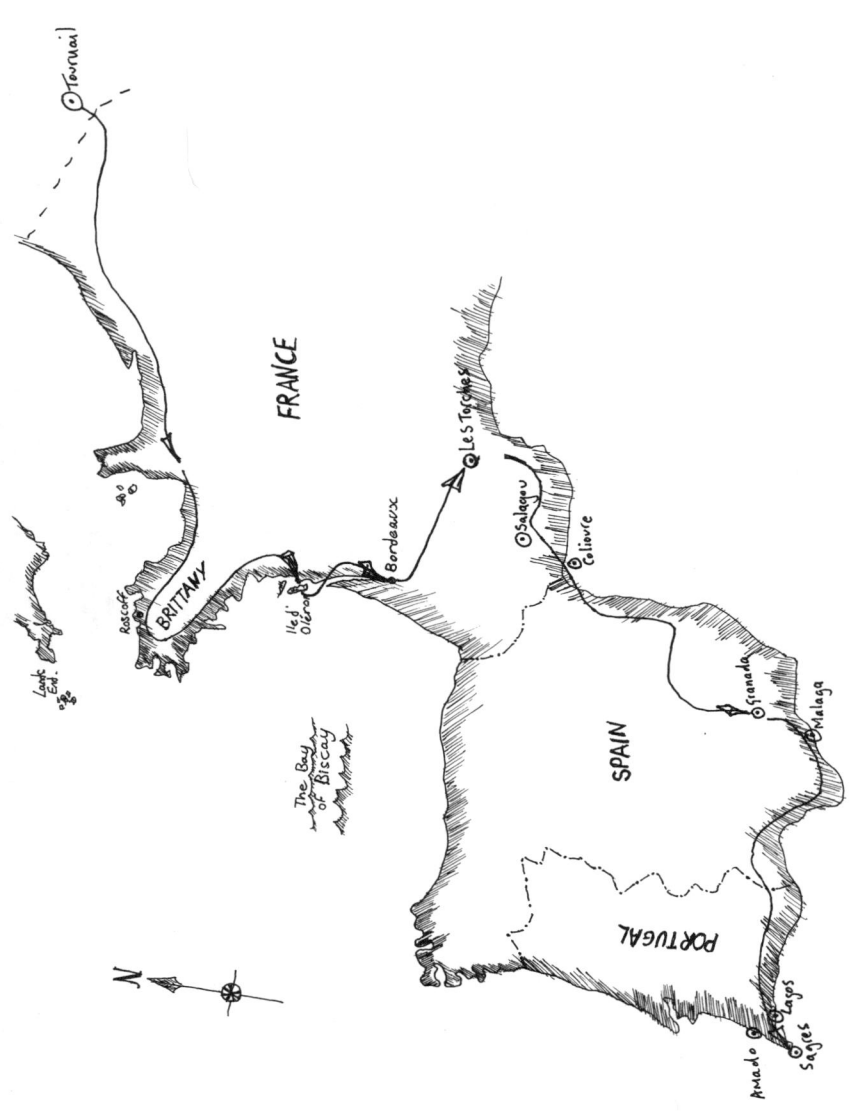

34

피에르는 우리 둘 다 이미 알고 있는 사실을 확인시켜 주었다. 활을 켜는 내 오른손이 쿠러져버렸다. 그것도 심하게. 그래서 병원에 가야 했다. 프랑스에서는 먼저 병원에서 치료를 받고 비용을 지불한 뒤에 보험에서 환급받는다. 유효한 E111(유럽연합 건강보험증)을 소지하고 있다면 말이다. 하지만 나에게는 그런 서류가 없다는 걸 알게 됐다. 잉글랜드에 있을 때 우체국에서 여행 기간이 정확히 얼마나 될지 모르겠지만 약 3개월 정도 될 거라고 말했다. 우체국에서는 일단 날짜를 적어놓고 필요하면 나중에 수정액으로 지우라고 말했다. 수정액이 뭔지 설명하자 피에르는 기겁을 했다. 그는 여기는 프랑스다, 수정액이 뭔지 알지만 공문서에 수정액을 사용해서는 안 된다고 말했다. 그러면서 턱을 문질렀다. 입원비는 꽤나 비쌌다. 그는 한 가지 다른 방법이 있다고 말했고 우리는 즉시 병원을 나섰다.

피에르는 나에게 약간의 모르핀을 주사했다.

일어나 보니 티모네 병원 맞은편에 있는 마르세유의 생피에르 거리였다.

"우리 어떻게 여기에 와 있는 거지요?"

"차로 왔어요."

"어떻게 승합차를 눈에서 꺼냈어요?"

"눈을 치웠어요. 버거가 도와주었어요. 밤새도록 눈을 치웠어요. 그런 다음 그의 체인을 빌렸어요." 피에르는 운전석 발밑에 놓인 체인을 나에게 보여주었다.

"버거는 어디에 있어요? 그는 괜찮나요?"

피에르의 표정이 슬퍼 보였다. "그렇지는 않지만 당신이 그 사람을 도와준 것 같은데요."

모르핀양이 많지 않았는데도 고개를 돌리기에는 무리였다. 나는 포기하고 다시 의식불명 상태로 빠져들었다.

간호사들은 피에르를 보고 깜짝 놀랐다. 그는 휴가를 마치고 복귀하기까지 한 주가 더 남은 상태였다. 하지만 그들은 피에르를 무척 반가워했다. 피에르는 그들에게 커다란 초콜릿 바를 주었고, 그들은 그가 나를 몰래 병원에 들여보내 X-레이를 찍도록 도왔다. X-레이 촬영을 마친 뒤, 피에르는 나를 데리고 십여 개의 복도를 지나 한참을 가더니, 멈추어 창문에다 X-레이 원판을 대어 보고는 쯧쯧 혀를 차면서 고개를 절레절레 저었다. 그런 다음 흰 가운을 권위적으로 펄럭이며, 나를 데리고 다친 사람들과 지독하게 지루해하는 사람들이 서 있는 긴 줄을 지나 이중문을 통과했다. 우리 뒤로 문이 쾅 소리를 내며 닫혔다. 우리처럼 밤을 꼬박 새운 정형외과 의사가 차 한 잔을 마시고 있었다. 단순 골절은 아니지만 다행히 수술할 정도도 아니었다.

승합차로 돌아와 난감한 표정으로 피에르를 보았다.

"두 달을 이러고 있어야 하는군요. 운전도 못 하고 말이에요." 버스킹은 생각도 하지 말아야 하는구나, 하고 생각했다. 정말이지 자고 싶은 마음뿐이었다.

"괜찮아요." 피에르가 말했다. "지낼 수 있는 곳을 알고 있어요. 우리 삼촌이 살라구라는 호수에 큰 집을 가지고 있어요. 삼촌도 당신을 좋아할 거예요. 당신에게는 르푸 le feu 가 있어요."

"그게 뭐예요?" 내가 혀 꼬인 발음으로 말했다.

"불이요."

창문 안쪽으로 천천히 머리를 기댔다. 눈을 감았다. 그러고 보니 코트를 입고 있지 않았다. 살라구는 마르세유에서 북서쪽으로 수백 킬로미터 떨어진 곳에 있는 인공 호수였다. 피에르의 삼촌은 오래된 석조 가옥에서 살았다. 썩어가는 목재 프레임 위를 기어오르는 지저분한 포도 덩굴이며 호수에 면해 있는 포장된 큰 테라스는 산뜻하게 정리를 좀 해주면 좋을 뻔했다. 이 집은 라솔레이아데 La Soleiade 라고 불렸는데, 피에르의 말에 따르면 '햇살이 드는 곳'이라는 뜻이라고 한다. 2월을 며칠 앞두고 있었지만 햇볕은 벌써 따뜻했다. 이곳이 레트로셰와 같은 나라는 물론이고 같은 대륙에 있다는 사실이 믿어지지 않았다. 춥고 삭막한 산은 사라지고, 대신 그을린 적색토와 커다란 협곡으로 이루어진 기이한 사막이 들어섰다. 나는 일종의 향수병에, 잿빛의 상실감에 사로잡혀, 바닥에 주저앉아 무릎 사이에 머리를 처박고 엉엉 울고 싶은 심정이었다. 하지만 대신 피에르에게 썩어가는 목재 프레임 밑에 승합차를 주차하고 어서 나를 안으로 안내해 달라고 부탁했다.

피에르의 삼촌은 혈색 좋은 얼굴에 피에르처럼 친절한 눈빛을 지

넌 키가 작은 남자였다. 이름은 프랑시스 필리프라고 했다. 프랑시스 필리프는 여러 해 동안 골동품 판매상으로 일해 왔다. 아직 팔지 못한 물건은 전부 라 솔레이아데에 보관했는데, 아마 지금으로부터 수십 억 년 뒤에 있을 종말을 예고하는 화산 폭발로 재가 되길 기다리는지도 몰랐다. 방마다 오만 잡동사니에 책에 어울리지 않는 가구(주방에 침대라든지, 거실에 옷장 같은)에 이제는 사용하지 않는 전기기기로 넘쳐났다.

두 사람이 집을 구경시켜주자 내 향수병은 더욱 커졌다. 그렇다고 내가 정확히 뭘 그리워하는지 아는 것도 아니었다. 나는 마치 딱지를 잡아 뜯어 상처를 덧나게 하려는 듯 브로드샌즈와 벤과 잭을 생각했다. 그런데 이상하게 아프지가 않았다. 아니 적어도 아팠던 적이 없는 것 같았다. 버거를 생각했다. 그가 내 사고 때문에 자신을 책망하지 않길 바랐다. 언젠가 그를 다시 보길 바랐다. 하지만 그렇지 않기도 했다. 마음속 깊은 곳에서는 알고 있었다. 버거는 아직 준비가 되지 않았다는 걸, 그래서 그의 곁에 머문다면 나 역시 그의 고통 속에 갇혀 꼼짝 못하리라는 걸.

우리는 침실에 왔다. 침실에는 대형 더블베드 하나, 골동품 아기 침대 둘, 1930년대에도 이케아가 있었다면 이케아에서 만들었음 직한, 침실과는 어울리지 않는 책상 하나, 대야 하나, 도자기로 만든 요강 하나가 있었다. 피에르와 프랑시스 필리프는 나를 남겨두고 아래층으로 내려갔다. 침대에 누워 천장을 올려다보았다. 구석구석 거미들이 기어 다녔고, 아주 오래된 칙칙한 거미줄들이 벽에서 늘어져 있었다. 피에르는 언제나 무척 친절했다. 정말이지 나는 운이 좋았다. 지금 나는 안전하고 따뜻하고 쾌적했다. 옆으로 누워 벽을 보았다. 승합차 침대에서 동전 무더기를 세던 시간들이 떠올랐다. 베르겐의 터널, 모이라나에서 노인들이 모여들던 벤치, 한 번에 20분씩 연주하게 하던 독일의 희한한 쇼핑센터들, 자동차로 생경한 나라들을 횡단하던 수많은 사람들, 강과 고속도로 휴게소에서 씻던 일을 떠올렸다. 그만 여행을 마치고 안전하게 지내길 얼마나 간절히 원했던가. 하지만 막상 그렇게 되고 보니 지난 시간이 몹시도 그리웠다.

첼로를 떠올리자 그리움은 더 깊어졌다. 나의 첼로는 처음부터 나와 함께 했다. 내 친구이며 동료였고, 가장 어두운 시기에 나를 견디고 살아남게 해준 은인이었다. 그런데 가장 절실하게 필요한 지금, 내 기분을 나아지게 해줄 거라고는 오직 첼로뿐인 것 같은 바로 지금, 나는 첼로를 켤 수가 없었다. 손가락이 절망스러울 만큼 근질거렸다. 문득 자세를 바로 하고 앉았다. 그나저나 내 첼로는 어디에 있는 걸까?

피에르와 프랑시스 귈리프는 주방에 앉아 큰 잔으로 레드 와인을 마시고 있었다. 나는 불쑥 안으로 들어가 얼굴에 줄줄 눈물 자국을 내면서 횡설수설 알아들을 수 없게 지껄였다. 피에르는 잠시 후에야 내가 무슨 말을 하는지 이해할 수 있었다. 그는 나를 밖으로 데리고 나와 승합차 문을 열었다. 첼로는 벽장 안에, 원래 있어야 할 제자리에 안전하게 보관되어 있었다. 나는 똑바로 서 있을 수가 없어서 피에르에게 몸을 기댔다. 그가 팔로 나를 감싸 안았다.

"첼로는 무사해요. 버거가 가져다 놓았어요."

내 마음을 읽기라도 한 듯 피에르는 첼로를 꺼내 케이스를 열었다. 나는 다시 울음을 터뜨리기 시작했다. 따뜻하게 해주려는 듯 첼로의 목 주변을 조심스럽게 두르고 몸통을 포근하게 감싼 파타고니아 코트 때문이었다.

35

결국 나는 썩어가는 나무 프레임 아래에 세워둔 승합차 안에서 잠을 잤다. 프랑시스 필티프는 법석을 피우며 나에게 도자기 요강을 빌려주었는데, 내 생각에 그는 이런 식으로 넘치게 친절을 베푸는 걸 무척 좋아하는 것 같았다. 그는 내가 집시라는 사실을 마음에 들어 했다. 나는 단지 집에 가고 싶을 뿐이었고, 지금까지 지낸 다른 어떤 곳보다 내 승합차야말로 진정한 내 집이라는 걸 마침내 깨달았을 뿐이었다. 아침에 피에르가 찾아왔다.

"작별인사하러 왔어요."

"지금 가시나요?"

"차를 가지러 가야 해요." 그가 말했다. "그런 다음 일하러 가야지요."

"제가 휴가를 망쳤어요. 정말 죄송합니다. 그리고 감사해요. 저에게 정말 친절하게 대해주셨어요. 당신이 도와주지 않았다면 정말 막막했을 거예요."

피에르는 살짝 얼굴을 붉혔다. "뭘요."

"버거를 만나실 건가요?"

"네, 그렇겠지요."

"코트 고맙다고 전해주시겠어요?"

"물론이지요."

"그리고 제가 돌아가지 않을 거라는 말도 전해주세요."
피에르는 내 손을 잡고 부드럽게 쥐었다. "벌써 그렇게 말했어요."
"그가 뭐라고 해요?"
"언젠가 당신을 보게 되지 않겠느냐고 하더군요."

프랑시스 필리프가 가장 좋아하는 일은 호숫가를 거닐면서 식용작물을 찾는 것이었다. 나는 그가 포장된 큰 테라스로 향하는 모습, 테라스 위에 놓인 나무로 만든 낡은 흔들의자에 앉아 있다가 돌아오는 모습을 지켜보곤 했다. 라솔레이아데에서 지낸 첫 주는 기운이 하나도 없었다. 할 수 있는 일이라고는 의자에 앉아 멍하니 호수를 바라보는 것과, 새들이 풀과 이끼를 땅으로 옮겨와 혼자 힘으로 작은 섬 같은 둥지를 만드는 모습을 골똘히 지켜보는 것이 전부였다. 낮에는 따뜻했지만 매일 빨간 코트를 입고 그 안에 몸을 묻었다. 프랑시스 필리프가 권한 대로 잠을 많이 잤고, 그가 호숫가에서 발견한 약용식물을 넣은 이상한 음식을 먹었다. 그의 말로는 이 음식이 나를 튼튼하게 만들어줄 거라고 했다. 야생초들과 섬유질이 많은 무슨 채소였는데 그는 명아주라고 불렀다. 야생 부추와 야생 버섯도 있었다. 프랑시스 필리프는 직접 빵을 만들었는데, 하나같이 만든 지 너무 오래돼서 고기 자르는 칼로 조금씩 잘라내야 했다. 가장 가까운 상점은 몇 마일 떨어진 곳에 있었고, 그의 차는 너무 오래돼서 좀처럼 차를 몰고 싶어 하지 않았다. 그래서 피에르가 비번인 날 방문하러 올 때 마르세유에서 생필품을 사가지고 왔다.

서로의 언어를 거의 알지 못해 의사소통에 한계가 있었지만, 프랑시스 필리프와 나는 상당히 잘 지냈다. 잠에 대한 욕구도 사라졌겠다, 나는 집안일을 도와 밥값이라도 하려고 했다. 오래된 CD 플레이어와 먼지가 잔뜩 쌓인 CD 선반을 발견했다. 이 가운데 존 콜트레인의 옛날 앨범이 있었는데, 나는 〈인 어 센티멘털 무드〉라는 곡에 푹 빠졌다. 길고 느린 재즈곡이었는데, 감미롭지는 않지만 명상음악처럼 선율이 풍부했다. 슬프거나 행복한 느낌도, 장조나 단조의 느낌도 아니었다. 어딘가를 향하지도 않았다. 그저 강물처럼 길을 따라 흘렀고, 듣고 있으면 모든 일이 다 괜찮아질 것만 같았다. 테라스에서 비질을 하는 동안, 냉장고를 청소하는 동안 나는 이 곡을 듣고 또 들었다. 진공청소기로 거미집을 치우려 했는데 진공청소기가 없어서 오래된 골동품 깃털먼지떨이를 이용해야 했다. 왼손으로 어설프게 먼지 떨이를 쥐고 머리카락 속에 거미가 떨어지지 않게 조심하면서 거미집을 털어냈다.

첫주가 서서히 지나갔고 아픔도 서서히 가라앉았다. 한 주가 끝날 무렵, 피에르가 갓 구운 빵과 냄새 고약한 치즈와 간호사 한 명에게 빌린 낡은 자전거를 가지고 왔다. 피에르는 붕대로 내 가슴에 깁스를 감았다. 그런 다음 프랑시스 필리프가 타던 오래 되어 녹슨 자전거를 찾아서 거꾸로 뒤집어, 수천 군데는 구멍이 나 있을 것 같은 곳을 수리하고 브레이크에 기름을 치고 체인을 푼 뒤에, 나를 데리고 한참 동안 호숫가 주변을 달렸다. 나에게 기운을 북돋아주기 위해서라고 했다.

아름다운 날이었다. 우리는 옛길을 따라 달렸는데, 길이 차츰 좁아지다 사라지기 일쑤여서, 자전거에서 내렸다가 다시 탈 수 있게 될 때까지 낡고 무거운 자전거를 끌고 가야 했다. 처음엔 한쪽 팔만 사용하려니 꽤나 힘들었다. 특히 자전거를 정지시킬 때 더욱 힘들었는데, 자꾸

타다 보니 제법 탈 만했고, 저녁 무렵엔 피에르 덕분에 많이 웃었다.

"당신은 인내심을 가져야 해요."

그날 이후 나는 거의 매일 자전거를 타고 나가 호수 구석구석을 살펴보고, 물에 잠긴 마을의 잔해도 찾아보고, 미처 알지 못한 사이에 돋아난 나무 위의 새싹들을 만나 커다란 행복도 느꼈다. 저녁이면 테라스에 앉아 프랑시스 필리프와 와인을 마셨다. 그는 나에게 자신의 인생을 이야기했고, 온 집안에 수북이 쌓인 고서들 가운데 희한한 내용들을 읽어주었다. 한번은 노란색 레이스로 가장자리를 장식한 옛날 앨범에서 그의 아내 사진을 보여주었다. 프랑시스 필리프의 아내는 약 10년 전에 암으로 죽었다고 했다. 그 일을 말하는 그의 모습이 아직도 힘들어 보였다. 이 사진들 가운데 피에르의 사진도 있었다. 의대 시절 방학 때 모습이었는데, 지금보다 더 젊고 건강해 보이는 피에르가 예쁜 갈색 머리의 여자를 팔로 감싸 안고 있었다. 피에르의 아내라고 프랑시스 필리프가 설명했다. 어릴 때부터 사랑하던 사이라고 했다. 나는 몹시 놀랐다.

"피에르에게 부인이 있어요?"

"있었지. 피에르를 떠나 피에르의 친구인 다른 의사한테 갔어."

"세상에, 피에르가 가여워요!"

"몹시 슬퍼했지. 지금은 행복하게 지내지만."

"피에르는 행복하게 지낼 자격이 있어요." 내가 말했다.

프랑시스 필리프는 이따금 짓곤 하는 버릇 같은 표정으로 나를 바라볼 뿐 아무런 말도 하지 않았다.

가끔 피에르는 폴레트라는 이름으로 부르는, 아주 오래된 그의 폴로 쿠페 자동차에 나를 태우고 하루 종일 드라이브를 했다. 우리는 몽펠리에에 가서 코메디 광장에 앉아 코코아를 마셨다. 추운 세벤 산에 차를 타고 올라가 활활 타오르는 불가에서 스테이크와 감자를 먹었다. 3월 초가 지나갔다. 때 아니게 더운 어느 날, 우리는 폴레트를 타고 카마르그까지 달려 분홍색 홍학 떼를 보고 벤치에서 칵테일을 마셨다. 바로 이곳에서 피에르는 나에게 자신의 계획을 이야기했다.

"2주 후에 휴가예요."

"전 2주 후에 깁스를 풀어요."

"그래요." 피에르가 말했다. "그래서 말인데, 당신도 휴가를 가야 할 거라고 생각해요."

나는 고개를 저었다. "깁스를 풀면 곧바로 버스킹을 시작해야 해요. 남은 돈이 거의 바닥나서 잉글랜드로 돌아가는 길에도 내내 버스킹을 해야 할 판이에요."

가뜩이나 앞일이 막막한데 피에르가 다정하게 말하니 두려움이 더욱 커졌다. "팔이 완전히 나으려면 시간이 더 필요해요. 물리치료도 받아야 하고. 당장 버스킹을 하는 건 무리예요."

솔직히 그런 생각은 하지 못했다.

"다 나으려면 얼마나 걸릴까요?"

"글쎄요. 깁스를 풀어 봐야 얼마나 나았는지 알 수 있어요."

"그럼 낫지 않을 수도 있단 말인가요?"

"괜찮을 거라고 확신하지만 시간이 필요하다는 거지요."

"저는 더 시간을 끌 수가 없어요."

"그래서 하는 말인데요. 나한테 한 가지 생각이 있어요. 나는 늘 히피가 되고 싶었어요."

"말도 안 돼요."

"정말이에요. 당신 버스를 타고 같이 히피가 되고 싶어요. 당신 버스를 타고 당신과 함께 휴가를 보내고 싶어요. 내가 경유 비용을 댈게요. 당신은 운동을 해서 버스킹을 할 수 있을 만큼 팔을 튼튼하게 만드세요. 내가 도와줄게요. 대신 당신은 내가 히피가 될 기회를 주세요. 이건 정말로 내가 늘 원하던 거예요."

나는 할 말을 잃었다. 피에르가 믿을 수 없을 만큼 친절하고 사려 깊어서이기도 했지만, 앞으로 얼마나 힘든 일들이 펼쳐질지 훤히 보였기 때문이다. 피에르가 옳았다. 무엇보다 팔이 약하고 힘이 없을 거다. 전처럼 오랜 시간 버스킹을 할 수 있으려면 한참을 더 기다려야 할 거다. 더구나 연습을 통 못해서 실력이 형편없을 거고. 그리고 연습도 팔이 제대로 나은 후에야 가능했다. 제대로 치료를 받지 않았거나 애매하게 치료가 된 바람에 뼈가 다시 부러져서 처음부터 다시 접합 수술을 해야 했다는 식의 이야기를 들은 적이 있을 것이다. 라 솔레이아데에서 보낸 몇 주 동안은 일부러 첼로에 대해 생각하지 않으려 했는데, 지금은 첼로를 생각하면 다친 갈비뼈 부위가 얻어맞은 듯 욱신거렸다. 첼로를 연주하고 싶은 마음이 간절했다. 과거에 연주하던 곡들과 그 곡들이 내게 준 평화로운 느낌이 몹시도 그리웠다. 이 느낌은 마치 허기와도 같았다.

"그럼 우리 어디로 갈까요?"

"나는 늘 알함브라 궁전에 가보고 싶었어요." 피에르가 말했다.

"그게 어딘데요?"

"그라나다요."

"스페인이요?"

"스페인 남부."

"스페인 남부요?"

"당신이 노르웨이에서 포르투갈까지 버스킹을 하려는 줄 알았는데요."

"아니요, 아니에요. 그건 앤드루가 계획했던 거예요. 하지만 앤드루는 죽었어요. 난 집에 가고 싶어요."

집이 까마득히 멀게 느껴졌다. 브로드샌즈는 지금과 다른 생에 속한 것 같았다. 과거의 삶에서 너무 멀리 벗어나 있어 다시는 그 삶을 찾지 못할까 봐 두려웠다. 벤과 통화를 한 지도 몇 달이나 지났다.

"해변에도 가요. 시에라네바다 산맥에도 가요." 피에르가 말했다.

그날 밤 나는 잉글랜드에 전화하기 위해 프랑시스 필리프에게 전화를 써도 좋은지 물었다. 그런 다음 보르도에서 벌고 남은 돈 얼마를 그에게 주었는데, 그는 불쾌하게 여기며 단박에 거절했다. 전화기는 동그란 다이얼이 달린 옛날식이라 손가락으로 일일이 번호를 돌려야 했다. 벤의 목소리가 불만스럽게 들렸다.

"전화가 너무 늦었어."

"그러게."

"미안."

"크리스마스 때도 전화 한 통 안 주고."

"그러게. 팔이 부러졌어."

"세상에." 벤이 말했다. "어쩌다가?"

"빙판길에 넘어졌어."

"보르도에서?"

"알프스에서."

"알프스에서? 지금 알프스에 있어?"

"지금은 아니고. 지금은 프랑스 남부의 어느 호수 근처에 있어."

"내가 못 살아. 너 지금 완전히 불법인 거 알아?"

"그게 무슨 말이야?"

"세금도 안 내, 자동차 안전검사도 안 해, 그러니 보험도 안 내. 까딱 잘못하면 너 완전 망하는 거야."

이런 문제는 생각조차 해본 적이 없었다.

"내가 네 세금 신고서를 뜯은 바람에 너를 위해 선심 좀 썼다. 내 덕분에 거액의 벌금을 면한 줄이나 알아."

"이런. 고마워."

"그리고 자동차 안전검사증은 갖다 버리는 게 좋을 것 같아. 혹시 차를 세우게 되면 보험 증서하고 차량등록증만 보여줘. 그럼 아마 무사히 통과될 거야."

나는 입술을 깨물었다.

"우린 네 걱정 많이 했어. 하마터면 경찰에 전화할 뻔했다고."

"정말?"

"그럴까 하고 같이 의논했지."

"누구하고 의논했는데?"

"나하고 잭."

얘들이 나를 걱정했다 이거지?

"잭은 아직도 거기 있어?"

"아니."

나는 숨을 죽이며 말했다. "어디 있는데?"

"포르투갈."

"거긴 왜?"

"왜 갔겠냐? 그 자식 거리엔 언제나 서핑 생각뿐이잖아. 그나저나 넌 언제 올 거야?"

"나 스페인에 가야 해. 이야기하려면 길어."

"그러다 안 오겠다."

"갈 거야. 아직 엄두가 안 나서 그래."

나는 벤에게 잘 지내라고 인사를 한 뒤 밖으로 나와 어둑한 테라스로 향했다. 나무로 만든 낡은 안락의자에 앉아 한참 동안 어둠을 응시하고 있을 때, 프랑시스 필리프가 다가와 외등을 줬다. 커다란 나방들이 불빛에 제 몸을 던졌다. 멀리 어딘가에서 개가 짖었다. 그가 좀이 슨 담요를 내 무릎에 올려주었다.

"무슨 일 있어?"

"아니에요." 내가 말했다.

"나쁜 소식을 들었어?"

"아니에요. 그런 것 같지는 않아요. 잘 모르겠어요."

글쎄, 무슨 일이 있는 걸까? 잭이 다시 떠나서? 하지만 그는 다시 돌아올 것이다. 그는 지금 포르투갈에 있는 것뿐이었다. 그리고 사실 그가 브로드샌즈에 있는 것보다 포르투갈에 있는 지금이 거리상 나하고 더 가까웠다. 그나저나 무엇 때문에 아직도 그에게 신경을 쓰는 거지? 이제 내 곁에는 버거도 있고 피에르도 있는데. 뭐, 피에르? 나는 뭐라고 말로 표현할 수 없는 감정에 휩싸였다. 그것은 음악을 듣는 이유였고, 내 첼로가 존재하는 이유였다. 나는 첼로를 연주해야 했다. 온전한 내 손이 주먹을 쥐고 있었다. 이렇게 오래 첼로를 연주하지 않고 지낸 적은 처음이었다. 지금 이 순간 이 어둠 속에 앉아 〈브루카 마니과〉를 연주할 수 있다면 좋으련만. 그 곡을 연주할 수만 있다면 기분이 다시 좋아질 수 있을 텐데.

"무슨 생각을 해?"

프랑시스 필리프는 친절한 사람이었다. 그는 내가 걱정스러운 모양이었다.

"제 첼로요." 내가 중얼거리며 말했다. "제 첼로가 그리운 것 같아요."

프랑시스 필리프가 발을 끌며 천천히 발코니 밖으로 나갔다. 그러고는 낡은 기타를 가지고 와서 내 무릎을 덮은 담요 위에 올려놓았다.

"전 기타를 못 치는데요."

"기타를 치면 네가 계속 손가락을 사용하려고 애쓰게 될 거라고 피에르가 그러더구나."

나는 기타를 집어 들었다. 왼손으로 〈브루카 마니과〉의 멜로디를 잡아보려 했지만, 기타는 첼로와 음을 맞추는 방식이 달라서 연주가 잘 되지 않았다. 오른손 손가락으로 현을 뜯어보려 했지만 손가락이 전혀 말을 듣지 않았다. 경첩이 부식되어 꿈쩍 않는 문을 열려고 애쓰는 것 같았다. 실제로 첼로를 연주하려고 시도했다면 어땠을까. 아, 그런 생각은 하고 싶지 않았다. 나는 기타를 바닥에 내려놓았다. 그리고 어둠을 응시했다.

"소용없어요."

"용기를 가져야 한다, 얘야."

나는 팔짱을 꼈다. 현나의 목소리가 들리는 것 같아 손가락으로 귀를 막고 싶었다. 그러나 대신 나도 모르게 거의 소리를 질러댔다.

"용기를 가지라고 말하는 사람들, 이젠 넌더리가 나요. 그런 소리 지긋지긋하다고요. 용기를 내라, 두려워하지 마라, 다 쓸데없는 말 아닌가요. 그 말 듣고 제가 지금 어떻게 됐는지 보세요. 전 지금 아무것도 할 수 없어요. 빌어먹을 완전히 쓸모없는 사람이 돼버렸단 말이에요. 두려움은 다 이유가 있어요. 재수 없게 산에서 길을 잃고, 팔이 부러지고, 첼로를 개판으로 연주하지 않게 하려는 거라고요 ……."

프랑시스 필리프는 고개를 저었다. "용기가 뭔 줄 아니?"

"너무 무서워서 도저히 하고 싶지 않은 일들을 하는 거잖아요. 빌어먹을 얼마나 위험하든 말든."

"Non Non Non(아니야, 아니야, 아니야)." 프랑시스 필리프가 똑바로 서서 테라스 가장자리로 다가왔다. 그는 한참 동안 호수를 내려다본 뒤 나를 향해 돌아섰다.

"용기는 네가 말한 그런 게 아니란다. 용기는 가슴을 지키는 일이야."

나는 고개를 저었다.

"그래. 용기는 쾨르_{coeur}에서 온단다. 쾨르는 가슴이라는 의미지."

프랑시스 필리프가 이렇게 심각한 표정을 짓는 걸 본 적이 없었다. 그는 다시 발코니 밖으로 나가 누렇게 바랜 오래된 책 한 권을 가지고 돌아왔다. 커다란 라틴어 사전이었다.

"용기." 그가 큰소리로 읽었다. "온 마음을 다해 자기 자신이 되는 것. 온 마음을 다해 자신이 누구인지 이야기하는 것."

잠시 침묵이 흘렀고, 그러는 동안 그의 말들이 마음속 깊숙이 새겨지고 있었다.

"그렇게 하려면 어떻게 해야 하나요?"

"가령, 음악을 하는 거지. 예를 들면, 첼로를 연주한다든지. 아니면 피에르처럼 좋은 의사가 되는 거야. 아니면 예를 들어, 내 아내처럼 좋은 아내가 된다든지."

"전 이제 첼로를 연주할 수 없어요."

프랑시스 필리프가 기타를 들어 다시 내 무릎에 올려놓았다.

"그럼 노래를 하면 되겠구나."

36

그날 밤 기타를 뜯으며 그 자리에 몇 시간을 앉아 있었다. 프랑시스 필리프가 나를 살피러 발을 끌면서 들어왔지만 애써 돌아보지 않았다. 굳이 그렇게 한 건, 사실은 그를 위해서였다. 나는 잭에 대한 노래를 쓰려고 했다. 이별과 아픔에 대한 사랑 노래를. 하지만 곡이 영 쓰레기 같아서, 결국 만든 곡은 사실상 한나에 대한 노래였다. 한나를 떠올리고, 그녀가 나에게 가르쳐준 말들을 떠올리고, 내가 자유롭다는 걸 떠올릴 수 있어서 마음에 들었다.

가사는 거의 완성됐지만 멜로디가 도무지 생각이 나지 않아, 마치 수수께끼처럼 잠자리에 들면서도 계속 머릿속을 맴돌았다. 다음 날 아침 잠에서 깨었을 때 가침내 무얼 해야 할지 생각이 났다. 라 솔레이아데에서 보내는 마지막 2주 동안은 기타로 〈브루카 마니과〉의 화음을 연주하는 법을 배우고, 여기에 한나에 관한 가사를 입히는 데 거의 모든 시간을 보냈다. 가사와 멜로디가 꽤 어울리는 것 같았지만, 그 과정은 쉽지 않았다. 주로 기타를 칠 줄 몰라서 코드를 일일이 배워야 했기 때문이고, 오른팔에 깁스를 한 상태인 데다 밖으로 나온 손가락들이 힘이 너무 약해 개방현을 뜯는 것조차 엄청난 의지력을 발휘해야 했기 때문이었다. 노래를 흥얼거리며 어울리는 코드를 찾아 나갔다. 내가 곡을 만드는 소리를 프랑시스 필리프가 듣지 않길 바랐지만,

그가 다 듣고 있으며 속으로 빙그레 미소를 짓고 있다는 걸 알 수 있었다. 하긴 내가 전보다 굉장히 즐거워 보인 데다, 모든 일이 자신의 아이디어였으니까. 마침내 2주가 지나고 곡이 완성되었다.

피에르가 주머니칼로 직접 깁스를 풀어주었다. 누런 팔이 검고 두꺼운 털로 뒤덮였다. 팔을 보니 거의 구역질이 나올 것 같았다. 나는 간신히 팔을 들 수 있을 지경인데, 피에르는 치료가 잘 됐다고 생각하는 것 같았다. 엄청나게 충격을 받았지만 내색하지 않으려 애썼다. 어쨌든 기타를 연습한 덕분에 손가락에 제법 힘이 들어갔다. 피에르는 깁스를 푼 기념으로 샴페인 병을 땄다. 샴페인을 다 마신 뒤 프랑시스 필리프의 와인 저장고에서 레드 와인 두 병을 가지고 와서 더 마셨다. 3월 말이었다. 포도나무는 다시 싹을 틔웠다. 새들은 호수 안의 작은 섬에서 새끼를 부화했다.

"첼로를 연주해보지 않겠어요?" 피에르가 말했다. "내가 가지고 올게요."

"싫어요!"

첼로를 켤 수 없을 것 같아 두려웠다.

다음 날 우리는 떠났다. 프랑시스 필리프는 나를 꼭 끌어안았고, 작별 선물로 그의 오래된 기타를 주었다. 나는 보르도에서 벌고 남은 돈을 그에게 주려고 다시 한 번 시도했지만, 이번에도 그는 들은 체도 하지 않았다. 나는 너무나 목이 메어 안녕히 계시라는 인사조차 제대로 할 수가 없었다.

"언제든 이곳에 오렴." 그가 말했다. "네겐 르푸가 있단다."

피에르는 운전을 했고 나는 조수석에서 안전벨트를 매고 안전하게 앉아 창밖만 멍하니 내다보았다. 햇살에 흠뻑 젖은 풍경과, 꽃으로 만발한 풀밭과, 봄철 피레네 산맥의 작은 언덕이 무척 아름다웠다.

풀밭에서 잠시 멈추어 좀 거닐고 싶었지만 피에르가 안 된다고 했다. 스페인은 큰 나라고, 안달루시아는 스페인 남부에서 한참 아래에 위치하며, 그는 가이드북의 '노트'란에 계획을 적어놓았다. 그는 부지런히 가야 한다고 주장했다. 초저녁이 되자 마침내 피레네 산맥이 지중해 지역을 감싸 안았다. 우리는 하룻밤 묵기 위해 콜리우르라고 하는 스페인 국경 부근의 작은 바닷가 마을에 멈추었다. 자갈이 깔린 좁은 길, 위태롭게 서 있는 낡은 집들, 모래사장으로 이루어진 지역이었다. 바닷물이 차갑지 않고, 해변에는 서풍을 즐기는 사람들 대신 테이블보가 깔린 테이블이 잔뜩 늘어서 있으며, 그 위에 와인 잔이 놓이고 산 채로 삶기기를 기다리는 조개가 무더기로 쌓인 걸 제외하면, 세인트 아이브스Saint Ives(잉글랜드 남서부의 해안 마을)라고 해도 믿을 수 있을 정도였다.

우리는 바다에서 수영을 하고 와인을 마시고 갓 삶은 조개를 먹은 뒤, 해변을 나와 길게 이어진 계단을 올라가 승합차에 도착했다. 그리고 뒤편 발판에서 바다를 볼 수 있도록 차를 세웠다. 그동안 바다가 몹시 그리웠다. 하늘은 검푸르게 물들었고, 완벽하게 반으로 잘린 달은 수평선 위에서 머뭇거렸다. 피에르는 프랑시스 필리프의 기타를 안고, 남쪽의 따뜻한 밤과 별이 빛나는 거리를 생각나게 하는 감미로운 음악을 부드럽게 연주하기 시작했다. 그는 기타를 굉장히 잘 쳤다. 나는 눈을 감았다. 잠시 후 음악이 멈추었고, 피에르가 아주 부드럽게 내 뺨을 어루만지고 있는 걸 알아차렸다.

   나는 계속 눈을 감고 있었다. 기분이 좋았다. 중요한 순간이라거나 감격스러운 순간이라는 생각은 들지 않았다. 그냥 기분이 좋았다. 그 기분이 몹시 혼란스러워 얼굴을 돌렸다.

   "복잡한 문제예요." 내가 말했다.

   "섹스가 뭐가 복잡하죠?"

   "모든 걸 망치고 싶지 않아요."

   "우린 친구예요. 그러니까 사랑을 나누어도 되잖아요."

   피에르는 여전히 내 뺨을 어루만지고 있었다. 여전히 기분이 좋았다.

   "원하지 않는다면 하지 않을게요."

   당연히 원했다.

   "그런데 뭐가 문제예요?"

   "사랑은 좋은 치즈 같다고 생각해요." 피에르가 말했다. "충분히 숙성했을 때, 그래서 숙성했다는 사실을 잊을 때, 그 맛을 즐길 수 있어요."

   내 마음은 서로 싸우고 있었다. 나는 헨리크와 잤다. 하지만 헨리크를 다시 볼 일은 결코 없다는 걸 알고 있었다. 게다가 그땐 엄청 취했었다. 나는 잭을 사랑했다. 아마 여전히 사랑하고 있을 것이다. 버거는, 글쎄, 피에르 다리에서 마주쳤을 때, 그의 눈빛을 보면서 그런 감정을 느꼈다. 피에르에 대해서는, 그런 감정을, 그러니까 어떤 의도를 지닌 감정을 느낀 적이 없었다. 그는 그냥 다정한 사람일 뿐이었다. 내가 만나본 사람 중에 제일 다정했다. 그렇다고 해서 그와 자야 하는 걸까? 혹은 자면 안 되는 걸까? 어쩌면 이건 그래야 한다, 아니다의 문제가 아니었다. 어쩌면 이 일은 순전히 나에게 달려 있는지도 몰랐다.

"나는 가끔 인생이 아주 큰 경기 같다고 생각해요. 이제야 비로소 이해했구나 생각했는데, 어느새 규칙이 바뀌고 처음부터 완전히 다시 시작해야 하는 거지요.'

"아내가 있었어요."

"알아요. 프랑시스 필리프가 말해주었어요."

"아내는 규칙이 많은 사람이었어요. 지금 나는 규칙 같은 거 두고 있지 않아요. 규칙은 늘 틀리거든요. 내 말을 믿으세요, 난 의사니까." 그날 밤 아무 일도 일어나지 않았다. 우리는 내 침대에 나란히 누워 함께 잠을 잤고, 다음 날 아침 눈을 떴을 때 나는 피에르의 어깨를 베개 삼아 그 위에 머리를 얹고 있었다.

우리는 콜리우르를 떠나 바르셀로나로 향하는 해안을 따라 이동했다. 가는 길에 에스프레소라든지 갓 짠 오렌지 주스를 마시기 위해 길가의 바에 들렀다. 선 채로 음료를 마시고 있으면 날벌레들이 우리의 머리 주위를 성가시게 돌아다녔고, 검게 그을린 트럭 운전사들이 종이 냅킨으로 이마의 땀을 닦았다. 바르셀로나에 도착하기 직전, 우리는 내륙으로 차를 돌려 알바세테와 시에라네바다 산맥에서 북쪽으로 더 들어간 곳에 있는 좀 더 낮은 산맥, 시에라데세구라를 향해 달리기 시작했다. 해가 졌다. 도로는 텅 비었다. 피에르는 텅 빈 도로를 이용해 밤새 달리기로 했다. 나는 자다 깨다를 반복했다. 이른 아침, 사이렌 소리와 피에르가 나를 흔들며 서류를 제시해야 한다는 말에 잠에서 깼다.

피에르는 침착했다. 아니, 그러려고 했을 거다. 나는 라 솔레이아데에서 벤과 통화했을 때 벤이 한 말을 떠올리며 가볍게 심장발작을 일으켰다. 서류를 급히 훑어 유효기간이 지난 서류들을 슬쩍 감추었다. 다행히 못 하는 게 없는 피에르가 스페인어도 능숙하게 할 줄 알아서, 열린 창문 사이로 경찰들과 수다를 떨며 그들의 주의를 다른 곳으로 돌렸다. 나는 차량 등록증, 보험증, 여권을 건넸다. 보험증명서의 유효기간도 지났고 피에르는 보험 내용에 포함되지 않았지만, 다행히 피에르는 알아채지 못한 것 같았다. 경찰들은 서류를 흘끗 쳐다보았다. 그런 다음 피에르에게 음주 측정기를 불게 하고 여권을 제시하라고 했다. 여권이 뒷좌석에 있어서 피에르는 대신 신분증을 보여주었다.

"의사예요?"

"네."

피에르가 의사라는 사실은 우리가 첼로를 가지고 다닌다는 것 못지않게 만족스러웠다. 경찰들은 더 이상 서류를 읽지 않고 전부 돌려준 뒤 우리를 보냈다.

그 해 부활절에 스페인에서는 전국적으로 음주운전 차량으로 몸살을 앓았다. 피에르는 그날 밤 네 차례나 음주 측정을 했고, 그 때마다 경찰은 내 서류들을 제시하라고 요구했다. 생각해보면 정말 희한한 일이었다. 타인사이드 터널에서 내 타이어를 발로 차던 영국 경찰을 제외하면, 여행을 떠난 몇 달 동안 서류를 제시하라는 요구를 한 번도 받지 않았다는 사실이 말이다. 서류의 절반이 유효기간이 훌쩍 지난 지금까지도.

스페인 경찰들이 이러는 이유를 이해할 수 있었다. 길 한쪽에 나무로 만든 십자가들이 즐비하게 늘어섰다. 세어보니 서른 개였다. 각각의 십자가에 꽃다발이 쌓여 있었다. 각각의 십자가는 또 다른 앤드루와, 충격에 휩싸인 수십 명의 친구들과, 비통해하는 가족들을 연상시켰다. 모든 순간이 소중하다고 했던 한나의 말이 떠올랐다. 그녀의 말이 옳았다. 인성은 너무 짧고 너무 연약했다.

피에르는 네 번째 음주 측정을 하고 나니 만사가 귀찮아진 모양이었다. 그는 가파른 도로 갓길의 노점에서 오렌지 한 봉지를 산 뒤, 먼지 자욱한 빈 주차 공간에 차를 세웠다.

"집에 오신 걸 환영합니다." 그는 나에게 오렌지 하나를 건네며 말했다.

나는 이제 막 출소한 죄수가 된 기분으로 승합차 뒤편 발판에 앉아 저 멀리 산의 풍경을 응시했다. 비록 메마르고 먼지가 자욱하지만, 오렌지 나무에서는 재스민 향이 나고, 비쩍 마른 염소들은 목에 방울을 달고서 한때 집이었을 오래된 돌무더기에 제 몸을 긁고, 굽이굽이 흐르는 계곡들 주위로 올리브 숲과 안개로 흐릿한 하늘이 펼쳐지고, 태양 빛은 산봉우리 위로 흘러넘쳐 우리의 얼굴을 따스하게 비추었다. 나는 눈을 감았다. 달큰한 거름 냄새가 느껴졌다.

"히피가 되어 가장 좋은 건……." 나는 다시 눈을 뜨고 말을 이었다. "바로 이런 풍경을 볼 수 있는 거예요."

37

어쩌면 피에르가 엿새 후면 병원으로 돌아갈 예정이라 말라가에서 출발하는 비행기를 벌써 예약해놓았기 때문인지도 몰랐다. 어쩌면 이제 혼자 남아 덜덜거리는 노란색 고물 승합차를 몰고 정반대 방향으로 수천 킬로미터 떨어진 잉글랜드로 돌아가야 했기 때문인지도 몰랐다. 아니, 어쩌면 갓길에서 오렌지를 팔던 남자들에게 종이에 싸인 신선한 염소 치즈를 사서 따뜻하고 납작한 빵에 발라먹었기 때문인지도 몰랐다. 이유야 어쨌든 나는 피에르와 자기로 했고 이번엔 후회하지 않았다.

우리는 먼지 자욱한 산길을 천천히 이동했다. 우리는 느리게 흐르는 강가에서 섹스를 했다. 우리는 작은 광장에 있는 그늘진 바에 앉아 초리조와 올리브를 먹었다. 우리는 한낮에 샹그리아를 몇 잔이나 마시고 승합차 지붕 위에서 섹스를 했다. 우리는 흰색으로 칠해진 작은 마을을 손을 맞잡고 거닐었다. 따뜻하고 긴 저녁이면 피에르는 프랑시스 필리프의 오래된 기타로 따뜻하고 감미로운 음악을 연주했고, 나는 그가 준 용기 덕분에 다시 첼로를 연주하기 시작했다.

힘들었다. 처음엔 활도 제대로 쥐어지지 않았다. 자꾸만 활을 떨어뜨렸다. 절망감에 울고 싶은 심정이었다. 피에르는 손의 근육을 기를 수 있는 몇 가지 운동을 가르쳐주었고, 나는 차를 타고 달릴 때마다 손가락으로 저기판을 두드리고 변속 기어를 쥐었다 폈다를 반복하면서 강박적으로 운동했다. 지금까지 버스킹 때 했던 모든 곡을 연주하려고 시도했지만 소리가 형편없었고 끝에 가서는 의지력으로 버티느라 긴장되고 떨렸다. 피에르가 어깨를 마사지해주었다.

"함께 연주해요."

그는 기타를 안고 쉬운 코드 몇 개를 쳤다. 나는 활을 내려놓고 약한 손가락으로 기타 대신 첼로의 현을 뜯었다. 코드의 베이스 노트를 찾고 눈을 감은 채 두 팔로 첼로를 감싸 안으며 소리에 몰두하려 애썼다.

"훨씬 좋은데요." 피에르가 말했다.

"함께 연주해서 그런가 봐요."

그 후로는 더 이상 첼로 연주를 시도하려 하지 않았다. 첼로는 나를 너무 울적하게 만들었다. 대신 라 솔레아아데에서 수없이 들었던 존 콜트레인의 곡, 〈인 어 센티멘털 무드〉를 연습하기 시작했다. 그 곡을 들을 방법이 없어서 눈을 감고 음을 기억해내려 애써야 했다. 한 소절 한 소절을 머리에서 떠올린 뒤 조각 퍼즐 맞추듯 한데 연결시켰다(혹은 기억이 나지 않으면 약간 지어내기도 했다). 각각의 소절이 생소했기 때문에 반복해서 연습해도 괜찮았고, 게다가 가령 〈보칼리제〉 전곡을 시도할 때보다 손을 움직이기도 훨씬 수월했다. 끝내 연주할 수 없다 해도 상관없었다. 어쨌든 이 특별한 곡은 끝내 다가갈 수 없을 것 같았다. 이 곡을 연주한다는 건 차라리 꿈과 같았다. 언제든 꿈속을 드나들 수 있었고, 꿈속에서 그 소리는 감미롭고 느긋하며 아름다웠다. 날이 가고 연습을 계속할수록 실력이 향상되는 걸 느낄 수 있었다. 손의 힘도 더 강해졌다. 연주 속도도 빨라졌다. 연주할 수 있는 시간도 더 길어졌다. 더 이상 활을 떨어뜨리지 않았다. 하지만 그 과정은 느리고 길었으며, 피에르가 말라가에서 비행기를 타고 나 혼자 다시 버스킹을 시작해야 하는 날이 다가오는 게 두려워졌다.

시에라네바다 산맥 기슭에서 우리는 코스타델솔을 발견했다. 모두들 코스타델솔을 망가진 지역으로 알고 있다. 전기로 문이 작동되는 콘크리트 대저택, 초고층 호텔, 골프 코스, 오렌지빛으로 몸을 그을리고 맥주를 토해내는 사람들로 바글거리는 해변 때문에 망가졌다고 말이다. 나 역시 익히 예상했던 모습들이었다. 그러나 제멋대로 뻗은 관목 숲 사이에 야생 지역이 아직 남아 있을 줄은 예상하지 못했다. 스칸디나비아 반도의 뱀처럼 구불거리는 강이라든지 인적 드문 산맥 같은 건 없었지만, 사람의 발길이 닿지 않고 어느 곳으로도 통하는 길이 없는 해변들을 발견했다. 우리는 그곳의 맑은 물에서 수영을 하고, 희고 따뜻한 모래에서 섹스를 할 수 있었다. 그리고 갓길의 빈 주차 공간에 세운 승합차로 돌아가는 길에 가파른 오르막길을 오르면서 야생 백리향을 한 아름 땄다. 우리는 절벽 꼭대기에서 연주를 했고, 바닷소리를 들으며 잠이 들었다. 물론 엔진 자전거를 타고 소란스럽게 떠들어대는 젊은이 패거리들 때문에 한밤중이면 어김없이 잠에서 깼다. 그들은 주차장을 온갖 불법 행위를 위한 회합 장소로 이용했고, 경찰은 매번 우리가 관여되었다고 생각했다. 하지만 피에르는 의사였고 나는 첼로를 가지고 있었으며, 이 두 가지는 우리가 훌륭한 시민이고 어쨌든 마약 밀수범은 아님을 확신시키는 보증수표였다.

우리가 함께 보내는 한 주가 끝나가는 어느 날 아침, 피에르는 자신을 위해 첼로를 연주해달라고 부탁했다. 마치 버스킹을 하는 것처럼

20분 동안 연주해달라고 했다. 그리고 자신의 손목시계로 시간을 맞춘 다음, 바닥에 누워 얼굴 위로 모자를 내려쓰고 내 첼로 연주를 들었다. 연주를 모두 마쳤다. 나는 〈고엽〉과 〈브루카 마니과〉와 세르지오의 〈카스바 탱고〉를 연주했고 존 콜트레인의 곡으로 마무리했다.

"훌륭해요." 연주를 모두 마치자 그가 말했다. "이제 혼자 연주할 준비가 됐군요."

"아직도 소리가 엉망인걸요. 손도 아프고."

그는 나에게 손가락을 활짝 편 다음 주먹을 쥐어보라고 했다. 그런 다음 이 동작을 빠르게 스무 번 반복하게 했다.

"좋아요. 연주하는 데 전혀 지장 없겠어요."

"정말로 내가 거리로 나갈 준비가 됐다고 생각하는군요."

"거리는 당신을 맞을 준비가 된 것 같지 않지만요."

38

피에르가 말라가에서 집으로 향하는 비행기를 타기로 예약된 48시간 전인 4월 8일에, 우리는 그라나다에 도착했다. 마지막 구간은 내가 운전했다. 지금까지는 운전을 피했다. 승객으로 앉아 있는 게 더 편했다. 어디로 갈지, 속도를 얼마나 낼지, 어디에서 멈출지 피에르가 결정하게 하는 게 더 편했다. 하지만 이번엔 피에르가 운전하지 않겠다고 고집했다. 그래서 나는 다시 운전석으로 돌아가 운전대를 잡고 목적지까지 운전을 담당했다.

나는 천천히 차를 몰았다. 내 커다란 고물 승합차를 다시 운전하고 있으니 놀랍게도 기분이 좋아졌다. 마치 아주 오랜만에 우연히 옛 친구를 만나는 것 같달까. 내가 운전을 하는 동안 피에르는 자신의 프랑스 가이드북을 큰소리로 읽었다. 그는 '봄이면 야생화와 풀이 무성한' 고대 무어인의 궁전인 알함브라에 대해 알려주고 싶어 했다.

"그 말 마음에 들어요." 내가 피에르의 다리를 가볍게 쓰다듬으며 말했다. "피레네산맥 같은데요."

"앞 잘 보고 운전해요!"

피에르는 계속 읽어갔다. "알함브라는 무슬림의 지상낙원으로 건설되었으나, 레콘키스타 전쟁으로 무슬림 왕족이 스페인에서 쫓겨나고 기독교인들이 그 자리를 차지했다."

알함브라는 지상낙원이 아니었다. 주차비가 14유로였고 줄이 1마일까지 이어졌다. 세 시간이 지나자 피에르도 진력이 났다. 피에르는 승합차에 가이드북을 놓아두었고, 우리는 서로 팔짱을 끼고 나이팅게일의 노랫소리를 들으며 정원을 지나 마을을 향해 걸었다.

"당신 잘못이에요." 피에르가 말했다.

"어떻게 그게 제 잘못이에요?"

"당신이 내 계획을 포기하게 만들잖아요."

"히피가 되고 싶다면서요. 히피들은 원래 계획이 없어요. 흘러가는 대로 사는 사람들이라고요."

그날 오후 우리는 관광객들이 파도처럼 넘실거리는 그라나다의 좁은 길을 거닐었다. 그날은 성금요일이어서 그라나다에서는 엄청난 종교 행렬 광경이 펼쳐졌다. 행렬을 피해 도심에서 빠져나와, 어느새 가파른 언덕 꼭대기에 나무가 늘어선 광장에 오게 되었다. 광장은 곳곳에 오래된 돌 벤치가 놓여 있었다. 마치 3차원 지도처럼 우리 아래로 도시 전체가 쭉 펼쳐졌다. 피에르가 구름이 산 위에 모여드는 모양을 가리켰다.

"천둥이 치겠어요." 그가 말했다.

나는 오래된 돌 벤치에 앉았다.

"왜 그래요?" 피에르가 물었다.

"아무것도 아니에요."

"아무것도 아닌 게 아닌데."

"내가 죽은 내 친구 얘기했나요?"

"앤드루요?"

4장 용기를 주는 리톤 • 277

"앤드루는 부활절 직전에 죽었어요. 앤드루가 죽은 지 꼭 1년째예요."

피에르는 내 머리를 자기 가슴으로 끌어당겼다. "이런, 부활절이면 마음이 아프겠어요."

"제 말을 이해하시는군요."

나는 일어나 광장의 가장자리에 죽 이어진 돌담으로 가서 그 위로 몸을 구부렸다. 피에르 말이 옳았다. 산 주변 북쪽으로 우르릉 천둥 울리는 소리가 들렸다. 번갯불이 번쩍하고 하늘을 갈랐고, 뒤이어 또다시 낮게 우르릉거리는 소리가 들렸다. 피에르가 다가와 내 옆 난간 위로 몸을 구부렸다. 뜨거운 아스팔트 위로 떨어지는 비 냄새가 달콤했다.

"앤드루는 죽기 전에 하고 싶은 게 정말 많았어요."

"노르웨이에서 포르투갈까지 버스킹을 한다든지 말이지요." 피에르가 말했다. 피에르는 버스킹이라는 말을 좋아했다. 프랑스어에는 그런 단어가 없다.

"맞아요, 그런 거."

"그런데 왜 잉글랜드로 돌아가려고 해요?"

"무슨 뜻이에요?"

"포르투갈에서 버스킹을 하면 안 돼요?"

"사실상 노르웨이에서 포르투갈까지 버스킹을 할 수 없어요. 말도 안 되는 일이에요. 한밤중의 태양까지 가는 것만으로도 충분히 괴로웠어요. 특히나 지금은 더 그렇죠. 브르타뉴로 돌아가는 길이 얼마나 멀지 아무도 상상조차 못 할 걸요. 더구나 난 첼로를 한 번에 10분 정도밖에 연주를 못하고 소리도 완전히 형편없어요."

사실 버스킹은 생각도 하고 싶지 않았다. 피에르는 내 두 손을 붙잡고 벤치에서 나를 일으켜 세웠다.

"그렇지만 당신은 거의 다 왔어요. 사그레스Sagres(포르투갈 남부에 위치한 마을)까지 1천 킬로미터밖에 안 남았는걸요."

"1천 킬로미터밖에라고요!"

"당신이 얼마나 멀리 왔는지 몰라요? 몇 킬로미터나 왔는지?"

나는 고개를 저었다. "몰라요."

또다시 번쩍하고 번개가 쳤다. 이번에는 엄청난 굉음이 이어졌고, 그 뒤로 구름이 갈라지는 소리, 우리 머리 위로 몇 톤의 물이 쏟아지는 소리가 들렸다. 피에르가 내 손을 잡았다.

"빨리 와요!"

우리는 마른 옷으로 갈아입었고, 피에르가 와인 병을 따서 두 개의 머그잔에 부었다. 나는 피에르 옆 침대에 누워 그의 어깨에 머리를 기댔다. 피에르는 무척 듬직하고 편안했다. 그는 우리가 살라구를 떠난 직후에 산 지도를 응시하고 있었다. 유럽의 도로지도였다. 내가 도로지도 한 장 가지고 있지 않은 걸 알고 피에르는 기겁을 했었다.

"어떻게 길을 잃지 않고 그렇게 잘 다녔어요?"

"어차피 어디로 가는지도 모르는데 잃어버릴 길이 어디 있겠어요."

피에르는 그저 고개를 가로저은 뒤 나에게 종이가 있는지 물었다. 나는 오래된 공책을 몇 장 뜯은 다음 다시 침대에 누워 눈을 감았다. 그가 왜 종이를 찾는지 묻지 않았다. 모레면 피에르는 떠날 것이다. 나는 다시 혼자가 될 것이다.

피에르는 떠나려는 계획을 포기하지 않을 것이다. 그는 내가 가본 모든 장소, 내가 버스킹했던 모든 마을을 알려달라고 했다. 결국 나는 그가 무엇을 하려는지 보고 싶어 자리에서 일어나 앉았다. 그는 내가 이동한 구역들을 하나씩 일일이 그려서 이렇게 작은 지도를 만들고 있었다. 그리고 지도 위에 내가 버스킹을 했던 장소들을 표시했고, 학교 지리 시간에 했던 것처럼 종이 가장자리를 이용해 각 장소 사이의 거리를 계산했다. 그렇게 해서 그는 마침내 그라나다에 도착했다.

"1만 4천 킬로미터."

나는 내 잔에 있는 와인을 비운 뒤 그를 빤히 쳐다보았다. "1만 4천 킬로미터라고요?"

"응. 봐요."

그는 치약을 이용해 은촉붙임 판자에 지도들을 나란히 붙인 다음 손가락으로 내 이동 경로를 따라갔다.

"노르웨이, 핀란드, 스웨덴, 덴마크, 독일, 네덜란드, 벨기에, 프랑스, 스페인. 아홉 개 나라예요. 아홉 개 나라에 1만 4천 킬로미터. 거의."

나는 진심으로 충격을 받았다.

"하지만 사실 여행 내내 버스킹을 한 건 아니에요. 당신 비용으로 이곳까지 오게 됐고, 알프스에서 마르세유까지도 그렇게 간 거예요. 프랑시스 필리프가 두 달 동안 나를 먹여주었고요."

피에르는 턱을 문질렀다. "그것도 마찬가지라고 생각하는데요. 당신이 세르지오와 케빈과 함께 눈을 감으며 연주를 했기 때문에 내가 그 모든 걸 하게 된 거예요. 당신이 첼로를 연주하기 때문에 내가 당신과 사랑에 빠진 거예요."

"당신이 뭐라고요?"

"그게 문제가 아니라요. 당신은 1만 4천 킬로미터를 왔고 이제 1천 킬로미터가 남았어요. 포기하면 안 돼요. 포르투갈에 가서 카보상비센테을 찾아 당신 친구에게 작별 인사를 해야 해요."

그가 머그잔을 들어 올렸다. 결국 나도 내 잔을 들어 올렸다.

39

말라가의 작은 항구에서 피에르와 작별인사를 나누려니 눈물이 났다.

"Bonne chance, ma chérie(행운을 빌어요, 내 사랑)."

그는 마지막으로 한 번 더 내 얼굴을 어루만졌다. 마음 같아선 그의 셔츠를 붙잡고 절대로 놓아주고 싶지 않았지만, 그는 저벅저벅 걸어 방벽을 통과했고, 나는 차마 그를 잡을 수가 없었다. 내가 할 수 있는 건 점점 작아져 완전히 보이지 않을 때까지 그의 모습을 지켜보는 것뿐이었다.

승합차에 돌아오니 다시 눈물이 났다. 피에르는 나를 위해 벽장 가득 음식을 넣어두었고, 연료 탱크에 경유를 채웠으며, 그의 유럽 도로 지도와 그가 직접 그려 내가 여행한 장소에 표시까지 한 작은 지도들을 남겨두었다. 내가 그에게 한 이야기를 바탕으로 작은 그림까지 그려 넣었다. 트론헤임에는 이상하게 생긴 사향소들이 있었고, 크니브셀로덴에는 깡마르고 눈이 커다란 아가씨가 가부좌를 하고 앉아 있었다. 운스타드에는 서퍼들이, 덴마크에는 숲이, 독일에는 트럭 운전사가, 레트로셰에는 그의 작은 오두막이 있었다. 콜리우르와 알함브라도 있었다. 새 지도도 있었다. 내가 자는 동안 밤새 만든 게 틀림없었. 앞으로 남은 거리 1천 킬로미터 외에, 이제부터 내가 가야 할 이런저런 곳들이 표시되었고 맨 끝에 등대 하나가 그려져 있었다. 나는 머그잔에 차가운 물을 따른 뒤 뒷문 밖으로 몸을 내밀어 얼굴에 물을 끼얹었다. 정신을 차려야 했다. 운전석에 앉아 카세트테이프 플레이어에 〈브루카 마니과〉를 넣고 마지막 여정을 시작했다.

지나온 열 개 나라 가운데 버스킹을 하지 않은 유일한 나라가 스페인이었다. 세비야에 들르려고 계획했지만 도시로 들어가는 길이 어찌나 막히던지 승합차가 과열되는 바람에, 갓길에 차를 세워두고 몇 시간 동안 차가 식기를 기다려야 했다. 나는 프랑시스 필리프의 기타를 치며 한나에 대한 노래를 부르면서 생각을 다른 곳으로 돌리려 애썼다.

그날 너는 나를 빛으로 감쌌다고 말했지,
내게 나의 길을 찾는 법을 알려주겠다고 말했지……

저녁이 다 되어서야 국경에 도착했다. 여섯 명의 국경 경찰이 포르투갈 제복과 스페인 제복이 혼합된 모양의 제복을 입고 있었다. 경찰들은 손을 흔들어 대부분의 자동차들을 통과시켰다. 심지어 여권 검사를 위해 차를 세우지도 않았다. 그런데 내 녹슨 고물 승합차는 사정이 달랐다. 세 명의 경찰이 나에게 정지 신호를 보냈다. 나는 여권, 차량등록증, 그리고 유효 기간이 끝난 보험증명서를 넘겨주었다. 경찰들은 미간을 찌푸리며 서류를 검토하더니, 고개를 절레절레 저으며 타이어를 몇 차례 발로 차고는 뒷문을 열어보라고 했다.

타인사이드 터널의 악몽이 똑같이 재현되었다. 이곳이 타인사이드가 아니라는 걸 제외하면. 그땐 승합차가 온 천장에 곰팡이 천지인 폐사우나하고 비슷했다. 이번엔 제법 집처럼 보였다. 빨간색 주석 찻주전자와 두 개의 머그잔이 싱크대 겸 사용하는 설거지통에 포개어져 있었다. 침대에 놓인 프랑시스 필리프의 오래된 기타 위로 햇살이 쏟아졌다. 천장은 얼음으로 박박 깨끗이 닦아 곰팡이 따위 보이지 않았다. 한쪽 끝을 잘라 짧게 만든 합판 자투리 위에는 한나의 책이 놓여 있었다. 피에르가 은촉붙임 판자에 못을 박아 매단 빨랫줄에는 민망하게도 속바지 한 벌이 널려 있었는데, 무슨 기도 깃발처럼 보였다. 경찰 한 명이 벽장을 열어보라고 요구했다. 심지어 오래되어 다 낡아빠진 케이스도 열어보라고 했다. 그러더니 웃으면서 서류를 돌려준 다음, 윙크하며 내 어깨를 툭툭 치고는 이제 가도 좋다고 말했다.

알가르브 해안을 따라 천천히 이동했다. 첫눈에 코스타델솔을 연상시킨 이곳은 골프 코스에 의해 분할되었고, 관광객들을 위해 특별히 지은 콘크리트 복합건물들이 무질서하게 늘어섰다. 하지만 옛 시가지는 여전히 낙후되었고, 해변은 대부분 텅 비었으며, 남부 도시 파루에서조차 어부들이 색색의 나무 보트를 타고 바다로 향했다.

그날 밤은 절벽 꼭대기에서 보냈고, 다음 날 낮엔 포르티망에서 버스킹을 했다. 저녁에는 공중전화로 피에르와 통화를 했다. 그의 목소리를 듣는 게 이상하게 느껴졌다. 나는 어쨌든 버스킹 성과가 썩 괜찮았다고 그에게 말했다. 포르투갈 사람들은 노르웨이 사람들처럼 부자는 아니지만 프랑스 사람들처럼 인색하지 않았다. 그들은 버스킹을 좋아했다. 어느 카페 밖에 무대를 마련했는데, 마치 내가 그곳에 고용된 직원인 양 웨이터가 쟁반에 오렌지 주스를 가져다주었다는 말도 했다.

포르투갈에 온 첫 주는 피에르에게 매일 전화를 걸었다. 술에 취해 밤마다 거리에서 파두Fado(포르투갈의 대표적인 민요)를 부르는 노인들에 대해 이야기했다. 파두는 지금까지 들어본 음악 가운데 가장 슬픈 음악이며, 덕분에 〈보칼리제〉를 연주할 때 한결 느낌이 살지만, 막상 주로 연주하는 곡은 〈인 어 센티멘털 무드〉라는 말도 했다. 그렇지만 이 곡이 그를 떠올리게 해주기 때문이라는 말은 하지 않았다. 포르투갈에 있으니 금발에 키 큰 남자만 보면 머리가 어질어질하고 무릎에 힘이 빠져 주저앉고 싶어진다는 말도 하지 않았다. 알가르브 해안의 어느 먼지 자욱한 큰 마을에 잭이 있을 리가 없었다.

모든 일을 이해하려는 노력을 진작 그만두었다. 인생이 너무나 혼란스럽게 여겨졌다.

대신 카렌이 준 서핑 가이드 〈스톰라이더〉를 열심히 읽었다. 나는 사그레스로 향하고 있었다. 이곳은 앤드루의 등대가 있는 곳이었다. 서핑을 할 수 있는 해변도 있었다. 서부 해안으로 죽 올라가면 더 많은 해변이 있었다. 긴장이 됐다. 서핑하는 법이 거의 생각나지 않았다.

알가르브의 큰 마을 가운데 마지막 마을인 라고스에서 수많은 부활절 관광객들을 위해 매일 버스킹을 하며 일주일을 보낸 뒤, 비스킷 통 안에 든 것들을 침대 위에 쏟아 붓고 돈을 세었다. 약 200유로였다. 드디어 최종 구간인 1만 5천 킬로미터의 여정을 시작할 때가 됐다.

40

그날 오후에 곧바로 출발했다. 서쪽으로 서쪽으로 계속 차를 몰아, 빌라도비스포를 지나서 사그레스로 향하는 평탄하고 곧은 도로를 죽 따라 달렸다. 크니브셀로덴으로 가는 도로와 약간 비슷했다. 그렇게 한산한 편은 아니었지만 꽤나 황량해서 마치 세상 끝으로 차를 모는 듯한 기분이 들었다. 하긴 이곳은 또 다른 끝이기도 했다. 유럽 남서부 끝에 위치해서, 맞은편에는 수천 마일 펼쳐진 텅 빈 바다 외에 아무것도 없었다. 사그레스는 국경 마을 같은 분위기도 느껴졌다. 나무들은 바람에 구부러졌고 도로의 절반은 흙길이었다. 중심가에는 윈드서핑 상점들과 여섯 개의 해변을 안내하는 표지판이 있었다. 곧게 뻗은 한산한 도로 끝 바로 주변에는 카보상비센테를 안내하는 많은 표지판들이 보였고, 한쪽에는 바다까지 급경사를 이루는 높은 절벽들이, 반대편에는 관목 숲이 있었다.

주차장에는 내 승합차와 비슷한 모양의 승합차들이 늘어서 있었다. 깨진 사이드미러에 잠수복이 걸려있고, 지붕에는 서프보드가 쌓여 있으며, 꾀죄죄한 몰골의 개를 데리고 다니는 녹슨 승합차들이. 등대는 어떻게든 바다에 붙어 있으려 애쓰는 것 같았다.

승합차에서 내려 아스팔트 위에 섰다. 해가 저물었고 바람이 찼다. 찢어지고 바랜 반바지 차림이라 몸이 오들오들 떨렸다. 뒷문을 열어 빨간색 오리털 코트를 입었다. 그런 다음 충동적으로 다시 앞으로 가서 백미러에 매단 한나의 리본을 끌러 주머니에 넣었다. 굳이 신발을 신으려 하지 않았다. 흰색 페인트를 칠한 등대를 향해, 그리고 이 이야기의 끝을 향해 맨발로 걸어갔다.

| 아우트로 |

그렇게 모든 것이 끝났다. 하지만 끝은 아니었다. 끝이란 시작만큼이나 분명하게 알아내기 어려우며, 모든 끝은 시작이기도 하니까.

이것이 연애 소설이라면, 카보상비센테 다음에 도착한 아마두라는 긴 모래사장에서 잭과 마주쳤을 것이다. 주차장은 승합차와 텐트와 서퍼들이 가득 들어찬 먼지 자욱한 들판이었고, 태양이 너무 강렬해 눈이 화끈거릴 지경이었다. 바다에서 나와 무너져가는 절벽을 다시 오를 때마다, 그가 자선 가게에서 산 청바지와 플랫캡 차림으로 발밑에 낡은 배낭을 내려놓고 내 승합차 옆에 서 있을지 모른다는 상상을 하지 않을 수 없었다.

"이게 내 차라는 걸 어떻게 알았어?"

"거대한 양동이처럼 생긴 녹슨 노란색 승합차를 찾으라고 벤이 말해줬어."

"내가 여기에 있는 걸 어떻게 알았어?"

"그것도 벤이 말해줬어."

"벤은 내가 포르투갈에 와 있는지 전혀 몰랐는데."

"네가 사그레스에 있을 거라고 하던걸."

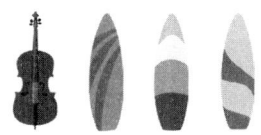

나는 서프보드를 내려놓고 잠수복 지퍼를 내리려 한다. 그런데 지퍼가 걸려서 말을 듣지 않는다.

"이리 와봐."

잭이 지퍼를 앞으로 잡아당긴다. 그의 손가락이 내 피부에 스친다.

"서핑은 언제 배웠어?"

"노르웨이에 있을 때."

"너 정말로 노르카프에 가서 한밤중의 태양을 봤어?"

"아니. 크니브셸로덴에 갔어. 훨씬 멀어."

"왜 나한테 서핑 가르쳐달라고 안 했어?"

"물어보지도 않았잖아."

잭은 나에게 맥주 한 잔을 사준다. 우리는 마을로 걸어가 빨간색 플라스틱 의자에 앉아 스그레스 맥주를 마시고 땅콩을 먹는다.

"어디에서 지내고 있어?"

"몰라. 텐트를 가지고 있어."

"파루에 다시 갈 거야?"

그는 눈 아래까지 모자를 끌어내린다. "어쩌면 네 승합차를 타고 같이 집으로 돌아갈 수 있지 않을까 생각했어. 해안을 따라 죽 서핑을 하면서."

이런 상상도 해보았다. 피에르가 그랬던 것처럼 그가 내 무릎에 손을 얹고 운전을 하면, 나는 그의 어깨에 머리를 얹고 그의 품에 기대는. 하지만 그 순간 꿈이 깨곤 했는데, 피에르와 내가 웃었던 것처럼 우리가 함께 웃었기 때문이고, 나는 잭과 함께 그렇게 웃어본 기억이 없었기 때문이다.

아마두에 한 달 동안 머물렀다. 매주 라고스에 가서 이틀 동안 버스킹을 하고 일주일 동안 생활하기에 충분한 돈을 벌었다. 이따금 사람들이 나와 함께 라고스에 갔다. 장신구를 만들어 팔거나, 기타를 연주하거나, 유목으로 무언가를 만드는 서퍼들이었다. 나중에는 내가 가는 길마다 다른 사람들도 많이 몰려들었다.

아마두에서 평생 살 수 있을 것 같았고 거의 그럴 뻔했다. 하지만 서퍼들 가운데 친하게 지낸 사람이 잉글랜드로 돌아가야 했는데, 내가 승합차에 그를 태워준다면 경유 비용을 제공하겠다고 했다. 나는 마지막으로 라고스에 가서 잉글랜드행 페리 티켓을 살 수 있을 만큼 충분한 돈이 모일 때까지 버스킹을 했다. 그런 다음 그와 함께 승합차를 몰고 포르투갈과 스페인을 가로질러 프랑스로 들어가는 국경을 넘어서 그 길로 쭉 브르타뉴로 향했다. 이 전체 여정에 이틀이 걸렸다.

로스코프에서 출발하는 페리에서 잠을 자지 않고 밤을 새웠다. 갑판 위에 서서 보트 뒤로 솟는 해돋이를 바라보았다. 혼자였다. 내가 태워준 서퍼는 런던에 살았기 때문에 칼레에서 페리를 탔다. 이번에는 눈물을 참기 위해 스탠도, 그가 건넨 따뜻한 화이트 와인 병도 필요하지 않았다. 마치 시간처럼 발밑으로 미끄러지듯 사라지는 바닷물을 멍하니 내려다보았고, 내 첼로에 대해 생각했으며, 돌아가면 제일 먼저 첼로의 이음매를 접합해줄 사람을 찾아봐야겠다고 생각했다. 내 승합차에 대해 생각했고, 아직도 여분의 타이어며 자동차 안전검사증을 준비하지 않았다는 사실과, 그러고도 신경조차 쓰지 않았다는 사실을 생각했다.

잭의 것보다 좋은 내 빨간색 파타고니아 코트 속에 파고들어 주머니에 손을 넣었다. 주머니 안에는 아직 하나의 리본이 들어 있었다. 몸이 조금 떨렸다. 잘은 모르겠지만, 잭은 아직 포르투갈에 있을 것이다. 나는 벤에게 전화하지 않았다. 무슨 말을 해야 할지 몰랐다.

브로드샌즈에 가지 않고 곧장 해변으로 향했다.

안개가 어찌나 자욱한지 바다는 전혀 보이지 않고 소리만 들렸다. 크니브셀로덴 같았다. 어쨌든 잠수복을 입고 첨벙첨벙 물속으로 들어갔다. 똑같은 파도는 두 번 다시 만나지지 않기 때문에 서핑은 배우기가 어렵다. 나는 여전히 생초보였다. 하지만 적어도 부서지기 전에 파도를 잡아 한참 동안 서서 해변을 향해 일직선으로 타고 갈 수 있었다. 그렇게 파도를 타고 있을 때 잭이 나타났다.

나는 파도 위에서 떨어져 물속에 가라앉았다. 다시 나왔을 때 그곳에 잭이 있었고, 나를 향해 노를 저으며 다가왔다. 정신을 차리고 입 밖으로 침을 뱉은 뒤 서프보드에 다시 올라타는 순간, 바로 앞에 그의 모습이 보였다. 그가 큼지막한 손을 뻗어 내 보드를 잡더니 자신을 향해 끌어당겼고, 마침내 우리는 나란히 앉아 안개 속에서 함께 까딱까

딱 물결을 탔다. 이제 보니 그의 손은 그렇게 크지 않았다. 기차라도 지나가는 것처럼 심장이 쿵쾅거리긴 했지만 상상 속의 잭은 존재하지 않는다는 걸 깨달았다. 내 눈앞에 있는 잭은 그저 겁 많고 평범한 남자에 불과하다는 걸 깨달았고, 그도 나와 마찬가지로 기차라도 지나가는 것처럼 심장이 쿵쾅거렸을 거라고 기꺼이 장담할 수 있었다.

"서핑은 어디에서 배웠어?"

"노르웨이."

"콘월에서 자라서 노르웨이에서 서핑을 배운 사람은 너밖에 없을 거야."

잭이 해변에 걸어서 왔기 때문에 브로드샌즈까지 그를 태워주었다. 그는 먼저 뒷좌석을 살펴보고 싶어 했다. 나는 자신만만했다. 마치 아만두의 환한 햇살이 영원히 나무의 깊은 틈새까지 샅샅이 파고들기라도 한 듯, 제아무리 짙은 안개 속에서도 내 승합차는 한여름처럼 쾌적했다. 주방으로 사용하는 자투리 합판 위에는 한나의 책이 펼쳐진 채 뒤집혀 있었다. 잭이 책을 들어 첫 장을 읽었다.

"이 책 어디에서 났어?"

"누가 줬어. 읽고 싶으면 빌려 가."

"고마워."

그는 언제나처럼 입술을 깨물었다. 우리는 서로를 바라보았다. 그리고 나는 잭의 눈이 결국 짙은 회색빛이 도는 파란색이 아니라 다소 물기를 머금은 연한 푸른색이라는 걸 알게 됐다. 그의 키는 버거만큼 크지 않았고, 피에르처럼 웃을 때 입가와 눈가에 잔주름이 생기지도 않았다.

"정말?"

"정말."

"여행은 어땠어?"

"네가 먼저 갔잖아."

"어휴, 말도 마라. 다들 스페인어로 말하지. 날씨는 징그럽게 춥지."

나는 거의 박장대소를 터뜨렸다. 잭이 사사건건 불평이 많았다는 걸 잊고 있었다. 젊은 여자 둘이 발포 고무로 만든 연습용 서프보드를 들고 승합차 앞을 지나갔다. 그들이 잭을 쳐다보는 걸 알아차릴 수 있었다.

"그나저나 얼마 동안 여행을 한 거야?"

"1년. 앤드루가 죽고 한 달 후에 떠났어."

앤드루가 더 이상 이곳에 없다는 사실이, 녀석이 바에서 잭의 옆에 앉아 기네스 한 잔을 마시며 마리화나를 마는 모습이라든지, 서핑 잡지 〈서퍼의 길〉을 읽으면서 기사마다 죄다 놀려먹는 모습을 이제는 볼 수 없다는 사실이 아직도 믿기지가 않았다.

"가자."

벤은 내 마음을 이해했을 거다.

나는 운전을 했고, 잭은 조수석에 털썩 앉았다. 과속방지턱을 천천히 넘어갔다.

이곳을 떠났을 땐 길가에 꽃들이 만발했었다. 이제 꽃은 더 이상 없었다.

"그 여자 이름이 뭐였어?" 나는 침묵을 깨고 말했다.

"누구?"

"오두막에서 같이 살았던 여자. 네가 파타고니아에서 데리고 온."
불편한 침묵이 흘렀다.
"톱시." 마침내 그가 말했다.
"톱시?"
"미국인이야."
"언제 만났는데?"
"곧바로. 너한테 말했어야 했는데. 아마 사랑에 빠졌던 것 같아. 다른 건 별로 신경이 쓰이지 않았어."
나는 앞에 놓인 도로를 빤히 쳐다보았다. 사랑이라고.
내 옆에 누운 벌거벗은 네 몸을 느끼고 싶어.
나는 카세트테이프 플레이어의 작동 버튼을 눌렀다. 〈브루카 마니과〉가 중간부터 시작됐다.
"네 테이프들을 가지고 갔었어." 내가 말했다. "여행 내내 들었지."
"무슨 테이프?"
"네가 두고 간 상자에 있던 것들. 내가 가져도 좋다고 했잖아."
"그거 내 거 아닌데."
"그럼 누구 거야?"
"몰라. 자동차 트렁크 세일이나 뭐 그런 데서 가져왔나 보지."

벤은 요리사 모자를 쓴 채 뛰어나와 승합차 문을 당겨 열어서 나를 끌어내더니 꽉 끌어안았다. 어찌나 힘껏 끌어안던지 두 발이 땅에서 들릴 정도였다. 벤한테서 감자튀김 기름 냄새며 마리화나 냄새 같은 그리운 옛날 냄새가 났다.

"해변에서 커다란 노란색 승합차를 봤다고 누가 그러더라고."

나는 래틀러를 마시고 싶다는 둥 무지하게 피곤하다는 둥 뭐라고 중얼거렸고, 곧이어 도두들 바에 앉았다. 잭은 그동안 아무 일도 없었다는 듯 마리화나를 말고 있었다.

"내일 당장 일할 수 있어?" 벤이 물었다. "엄청 많은 사람들을 예약 받았거든."

나는 대답을 하기 위해 잠시 시간이 필요했다. 주변을 둘러보았다. 벗겨진 페인트, 사방에 일렬로 세워놓은 빈 병들, 창문 사이르 내다보이는 안개.

"내일 일하는 건 상관없어. 그런데 전에 하던 일은 안 하고 싶은데."

두 사람 모두 나를 빤히 쳐다보았다.

"무슨 일을 할 건데?"

"몰라. 트루로에서 버스킹을 할까 해. 다시 떠나는 거지."

"임대료는 내셔야지."

"왜?"

"거래가 그렇잖아. 여기에서 살고 싶은데 일은 하기 싫으시다니."

"여기에서 안 살고 싶은데."

"그럼 어디에서 살 건데?"

"내 승합차에서."

벤과 잭이 서로를 쳐다보았다.

"난 시간이 좀 필요해." 나는 이렇게 말하고는 낄낄대며 터져 나오는 웃음을 참기 위해 손으로 입을 막아야 했다. 한번 웃음이 터지면 도무지 주체할 수 없다는 걸 알고 있었다.

"무슨 일 있었냐?" 벤이 뾰로통해져서 말했다.

나는 친구들에게 한나에 대해 말하려다가, 그때가 아득히 먼 옛날처럼 느껴졌다. 친구들은 놀리며 말했다.

"그 여자가 무슨 본드걸이냐."

"알았어, 내가 한번 자줄게."

"한나하고 자면 너희도 리본을 얻을 수 있을지 모르지."

그래서 나는 친구들에게 한나에 대해 이야기하려다 그만두고 대신 내 승합차로 가서, 살라구에서 프랑시스 필리프가 나에게 준 아주 옛날 기타를 꺼냈다. 그리고 기타를 들고 다시 바에 돌아와 자리에 앉아, 언제까지나 나에게 한나와, 우리가 함께 황무지를 운전하며 달리던 그 밤을 떠올리게 해줄 〈브루카 마니과〉의 코드를 연주하기 시작했다. 그런 다음 여행을 끝내고 집으로 돌아오는 먼 길에 마침내 가사를 완성한 노래를 부르기 시작했다. 이런 내 행동에 확실히 두 친구는 입을 다물지 않을 수 없었다. 그들은 무슨 외계인 쳐다보듯 나를 뚫어져라 쳐다보았다. 하긴 그들을 탓할 수는 없었다. 옛날의 나였다면, 친구들 중 누군가가 어쩌다 집 안 두꺼운 벽 사이로 내 첼로 연주 소리를 듣기라도 하면 부끄러워 죽을 지경이었을 테지만, 지금은 사람들이 다 보는 앞에서 이렇게 태연하게 노래를 부르고 있으니까.

그날 넌 빛으로 나를 감쌌다고 말했지,
내게 나의 길을 찾는 법을 알려주겠다고 말했지,
이 모든 순간이 너무나 소중하다고 말했지,
그리고 이 리본이 용기를 준다고 말했지…….

쉽지는 않았다. 나는 노래를 중단하고 래틀러를 벌컥벌컥 들이켜야 했다. 그때 친구들이 더 이상 나를 놀리지 않는다는 걸 알았다.

"무슨 노래야?" 벤이 물었다. "어디서 많이 들어본 것 같아."

"옛날 쿠바 노래야. 이브라힘 페레르가 리메이크를 했지. 아마 그래서 익숙할 거야. 이 노래를 거리에서 수도 없이 연주했어. 아까 너희한테 말하려고 했던 그 아가씨가 나를 바꿔놓았어. 사실 이 노래는 그녀에 대한 거야."

"어떻게 옛날 쿠바 노래에다 노르웨이에서 만난 아가씨에 대한 가사를 쓰게 된 거야?"

"노래에 나와 있어."

잭과 벤은 서로를 쳐다보았다.

"처음부터 다시 불러봐." 잭이 말했다.

1절
그날 넌 나를 빛으로 감쌌다고 말했지
내게 나의 길을 찾는 법을 알려주겠다고 말했지
이 모든 순간이 너무나 소중하다고 말했지
그리고 이 리본이 용기를 준다고 말했지
넌 내게 단순함에 대한 책을 주었지
그리고 내게 말했어, 나는 자유라고

코러스
그래서 난 오랫동안 내 노래와 함께 여행을 했지

그리고 난 알았어, 원칙은 모두 잘못됐다는 걸
그리고 비록 집에서 멀리 떨어져 있지만
난 결코 혼자가 아니라는 걸

2절
그날 넌 나를 빛으로 감쌌다고 말했지
내게 나의 길을 찾는 법을 알려주겠다고 말했지
이 모든 순간이 너무나 소중하다고 말했지
그리고 이 리본이 용기를 준다고 말했지
그리고 나를 빛으로 감쌌지
그리고 한밤중에 나를 두고 떠났지

V. 1

You said you wrapped me up in light that day
You said you'd show me how to find my way
You said these moments are all precious
And the ribbons are for fearlessness
You gave me a book about simplicity
And you told me I was free.

CHORUS.
So I travelled for years with my songs
And I found all the rules to be wrong
And although I was far from home
I knew I was never alone.

V. 2
You said you wrapped me up in light that day
You said you'd show me how to find my way
You said these moments are all precious
And the ribbons are for fearlessness
Then you wrapped me up in light
And you lost me in the night.

··· 감사의 인사

혼자 한 작업이지만 결코 혼자 힘으로 했다고 말할 수 없습니다.

저는 언제나 사람들의 따스함, 너그러움, 친절에 놀라고 있으며, 여기에 언급한 분들은 그 가운데 극히 일부에 지나지 않습니다.

내 가족들—테리, 데이지, 콜린, 나오미, 로지, 트리스탄, 탬신, 바르나바스—에게 크나큰 감사와 사랑을 느낍니다. 그들 덕분에 저는 모두가 바라마지 않는 정말 특이하고 열정적인 사람이 될 수 있었습니다. 가족은 아니지만 최고의 가족애를 느끼게 해준 분들—키르스탄 고빈과 벤 바브레카—에게도 감사의 마음을 전하고 싶습니다.

처음엔 저를 지지해 주었고 뒤이어 용기와 조언을 아끼지 않은 데이비드와 제인 콘웰에게 커다란 감사를 표현하고 싶습니다. 나를 신뢰하고 편집자로서 대단히 훌륭한 조언을 아끼지 않은 레베카 윈필드를 비롯해, 매우 적극적이고 많은 배려를 베풀어준 서머즈데일의 모든 직원들, 특히 제이퍼 바클리와 소피 마틴께 감사드립니다. 아버지의 책을 인용할 수 있도록 기꺼이 허락해준 마크 와츠에게도 감사드립니다.

승합차에 대해 도움을 준 모든 분들, 특히 헨리 도월에게 많은 신세를 졌습니다. 일주일에 걸친 헨리 다월의 목공 연수와 전반적으로 격의 없는 우정은 결코 잊지 못할 겁니다—녹슨 무기는 말할 것도 없고요. 모두가 그처럼 친절을 베풀어주지 않았다면 온갖 궁지에서 벗어나지 못했을 거예요.

1년간 여행을 떠나 있는 동안 제게 물심양면으로 지원을 아끼지 않은 많은 분들에게 감사를 드리고 싶습니다. 특히 얀 잉게 헬레스마크와 필리프 스콧의 말로 다할 수 없는 친절은 세상을 대하는 제 태도를 완전히 바꾸어 놓았습니다. JB가 해준 말들과 선물한 리본은 지금도 소중히 간직하고 있으며 그에 따라 행동하기 위해 열심히 노력하고 있습니다. 그를 결코 잊지 못할 겁니다.

고향으로 돌아온 제게 뜨거운 샤워, 집, 파티, 채소, 문, 댄스, 난로, 서프보드, 빵, 치즈, 초콜릿, 선반, 급료, 책, 웃음을 선사해준 나의 펜위스 가족들에게도 감사드립니다. 감사의 마음을 영원히 간직하고 싶은 분들이 매우 많지만 이 자리에서 일일이 열거하기는 어려우므로, 제가 제정신을 유지하도록(혹은 거의 유지할 수 있도록) 가장 직접적으로 도움을 주신 몇 분만 꼽아보겠습니다. 옷과 조언을 제공한 엠다 보하다나, 음악과 지혜를 알려준 데이브 스펜셀리, 제 말에 귀를 기울이고 오두막을 공유해준 베키 마틴, 저와 함께 생활하며 먹을 것을 주고 즐기는 법을 완전히 잊어버리지 않게 해준 월 웨스트, 감사합니다.

EP에 도움을 준 모든 분들, 특히 대단한 재능은 물론이고 한없는 참을성과 관대함을 지닌 리처드 블랙보로와, 매우 귀중한 격려를 보내준 앨런 셰퍼드에게 감사를 드리고 싶습니다.

마지막으로 나에게 영감을 준 애슐리 모펏에게 감사를 드립니다.

어쨌든
노르웨이로 가자

초판 1쇄 발행 | 2015년 8월 7일

지은이 | 카트리나 데이비스
옮긴이 | 서민아
펴낸이 | 이은성
펴낸곳 | 필로소픽
편집 | 황서린
일러스트 | 윤혜림
디자인 | 서지현

주소 | 서울시 동작구 상도동 206 가동 1층
전화 | (02) 883-3495
팩스 | (02) 883-3496
이메일 | philosophik@hanmail.net
등록번호 | 제379-2006-000010호

ISBN 979-11-5783-017-6 03840

필로소픽은 푸른커뮤니케이션의 출판브랜드입니다.

이 도서의 국립중앙도서관 출판시도서목록(CIP)은 서지정보유통지원시스템 홈페이지(http://seoji.nl.go.kr)와
국가자료공동목록시스템(http://www.nl.go.kr/kolisnet)에서 이용하실 수 있습니다.(CIP제어번호 : CIP2015020178)